文化中国书系
中国社会科学院中国文化研究中心

总主编◎王立胜 李河

文化观念的范式转换

李河◎著

中国书籍出版社
China Book Press

图书在版编目(CIP)数据

文化观念的范式转换 / 李河著. — 北京：中国书籍出版社，2020.11
（中国社会科学院中国文化研究中心·文化中国书系/王立胜,李河总主编）
ISBN 978-7-5068-8097-8

Ⅰ.①文… Ⅱ.①李… Ⅲ.①文化—研究—中国 Ⅳ.①G12

中国版本图书馆CIP数据核字(2020)第221042号

文化观念的范式转换
李河 著

责任编辑	王 淼
项目统筹	惠 鸣　孙茹茹
责任印制	孙马飞　马 芝
封面设计	程 跃
出版发行	中国书籍出版社
地　　址	北京市丰台区三路居路97号（邮编：100073）
电　　话	（010）52257143（总编室）　（010）52257140（发行部）
电子邮箱	eo@chinabp.com.cn
经　　销	全国新华书店
印　　刷	三河市顺兴印务有限公司
开　　本	787毫米×1092毫米　1/16
字　　数	380千字
印　　张	22.75
版　　次	2020年11月第1版　2020年11月第1次印刷
书　　号	ISBN 978-7-5068-8097-8
定　　价	78.00元

版权所有　翻印必究

文化中国书系编委会
（以姓氏笔画为序）

王　平　王立胜　牛　超　刘向鸿　刘建华
李　河　吴尚民　张晓明　章建刚　惠　鸣

序言：海风吹时钟自鸣

2020年是中国社会科学院中国文化研究中心（原名"中国社会科学文化研究中心"）成立20周年。作为最早的成员之一，我把多年来在文化理论和政策研究方面的文字搜拣编辑，结成眼前的集子。重温这些文字，文化中心起伏发展的瞬间——浮现，细品起来竟是欣慰与怅惘杂陈。

我的本专业不是文化政策研究，而是西方哲学的现象学和解释学。它们大体可归入所谓"隐晦的学问"，专门对貌似简单的问题进行复杂地追问，国内从事这项研究的人寥若晨星。虽然曲高和寡人丁不旺，但那是处在思想极限处的为思而思的学问，一个民族有了这类学问往往不觉得有什么，少了它便觉一无所有。

与纯哲学相比，眼前集子的文字俗白得很。全书共三编，第一编聚焦当代国内文化政策；第二编研讨当代国外文化政策；第三编则侧重对地方和少数民族文化状况进行评论。一个做纯哲学的，为什么会把文化政策当作第二专业呢？事情还要回到30年前。

1988年我前往荷兰阿姆斯特丹大学哲学系研习胡塞尔现象学，第一次接触到卖价4000荷兰盾的家用苹果电脑。暑假的一天去看望数学系的朋友，他忽而神秘地说，我出去一下，你注意看着电脑。他出房间不一会儿，我面前电脑黑黢黢的屏幕上陆续蹦出几个字：How do you do？他回来兴奋地说：这是我在隔壁电脑打的字，可以传到这台机子上，神吧？这是我初次体验计算机网络的神奇，我忽然意识到，自己正踏在一个全新时代的门槛。1991年，我购买了第一台286电脑，几年后，看到互联网展现出"一网打尽"人类生活的态势，我便应朋友之约，以"何西风"的笔名给刚创刊的《三联生活周刊》及《南方周末》的"信息时代"版撰写短文,那些文字无疑是数字化海风在我内心漾起的阵阵涟漪。1997年初春,在瀛海威公司张树新女士支持下,我的同事郭良把吴伯凡、王小东、胡泳、姜奇平和我几个人组合起来,撰写了国内第一套"网络文化丛书"。我的书题为《得乐园?失乐园?——网络与文明的传说》,那里的话题至今读来依旧让人兴奋:"呼唤中诞生的世界""因特奈特一定要实现""向(网络)新大陆移民""明天是一个重大事件""我是终端、他人是X""怎样预测就怎样生活"等等。该书1997年12月出版后,连续几星期排在风入松书店畅销书榜首位,以后在国内一些大学新闻传播专业被列为参考书。

  时代变了!变化幅度不啻从猿到人的飞跃!这就是我当时的感受。在我心里,互联网不仅是光缆之路,也不仅是路上负载的信息内容,它是在海量数据的吞吐处理中快速膨胀的"活态"图书馆、资料馆、案例库、语料库。过去一向认为,人脑是一切有价值思想的发源地,计算机与互联网不过是帮助人脑实现创造并传播这种创造的工具,人脑是"本脑",电脑和互联网不过是"外脑"。但今天的现实是,信息知识储量超大、数据处理能力超强的互联网已成为凌驾于每个个体的"本脑""世界之脑",而每个处于终端位置的个体对它来说则更像一个个可有可无的"外脑"!一切自然和人事莫不通过互联网来获得表象,各种表象的集聚又生成新的表象,这种"表象—集聚—新的表象"已经使人们不再能像古人那样,用几个世纪的时间慢吞吞地讨论某一个表象是否真实地再现着实在。实在、表象、真实、模仿、拟像(simulacra)、创造,所有这一切概念在这个"符号内爆"(套用鲍德里亚的概念)的时代都需要得到新的探究。从这个意义来看,互联网是我们时代的"座架"(Ge-stell),姑且不论这种命运是否让我们更加远离诗意的栖居,首先需要确认的是,它正在成为我们的命运!哲学家对此漠不关心,就可能带累哲学成为当代的木乃伊。这个想法让我产生"思凡"的冲动,不时从纯哲学的跑马场拐进现代技术哲学或数字人文的思想苑圃。今年8月,我在《中国社会科学》发表长篇论文《从"代理"到"替代"的技术与正在"过时"的人类》，对 post human（后人类/后人文）概念进行哲学解读：技术正在终结人的自然演化进程，并日益深刻地影响着当代的人文教化进程，当代技术对人的"替代"已经对 500 年来以人类中心主义为基础的人文主义价值提出了颠覆性的挑战。

原本我在文集里辟有第四编"重温 286 时代的老照片"，将我在《三联生活周刊》《南方周末》《时尚》和 2001 年创刊的《21 世纪经济评论》上刊发十余篇文章收集起来，以纪念我的"落网史"。临到付梓时，考虑到该编文字与其他三编风格不合，只得割爱。这部分文字不光包含着诸如"数字时代的生死时速""人是人的试验品""速度崇拜与未来崇拜"这类至今看起来依然未过时的论题，同时还有另一重意义，它们引我进入了当代文化政策研究的领域。

1998 年，我前往美国密歇根大学东西方研究中心孟旦教授门下访学，回国不久，哲学所科技哲学室的金吾伦研究员邀我参加关于"知识经济"的讨论。该讨论源于"经济合作与发展组织"（以下简称"OECD"）分别于 1996 年和 1997 年发表的两篇年度报告《以知识为基础的经济》（Knowledge Based Economy）和《国家创新体系》（National Innovation System）。前一文件断定，当时经合组织 24 个成员国的产值中 50% 以上来自知识经济，因此世界已进入"知识经济时代"。后一个文件强调，为因应知识经济时代的到来，各国应为技术研发创新更佳的制度条件。在这两个文件影响下，国内出现"中国国家创新体系"的讨论，但讨论基本局限于自然科学和工程技术领域。

我与几位同事强烈感到，对我们这个后发型市场经济国家来说，"自然科学研发成果转化为物质生产力"固然重要，但同样重要却又受到漠视的另一问题是：如何创新制度条件，以保证"人文社会科学的研究成果转化为公共制度产品"？我们与发达国家的差距不仅体现在科技成果的低转化率上，更体现在人文社会科学成果的低转化率上！由于相信权力是公共制度产品的直接创制者，不少人文社科学者认为，自己对提供社会的公共制度产品不负有任何义务责任。

有识于此，我们着手撰写《发展面向"知识经济"时代的人文社会科学》一文。该文探讨了"以知识为基础的经济""以文化为基础的经济""应当促进人文社会科学成果转化为公共制度产品""我国人文社会科学研究亟待转型"等问题。文稿经过多次讨论，先后易稿近20次，终在1999年8月刊发于《光明日报》。同年底，该文又经过压缩以《关于构拟"中国创新体系"（CIS）的若干重要问题的报告》为题上报，并分别在1999年和2000年两次获得中国社会科学院院级成果奖。该文成为2000年10月成立的文化中心的奠基性文献之一。作为上述文章和报告的主要执笔人，我征得同事的同意，将其收入本文集第一编。

文化中心成立后，它的实际负责人张晓明副主任与时任美学室副主任的章建刚以巨大热情投入到基本建设。他们主编的蓝皮书系列包括《中国文化产业发展报告》（至今出版13本）、《中国公共文化服务发展报告》（至今出版2本）、《中国少数民族文化发展报告》（至今出版3本）、《国际文化产业发展报告》（至今出版2本）等，这些作品业已成为文化中心的学术品牌。我因在2000年4月起担任《世界哲学》刊物主编，又于2001年到2003年到哈佛大学燕京学社访学两年，没有在文化中心承担工作。2004年春，时任文化中心主任李德顺研究员提议创办一份内刊《文化政策调研》，我受委托负责翻译编辑专栏"国外文化政策文件汇编"。这期间我们下载、翻译和缩写了芬兰、德国、英国、荷兰、澳大利亚、加拿大、日本等国的文化政策文献。此外，我还撰写了关于BBC运营模式、美国广播电视发展模式的文章，对法国具有强烈"庇护制"色彩的文化管理体制、美国秉持"无为原则"的广电发展模式、英国公营与商业并行的广电模式、英国的体现"一臂间距"（Arm's Length）原则的艺术理事会制度、德国关于"分权原则"的文化政策等进行专题介绍。今天看来，这些文章所议之事和所使用的数据或有过时，但其思路仍不乏参考价值。我将它们收入文集第二编，以为历史的记录。《文化政策调研》在两年中共出了38期，每期直报国家决策层。

2004年底，文化研究中心承接"全球化与中国文化发展"这个中国社会科学院的课题。受到国外文化政策研究的启示，我们将重点放在"中国当代文化政策"。虽然"政策"在中国不是一个陌生语词，但从公共政策理论的角度研究中国30年来的政策发展线索、发展背景，考察中国文化政策的转型特征，考察中国文化政策与当代国外文化政策呼应和差异，这类文献在国内并不多见。2008年，我们完成了项目中文和英文的总报告《介入全球化：中国文化政策10年》。该文后来多次分解发表，并译为俄文出版。作为报告的主要执笔人，我将它收入本文集第一编。

由于学术资本的积累，文化中心对外影响力日增。2005年，国家民委文化宣传司与文化中心建立合作关系，除出版《中国少数民族文化发展报告》外，还从2010年起完成了多次边境少数民族文化状况调研，包括：2010年9月的新疆南疆调研，2011年9月初云南广西边境调研，2012年9月初内蒙古—辽宁—吉林的中蒙、中俄和中朝边境调研，2013年9月初云南贵州调研（2013年9月），2015年10月第二次新疆南疆调研，2016年10月东北赫哲族文化调研，2017年9月初甘肃青海调研等。在这期间，我还多次参加西藏、敦煌等地区的考察。这些调研使我对中国转型时期的少数民族文化状况有了直观了解，期间形成了一些调研报告。2015年3月，我还为《中国少数民族文化发展报告》（第三辑）撰写了主报告。相关文章收入本文集的第三辑。

2014年到2015年，文化研究中心在中国社会科学院转型为高端文化智库，名字改为"中国文化研究中心"，它还有个更为高大上的英语名称——China National Center for Culture Studies，直译即是"中国国家文化研究中心"。但在这个时期，由于新老交替等原因，文化中心发展陷入低谷，几乎到了被裁撤边缘。2017年底，时任领导让已经回到研究室的我接手文化中心，担任其负责人。我做的第一件事就是起草了文化中心2018年到2020年振兴计划。

三年来，我在文化中心做了几件事：第一，返聘退休学者，尤其是曾对文化中心建立和发展起过重大作用的学者，恢复文化中心的传统优势项目，如文化蓝皮书，如"U40暑期工作营"等等。2020年底，我们将隆重发布《中国文化发展报告（2018—2020）》，我将它称为以往十余年出版的《文化产业蓝皮书》的2.0升级版。第二，参照近十年的"中国边境少数民族文化状况调研"，我于2018年初策划推出了"中国周边国家文化发展状况调研"项目，并将其确定为文化中心的"功能性带动项目"。自2017年12月底开始，我们陆续两次到阿塞拜疆、哈萨克斯坦和越南调研，获得的最具代表性的成果是与国外学者共同研究和发布《中外文化交流报告系列》。2019年下半年，文化中心学者与俄罗斯科学院、越南社会科学翰林院等机构的学者，共同撰写《中俄文化交流年度报告》和《中越文化交流年度报告》。这两个报告将在2020年文化中心成立20周年之际向社会公开发布。第三，2019年下半年，我积极推动文化中心的"数据化转型"，在2020年成立了文化中心的人文计算实验室。

我关注周边国家文化状况已有多年。2011年我们对韩国进行9天的文化考察，此后我先后6次参加"中韩高端人文交流对话"。2015年8月，我到缅甸参加文化论坛并实地考察。同年10月，我前往俄罗斯对莫斯科、喀山、乌法、叶卡捷琳堡进行考察。在对东亚地区国家调研时我注意到：亨廷顿所说的"中华文明圈"在现代性进程中业已解体，周边国家在其民族文化塑造中普遍表现出以"去中华中心主义"为主要内容的文化民族主义意识。为此我在2012年撰写长文《东亚国家文化民族主义与中华文明圈的解构》，文中提到，文化民族主义让中国与周边国家进入了一个在文化上"相互疏远"的进程，"邻国远、西方近"概括了东亚国家国际关系的基本现实。但直到今天，我们的文化政策依然还在强化着一些在文化上与毗邻国家相互疏远的因素。我把相关文章收入本文集第二编。

集子编好，忽地想起一个句子："海风吹时，钟声自鸣。"当初觉得它有"华枝春满，天心月圆"或"面向大海，春暖花开"般的清空和禅意，如今想来，它竟是我们这个群体从事文化政策研究的极为贴切的隐喻。我们以学人身份投入文化政策研究，这让我们在评价国内文化发展时能够超越部门利益，尽量保持中立的学术视野。由于这种学术视野，我们对当今世界传媒技术革命，对先发国家的发展观念以及文化政策调整相当敏感。我们的文章和政策建议犹如海边野寺的钟声，每一声鸣响都是对远方海风的呼应。"得风气之先"，这是我们团队投身文化研究的重要动力。回首过去二十余年，我们是国内最早从文化和文明发展的意义上谈论数字时代的；最早从社会转型和"去魅"的意义上揭示文化产业意义的；最早对国外和国内文化政策进行系统观察和追踪研究的。对我个人而言，由于在西方哲学和国外文化政策研究的背景，我在2009年到2013年受推荐成为联合国教科文组织"文化多样性国际基金"（IFCD）的首届6位评审专家之一。这个工作使我对其他发展中国家的一般文化状况以及文化项目运作能力有了直观清楚的了解。

"钟声自鸣"几个字还有另一层意思，即我们的研究基本上是只问耕耘不问收获的。有时人们会说你的理论虽合乎文化逻辑，但却不大符合现实。其实，单方面要求理论逻辑去符合实际，这在哲学上已是个过时的命题。在很多时候，理论也许就是最应当关注的现实。在我们这个理论研究一向薄弱的国度，最需要的不仅是理论联系实际，而且是实际联系理论，是让理论的逻辑彰显。如果说集子里的文章有什么遗憾的话，那恰恰是有时为了迎合实际不得不写下一些套话。套话是我国政策研究多年来通行的存量陈述，它们往往最干瘪最无思想，但又是公共问题研究文体必不可少的。也因为这个缘故，我们的公共语言或许在汉语史上是最乏味的，而那些有洁癖的戴着白手套的专业学者是很难胜任这样的公共政策话题研究的。

  总之，我明白，我们的人文社科研究经常会沦为"钟声自鸣"，甚至有可能变成东方朔所说的"以梃撞钟"——其微弱的声音除了撞钟者外，不会有其他的人听到。但是不管，只要这钟声源于海风的吹动，那就撞一撞又何妨呢？

目录

序言：海风吹时钟自鸣 / 1

第一编　新的文化观与当代中国文化政策

发展面向"知识经济"时代的人文社会科学 / 2

关于构拟"中国创新体系"（CIS）的若干重要问题的报告 / 17

《外国著名思想家译丛》编者献辞 / 25

中国文化政策 10 年 / 27

新的文化观及其三大主题 / 79

文化创造力与有利于创造力的文化 / 97

中国文化走出去应关注"可分享价值" / 102

文明对话："学习的民族"之间的对话 / 105

第二编　当代外国文化政策管窥

发达国家当代文化政策一瞥 / 114

让自己坐进自己的怀里！
——传媒技术革命与文化内容产业的汇流 / 131

"一臂间隔"原则与艺术理事会 / 144

"国外文化政策文件选编"（摘录三篇） / 151

英国 BBC：一种"管办分离"的国有公营体制 / 160

英国 BBC：基于市场的分类监管 / 167

美国：商业化广电体制和公共利益 / 176

《文化多样性公约》的国际政治意涵 / 188

超越文化民族主义，塑造中韩关系史的"第三期" / 202

反省历史叙事范式　重塑中韩"可分享价值" / 208

改变经典文化交流与大众文化交流的不对称局面 / 218

让区域文化产业为当代东亚文化圈奠基 / 226

促进文化贸易，扩展"可分享价值"，迈向中韩命运共同体 / 231

加强文化互译，扩大"可分享价值"，走向中缅命运共同体 / 236

几个"文明型国家"把历史遗产转化为现代文化资本的

案例研究 / 242

第三编　地方调研：让文化的逻辑彰显

抓住"一带一路"的机遇　开创民族地区文化发展新局面 / 250

探索中国特色西藏特点的现代化模式 / 273

建设西南边境地区文化纽带 / 285

关于敦煌发展规划的若干意见 / 299

文化的逻辑与当代城市发展 / 316

远古与未来在这里相遇 / 331

错误的区域史观造成地区间历史资源之争与文化景观重

复建设 / 337

第一编　新的文化观与当代中国文化政策

发展面向"知识经济"时代的人文社会科学*

一、关于"知识经济"的一种片面理解

1996年，24个发达国家组成的"经济合作与发展组织"（OECD）在题为《以知识为基础的经济》的报告中确认，"知识"是一种重要的经济资源，"知识经济"是一种"建立在知识的生产、分配和使用之上的经济"。这种描述恰当地揭示了知识与当代经济的本质关联。

出于对发达国家经济动态的敏感，国内学者就有关"知识经济"的主题作了大量翻译、介绍和讨论，其目的在于，按照知识经济的要求设计尚处于转型时期的我国经济发展战略。

然而，我们注意到，国内两年来对"知识经济"的探讨在显示极强务实色彩的同时，也表现出缺乏社会历史分析深度、缺乏观念反省力度的特征。由此出现以下偏向：

不少学者习惯于把"知识"概念窄化为"科技知识"，因而把"知

---

* 本文是集体讨论的成果，本人为主要执笔人。1996年和1997年，世界经合组织接连发表"以知识为基础的经济"和"国家创新体系"两篇年度报告，国内学界随之展开关于"中国国家创新体系"的讨论。当时讨论主要聚焦于如何以自然科学的知识创新来提升我国经济发展水平，完全不提人文社会科学知识在"知识经济"和"国家创新体系"中的重要作用。1999年6月，中国社会科学院哲学所李鹏程、张晓明、章建刚和笔者组成课题组，我们在讨论中形成以下看法：中国不仅要注重自然科学成果转化为物质生产力，更要关注将人文社会科学成果转化为公共制度产品；"以人文社会科学知识为基础的社会制度创新能力"是衡量一个社会发展水平的重要指标。本文在1999年8月以本标题发表于《光明日报》。1999年12月本报告又经改写，以《关于构拟"中国创新体系（CIS）"的若干重要问题的报告》的标题上报，获得时任政治局常委批示。此报告获得1999年度中国社会科学院优秀对策成果奖、2000年第四届中国社会科学院优秀科研成果三等奖。

识经济"单纯理解为"智力经济"或"科技知识的经济"。与此相应，他们把与文化价值观念密切相关的人文社会科学知识视为远离经济发展领域的"非经济因素"。

基于上述理解，一些学者在构想我国未来经济社会发展方案时便表现出"畸轻畸重"的倾向，即重视"知识经济"的高技术特征，轻视它的高文化特征；强调科技知识转化为社会生产力的重要性，却相对忽视这种转化的制度性保障，更没有意识到这种保障归根结底取决于以人文社会科学知识为基础的制度创新能力。

针对上述偏向，本文拟从以下两方面论证发展面向"知识经济"时代的人文社会科学的重要性：

其一，"知识经济"不仅是高技术经济，而且也是高文化经济。

其二，迎接"知识经济"时代，不仅要发展"以知识为基础的生产力"，还要提高"以人文社会科学知识为基础的制度创新能力"。

二、"知识经济"是高技术与高文化联姻的经济

提到"知识经济"，人们最关心的往往是它的高技术特征和表达这种特征的指标系统，而非它的人文特征或文化内涵。这无疑会导致对"知识经济"内涵的片面理解。

那么，为什么会出现这种重技术、轻人文的理解呢？这显然不是因为技术的存在形态比文化更直观，也不是因为技术知识的编码化程度比人文知识高得多——因为事实上，人们对音乐、录像或报纸期刊作品的理解要远比对负载这些信息的技术载体的理解容易得多。

这背后的观念原因在于：人们长久以来一直认为技术与经济发展具有一种内在的因果联系，而那些对人们的审美趣味、行为准则、生活信念和各种价值判断具有影响力的人文知识，却一向被视为远离经济领域的意识形态因素，它们是不可能带来经济效益的"非经济因素"，甚至

在传统型的中国社会中，它们一直是经济发展的抑制性因素。

然而，随着现代经济、社会和文化的一体化发展，一向被视为"非经济因素"的人文知识，与作为传统经济内容的技术、产品和产业之间，发生了全新的、本质性的互渗关系。不止如此，在知识产业的框架中，人文知识直接成为产生巨大经济效益的资源。这一点可以从以下四个方面得到说明：

1. 就以知识为基础的技术而言，在"前知识经济"时代，技术创新的唯一目的就是提高劳动率和降低劳动成本。然而，在富裕经济时代到来后，由于技术对人类生存和环境的影响力日益增大，由于消费者口味和素养的提高，技术日益不再是一个封闭性的、按其自身惯性和逻辑发展的过程，而变成与人的趣味、时尚要求、环保意识乃至道德评价密切相关的活动系统。技术不仅要满足人的物质需求，而且要越来越多地满足人的精神文化需求。同样，开发和掌握技术的人，作为人力资本，不仅是技术人，更是文化人。总之，以提高劳动生产率为唯一目标的"以物为本"的技术正在变为"以人为本"的技术。

2. 就以知识为基础的产品而言，"前知识经济"的产品形态以"物"为主，其使用价值主要表现为其物理有用性，其产品寿命也主要决定于产品的物理损耗程度。但在"知识经济"时代，产品中的知识含量大幅度增加，它包括那些有助于提高产品舒适度、美观性和文化意蕴的人性知识，包括企业管理、市场营销等与人有关的知识。因此，一项产品的物理形态日益变成某种消费概念乃至生活时尚的载体，其市场生存能力和生命周期往往不取决于它的有形的物理性能，而取决于它的无形的文化性能。

3. 就以知识为基础的产业而言，在工业经济时代，生产物质产品的劳动密集型和资本密集型产业以及与之密切相关的运输、销售部门在GDP分布中居于主导地位，而到了知识经济时代，在GDP构成中占主要部分的是知识密集型产业以及以知识为基础的第三产业。应该看到，这里所说的"知识密集型产业"除了指高技术产业，还包括以传媒娱乐（如广播电视、音像制品、报纸期刊、艺术表演、体育比赛等等）、旅游、教育、咨询、律师、服装设计等为代表的"高文化含量"产业，即高文化产业。因此，"知识经济"就是高技术与高文化联姻的经济。

据1999年5月31日《科学新闻周刊》载，美国北美行业分类系统已经修改了关于"信息产业"的分类标准：将计算机和通信设备制造业"逐出"信息产业领域，把它们列为传统制造业的一个新分支；与此同时，报刊、电影和音像出版等则被视为"信息产业"的主体。这就是说，"信息产业"已经变为"信息产品业"，即由"高技术"所负载的"高文化"产品为主体的产业。

4. 就现代全球市场而言，文化市场日益成为当今世界市场的重要组成部分。由此，文化产业开始对世界格局产生前所未有的战略性影响：高技术推进了传统市场的全球化；在这个进程中，发达国家的高技术手段所负载的高文化产品连同其价值观，也提高了对其他文化的渗透力和影响力。在知识经济时代，发达国家的强势地位，不仅依赖于其高技术实力，也凭借其文化影响力。

据1998年第30号《中国音像》载，美国文化产业自1983年至今一直保持连续增长态势。其中，专以生产由信息技术负载的信息文化产品的音像业在国民经济中的位置从1985年第11位迅速跃居1994年的第6位，成为仅次于飞机出口的第二大出口商品，占国际市场的40%。

另据1999年8月6日《环球时报》载，目前传播于世界各地的新闻，90%以上是由美国和西方国家垄断的；美国控制了全球75%电视节目的生产和制作，许多第三世界国家的电视中，60%～80%的节目来自美国，几乎成为美国电视的转播站，而在美国自己的电视中，外国节目的占有率仅有1%～2%；美国影片产量占全球影片总产量的6%～7%，但却占据了时间总放映时间的50%以上；据估计，全球互联网中中文信息不足万分之一，而不受西方控制的英文信息也不到万分之一。

这种咄咄逼人的文化扩张态势已经引起许多国家不安。最近，就连经济发展水平与美国接近的加拿大也提出要抵制"好莱坞的霸权"。

相比之下，我国文化产业却表现出硬件发展迅速、产品制作严重短缺的局面。同样是音像业，我国已形成庞大的硬件市场：电视机 3.5 亿台、收录机 1 亿多台、家用录像机 3000 多万台、CD 机 1000 多万台、LD 影碟机 500 多万台、VCD 机 1000 多万台、多媒体电脑 1500 多万台，对各类媒体产品的潜在需求在 1000 亿元人民币以上。但是，由于缺乏明确的文化产业政策和有效管理措施，我国音像产品市场却十分混乱，甚至成了发达国家文化产品（有些是文化垃圾）肆意倾销和泛滥的场所。据 1996 年的统计，我国正版的音像制品销售额仅有 20 亿元，而盗版制品约为正式出版的 10 倍，为 200 多亿元，有专家估计总额在 600 亿元以上。

以上分析表明，在知识经济时代，技术、产品、产业、市场以及未来世界经济政治格局等概念都发生了根本变化："人文知识"不仅作为渗透因素对现代经济各环节发生着日益重要的影响，而且直接成为有待于生产、传播和消费的产业对象。更重要的是，以文化产业为代表的文化创新能力、评价能力和传播能力，成为任何一个面向"知识经济"的国家不可不重视的、关乎国家兴衰成败的重要战略资源。

有鉴于此，我们如欲构拟自己的"国家创新体系"，不可不关注作为经济资源和战略资源的文化；不可不处理好高技术与高文化的关系。那种偏重高技术，忽视高文化的"知识经济"观念，说到底是以"前知识经济"的"知识"概念来理解"知识经济"。它已经严重削弱了我国文化产业的生存能力和竞争能力，加剧了我国经济、社会和文化发展的不平衡性。如果继续坚持这一观念，迟早会出现我们的高技术搭台，别人的高文化唱戏的局面，实际上这已经成为今天的部分现实。它使我国在业已到来的全球文化角逐中处于战略上的被动地位。

三、构拟"国家创新体系"是一项以知识为基础的制度创新工程

作为指导我国实现经济与社会全面转型的战略方案，我国"国家创新体系"不仅要强调知识转化为生产力这一战略目标，还要重视知识（尤其是人文知识）转化为制度创新能力这一战略主题，实现以知识为基础的制度创新。

我们提出"以知识为基础的制度创新"这一思路，已经超出了OECD《国家创新体系》的论域。

OECD方案的主旨是：在国家的组织协调下，提高科研院所与企业、市场的全面链接程度，完善知识传播和应用的体制环境，保障"知识流通率"（fluidity）。显然，OECD"国家创新体系"至少包含两个要点：

其一，其目的是提高一个社会与企业、市场需求相适应的知识供给能力；

其二，其方式是进一步完善已有的知识供给机制。

我们提出"以知识为基础的制度创新"这一思路，也超出了国内不少学者关于"国家创新体系"的理解框架。

如前所述，由于国内一些学者习惯于把"知识"界定为"技术知识"，因此，OECD所说的"知识与企业、市场的链接"便被顺理成章地理解为一种"技术知识创新、流通和应用机制"。于是，整个OECD的"国家创新体系"就被解释为一个大规模的"技术成果转让方案"，其主旨是促进科技成果转化为生产力。

毫无疑问，强调科技成果转化为生产力，对我们这个后发国家是十分重要的。作为正在摆脱短缺经济状态的国家，我国的知识存量不足，技术能力薄弱，物质生产力水平不高。基于这种现实，又面对激烈的国际竞争，我国经济发展长期带有浓重的"战时经济"色彩：动员一切社

会力量以提高物质生产力，这一向是我国经济社会发展的唯一战略目标。

其实，以战时心态和手段来发展经济，乃是处于这个优胜劣汰世界中的多数后发国家共有的特点。尤其是在一个有效政府的引导下，这种战略往往能在相当长时间和相当大的领域取得不可低估的实效。

不过，从方法论上看，单把生产力发展程度当作衡量经济、社会和文化发展的唯一指标，可能会使我们的国情分析和方案设计带有片面性：

比如，人们一向以为，我国与发达国家的主要差距只在于科技研究能力不如人，生产力水平不如人。所以，我们似乎特别关注我国科技知识和生产力的增量发展。科技发展和经济增长数字在我国一向具有"战时意义"，它的政治意义甚至大于经济意义。

此外，我国生产力发展常常表现出重指标、轻制度的特点。具体说来，我们偏重于借助国家行政手段或非常体制来提高科技开发及其市场化的能力，习惯于依靠那种有立竿见影之效、具有战时特点的知识供给体制来实现科技创新和生产力发展，而对那种常规性的、市场化程度较高的、可持续发展的知识供给体制乃至一般制度创新关注不足。

只有用立足于经济、社会和文化一体化的"整体论"观点，我们才会清晰地认识到，我国与发达国家的差距不仅表现为生产力不足，还表现在各种制度创新水平和能力严重落后——这一特点在我们制定面向未来的国家发展战略时往往受到忽视。

所谓制度创新水平，体现了一个社会的中介化程度，它是判别文明发展程度或社会总体发展水平的重要指标。发达国家在几百年中不仅创造了很高的科技研究能力和社会生产力，更重要的是形成了一套复杂的、充分分化的、可持续的中介化制度系统，并形成了很高的制度创新和调节能力。我们甚至可以说，它的科技开发能力和社会生产力水平正是由这种制度创新能力来保证的。

正是基于这种"整体论"的立场，我们认为，对我们这个处于转型时期的后发国家来说，我国"国家创新体系"不仅应当把提高社会生产力当作其战略目标，而且应当把提高制度创设能力置于同样重要的战略地位；不仅应当关注知识与企业、市场的链接，以便发展"以知识为基础的经济"，而且应当考虑人文知识与社会发展之间的链接，以便创造一个以知识为基础的制度体系，以至建立以知识为基础的社会。

我们的"整体论"观念虽然超出了OECD"国家创新体系"的论域，但考虑到该文件的文本后面尚有几百年的社会历史发展背景，尚有几百年来与其经济发展和社会进化相适应的观念背景，那就应当看到，该文件所包含的底蕴远比其纸面上的内容复杂。我们可以从中归纳出几条知识经济时代的一般法则，它们对构拟我国"国家创新体系"具有相当的启发意义。

其一，一个社会的生产力水平越来越取决于该社会的知识供给能力。

OECD文件确认，其成员国高技术产业发达，其GDP一半以上来自以知识为基础的产业。这个事实从根本上改变了生产力概念的含义。

在"前知识经济"时代，一个社会的生产力水平主要取决于该社会的劳动供给能力和资本供给能力。这种"物质生产力"主要靠外延指标来衡量。

然而在知识经济时代，一个社会的知识供给能力直接决定着该社会产出知识产品的能力。传统的"物质生产力"概念，将被"以知识为基础的生产力"概念所取代。对这种生产力水平的衡量不仅靠外延指标，而且靠内涵指标。

这个观念的启示在于，我国虽是一个后发国家，但也应当面对知识经济时代来构拟自己的生产力发展战略：不仅要促进生产力的外延增长，而且要努力创造条件发展"以知识为基础的生产力"。只有这样，我们才不会沦为受"头脑国家"奴役的"肌肉国家"——这一点如今已成为国内许多学者的共识。

其二，一个社会的知识供给能力主要取决于该社会的制度供给能力。

OECD文件强调，知识经济时代的知识供给能力是由社会化、市场化的知识供给机制来保障的。由于这个制度，经济发展获得了内在动力，而知识也因为市场有效需求的保障而成为经济发展的"内生变量"。

必须看到，在OECD成员国中，市场化的知识供给机制完全不是什么新东西，它们已有相当长的历史，发育得相当成熟。正因为这样，OECD文件强调的是"完善"而不是"建立"知识流通体制，强调的是弥补该体制中"缺环"（mismatches）。

相形之下，我国不仅是个"前知识经济"社会，而且不久前还是个拒斥商品经济的传统型社会。这个现实决定了我国在经济社会转型过程中要承担双倍繁重的制度创新任务：既要全面确立和完善现代市场机制，又要确立面向知识经济时代的知识创新、流通和应用机制。这种知识供给机制应当是社会化、市场化的，而不是我们前面提到的那类"战时"体制。那种体制虽然会在局部领域奏效于一时，但却明显背离知识经济时代的本质要求——它既不能在全社会范围内使知识变成"内生变量"，也不能培育起社会的制度创新或制度选择能力——这恰恰是我们这个转型社会最需要的能力。

其三，极而言之，一个社会的制度供给能力，从可持续发展的角度看，取决于该社会的制度性知识的供给能力，这种能力是以人文知识的研究水平和社会化程度来保障的。

OECD文件提出的"制度创新"思想不是凭空产生的。它是西方经济理论、社会理论等多种人文思想发展的产物。该文件的创制本身生动表明，现代社会的制度创新能力首先取决于人文知识的创新能力，此外，人文知识的创新能力取决于它与社会的链接程度，取决于它的社会化、产业化操作程度。总之，一个社会的制度创新如果是科学的，就必须以人文知识为基础；以人文知识为基础的制度创设如果是可持续的，就必须由一个社会化的机制来保障。

相形之下，在我们的传统中，社会制度的创设和调整几乎都是以非社会化（即政府行为）方式进行的，这就使人文知识在总体上没有形成系统持久地介入社会经济发展，参与社会制度创设的社会化和产业化机制。

基于这个现实，我们认为，我国"国家创新体系"不仅应当建立知识转化为社会生产的链接机制，同样应当建立人文知识转化为社会制度创新的链接机制。

上述分析表明，我国"国家创新体系"应是一个系统工程：它不仅强调知识转化为社会生产力，还强调知识转化为社会制度创新能力。发展"以知识为基础的经济"，必然以发展"以知识为基础的制度创设"为条件。归根结底，"知识经济"应与"知识社会"协调发展。

以知识为基础的社会生产力，以知识为基础的制度创新能力，得到制度保障的知识供给能力，这是"知识经济"时代"综合国力"概念的三要素。

可以肯定地说，如果一个国家的"国家创新体系"只强调发展物质生产力，而忽视制度创新能力，那它就仍是一个传统型社会的"国家创新体系"；如果一个国家的制度创新远离人文知识的深入研究，以非社会化方式进行，这种制度创新就不可能符合知识经济时代的要求。

总之，我们可以根据一国的"国家创新体系"是否重视人文社会科学，来判定它究竟是一个传统型社会的创新方案，还是面向知识经济时代的创新方案。

我们强调我国"国家创新体系"不仅应当重视知识与市场的链接，也要重视以人文知识为基础的制度创设，这是基于一种战略考虑。

前已述及，发达国家不仅拥有经济发展优势，而且拥有制度创新优势。当人们说世界已进入"策划时代"，那似乎是说，发达国家进入了"从容策划"的时代：它们可以顺应自己的经济发展惯性，依赖自己的理论积累，根据自己的战略利益，从容筹划和选择自己的经济、社会、文化发展战略，并进而为整个世界"立规矩"。这就使它们的策划具有主动性、挑战性和整体性。

问题的复杂性更在于，发达国家的经济发展与制度调整，与其说为后发国家带来福音，不如说使后发国家的处境更艰难，面临的问题更复杂。这样，后发国家的发展战略和制度创新常常表现出被动性、应急性和权宜性。这不仅因为后发国家的经济发展水平落后，也由于这些国家的制度创新水平低下，对人文知识资源利用不足。这些国家在战略策划、制度创新、危机应对等方面表现出的知识供给不足，严重地影响着它们的国家利益。

20世纪最后10年，是以美国为首的发达国家主动全面调整其经济发展战略、国家安全战略和国际政治战略的10年，也是后发国家"被动应对"复杂多变的国际环境的10年。如果我们再不关注以知识为基础的制度创新问题，这种"被动应对"的局面还会恶化。

四、人文社会科学的制度性调整势在必行

我们已经从两方面论证了我国"国家创新体系"应当重视人文知识的必要性：

首先，从全球经济发展的大势来看，"知识经济"不仅需要高技术，也需要高文化；

其次，从具体国情来看，我们这个转型社会在制度创新方面具有双倍繁重的任务，这种创新尤其需要以人文知识为基础。

换一个角度看，上述两种必要性表明，我国人文社会科学可以并且应当在以下四个方面发挥重要作用：

其一，由于当代技术（尤其是高技术）的每一重大突破，都可能从整体上对社会结构、生态环境、传统观念乃至人类命运产生重大影响，又由于经济发展对人的生命质量、生活时尚乃至国家利益的影响达到了前所未有的程度，因此，技术与经济发展日益需要在其领域之外建立一个理性的、以人文知识为基础的评估系统。通过评估技术与经济发展的可能效果，它将直接影响技术与经济的选择性发展进程。这种评估系统

在知识经济时代将变得尤为重要。

其二，随着作为"朝阳产业"的文化产业的迅速崛起，人文知识将通过社会化和产业化运作方式，直接参与生产足以影响大众休闲趣味、艺术修养、道德规范乃至生活信念的高文化产品。随着信息网络技术的高速发展和文化市场的迅速拓展，文化产业将日益影响到国家的战略利益。

其三，由于现代社会是一个呈现持续性动态调整与适应的过程，因此，制度创新决非一劳永逸的事。因此，人文社会科学要形成持续供给社会动态分析、制度合理性设计和制度合法性论证的能力。

其四，当今世界全面进入"策划时代"。面对国内和国际的复杂挑战，像我们这样的大国既要有宏观开放、立足于现代理念的战略策划，也要形成前瞻性的、充满"博弈"色彩的危机应对能力，并进而具备影响乃至参与国际规则制定的能力。这一切显然有赖于对国内或国际利益相关力量的透彻了解、分析、预测。它要求我国人文社会科学不仅是国家长远策划的战略资源，更应成为国家危机应对的主要咨询力量。

以上描述描绘出我国人文知识创新的四大领域，它们概括了人文社会科学社会化的基本内容。伴随这个社会化进程，我国传统的观念形态也应当实现转型。

越来越多的事实表明，随着改革开放的深入，我国社会阶层的分化组合日益呈现复杂化格局，其社会心理、价值准则、观念形态也出现多样化局面。面对这种态势，一向占主导地位的传统观念形态，无论就其影响社会的途径和能力而言，还是从其沿用的话语系统来看，都需要作出适应性调整。

这种调整的战略目的在于，在技术合理性的经济、制度合理性的社会之上，建立和完善一套具有价值合理性的观念形态。

这种观念形态不仅要体现和维护国家的整体利益和价值，而且要尽可能了解、反映和协调社会各阶层的利益要求；不仅依靠其权威的话语来灌输和推行其生活信念和行为准则，更要准确把握社会心理和大众观念的变化，提高科学预测和灵活应对的能力，以保证对社会的影响力；不仅要依据其战略目标对社会发展进行控制，还要具有调节自己以适应社会变化的能力。

总之，这种观念形态从总体上说应当具有代表多数人最大利益的导向性；基于合理性操作基础上的稳定性和具有自调功能的可持续性。

强调观念形态的创新对我们这个后发国家十分重要。

首先，随着社会的急剧转型，在传统价值失落或失灵的地方，留下了不少思想真空。然而精神的空间决不会留下真空，这正是目前国内各种迷信思潮或精神诉求得以滋蔓的根本原因。值得一提的是，这些问题不会随着科技的发展自动得到解决。问题的复杂性尤其在于：虽然各种迷信观念与科学世界观格格不入，但从世界背景来看，许多迷信观念恰恰与对科技的迷信有关，恰恰是科技急剧发展带来的副产品，一些迷信或邪教甚至直接以科学的名义或科学同盟者的名义出现。可以说，迷信与科学，这本身就是人文社会科学的一大课题。

其次，在我们这个转型社会中，制度创新能力不足已成为技术发展和经济发展的制约因素，同样，制度观念资源的贫乏也已经成为进行有效制度创新的瓶颈。审视目前关于"国家创新体系"的讨论，我们不难发现许多研究是缺乏研究的应急之作。此外，在所谓"创新文化"的话题下，甚至出现了许多伪研究和伪课题，诸如所谓"创新文化的理性思考""东西方创新文化比较"以及"提高个人创新能力"等等。这些话题完全缺乏现代学科背景，背离学术论证规范。因此，许多问题虽经长期研究，但始终缺乏观念的明晰性，缺乏共同对话语境。以至在相当程度上使"知识经济"或"国家创新体系"等话题成为空论。

尽管我国"国家创新体系"应当重视人文知识，但毋庸讳言，我国人文社会科学就其现状而言，还不足以全面承担起它的历史任务。如果说，我国的科技发展在整体水平上尚不算发达，人文社会科学的状况就更加落后！

由于我国人文社会科学大体承担着保持文化、积累知识、增益学问这单一宗旨，故其研究机制在总体上延续着远离社会发展的书斋式或手工作坊式特点。这种"过去时"的研究状态，显然不适应现代文明的"现在时"与"未来时"变迁！

在这个背景下，我国人文社会科学的制度性调整势在必行！

很显然，一旦我国"国家创新体系"将人文社科知识视为一笔重要的战略资源，人文社会科学脱胎换骨的时代便开始到来。我们认为，目前我国人文社会科学研究机制的转型要实施双轨制方针：它不仅要面向历史，也要面向未来——这意味着它要处理好文化保持和文化创新的关系，处理好基础性研究与应用性、对策性研究的关系。

只有这样，它才可能在坚持人文社会科学的学术素养和学术准则的前提下，确立它与社会、市场和国家的利益关联和链接机制，从而为我国技术和经济发展，为国家制度性创新、战略策划和重大决策提供系统的、实用的知识。使它从一笔闲置的社会经济资源，变成一种既有社会效益、又有经济效益的资源，一笔在流动中不断增殖的自生资源。

我国人文社会科学的社会化进程主要包括它与各经济部门与社会领域的全面链接，这种链接的实质是对人文知识资源进行产业化运作：

首先，实现人文知识与现代文化产业的链接，尤其是深层介入现代传媒娱乐业、旅游业等高文化领域，提高文化产品的原创能力和质量，这项工作已经到了刻不容缓的地步。

其二，让人文社会科学各部门与相关的技术或经济发展领域、制度创新领域、国家和地方政府的战略研究或决策领域之间，形成委托咨询关系，从而在国家决策部门和具体经济社会部门之间形成以人文社会科学专家为主体的"第三社会部门"。这种中介阶层的形成和发展必将从整体上促进我国经济、社会发展的知识化、技术化程度，提高国家和地方政府决策的科学化水平。

其三，除建立人文知识与社会各部门的链接机制，我们还需要确立人文社会科学的知识产权制度，包括成果评估在内的激励机制，为人文社会科学的社会化创造适宜的政策和法律环境。

其四，为适应人文社会科学的全面机制调整，包括出版、传媒、基金会、文化市场等方面的改革也应配套进行，从而带动全社会的制度创新。

总之，对人文社会科学的产业化运作是一个复杂的社会系统工程。它需要进行在顺应我国产业化发展的背景下，结合人文社会科学本身的特点，进行专门研究和论证。

为实现上述目标，我们建议，将人文社会科学创新纳入国家创新体系的战略框架；将人文社会科学研究机制的改革纳入国家创新体系的整体规划之中。

关于构拟"中国创新体系"（CIS）的若干重要问题的报告*

1996年和1997年，"经济合作与发展组织"（OECD）先后发表题为《以知识为基础的经济》和《国家创新体系》的报告。文件全面揭示了现代经济与知识的本质关联，阐述了知识创新、传播和应用的发展战略。同时，发达国家纷纷出台创新方案，如法国创新体系（FIS）、德国创新体系（GIS）。

我国有关学者反应敏锐，介绍及时，对"创新"问题进行了大量探讨。我国政府更是高瞻远瞩，积极制定"产学研"相结合的国家创新战略。这些工作大大推动了我国知识创新，尤其是技术创新的步伐。

但是，两年来国内的有关探讨也存在一些缺陷，主要表现是：

（1）用"前知识经济"的观念来理解"知识经济"，因此，"知识经济"往往被简单理解为"科技知识的经济"。人文社会科学知识则被视为远离经济发展领域的"非经济因素"。

（2）凭借"非创新"的思路来构拟我国创新体系，由此出现"一重一轻"的偏向：即单纯强调科技知识转化为社会生产力的重要性，相对忽视这种转化的制度性保障，更没有意识到这种保障最终取决于以人文社会科学知识为基础的制度创新能力。

针对上述偏向，本报告提出如下看法：

（1）"知识经济"是高技术与高文化联姻的经济，我国创新体系不仅要关心高技术产业，也要关心高文化产业。

---

* 本报告是对前文"发展面向'知识经济'时代的人文社会科学"的压缩改写，关于它的形成背景，参见上文注释。

（2）"知识经济"是"制度优先"的经济，我国创新体系在强调"技术创新"的同时，更要重视发展"制度创新能力"。

（3）"知识经济"是全球化经济，我国创新体系的制定不仅要着眼于国内科学、技术和经济发展的现实，而且要具有长远的国际战略眼光。

（4）为完成上述任务，我国创新体系不仅应当重视自然科学和物质技术，而且应当重视作为社会技术的现代人文社会科学。

只有认真研究和解决了上述问题，我们才能"真正搞出我们自己的创新体系"，即"中国创新体系"（CIS）。

一、"知识经济"是高技术与高文化联姻的经济

一般认为，"知识经济"是以知识密集型产业为代表的高技术经济，信息经济是其主要代表。而那些对人的审美趣味、生活信念和时尚追求具有影响力的人文知识，往往被视为远离经济领域的"非经济因素"。

这是一种重技术、轻文化的"前知识经济"观念，它误解了"知识经济"的本质，直接妨碍了我国文化产业的发展，并可能会对我国未来的国际战略产生消极影响。

"知识经济"是"以人为本"的经济，人文知识或文化因素不仅全面渗透到技术发明、产品制造、企业管理、市场营销等各个环节，而且已经成为直接产生巨大经济效益的资源，构成了现代文化产业。

在工业经济时代，劳动密集型和资本密集型产业在GDP分布中居于主导地位，而在知识经济时代，在GDP构成中占主要部分的是知识密集型产业。这里所说的"知识密集型产业"不仅指高技术产业，还包括以传媒娱乐（如广播电视、音像制品、报纸杂志、艺术表演、体育比赛等等）、旅游、教育、咨询、律师、服装设计等为代表的"高文化产业"。从这个意义上说，"知识经济"就是高技术与高文化联姻的经济。

1999年初，美国北美行业分类系统修改了关于"信息产业"的分类标准：计算机和通信设备制造业被"逐出"信息产业领域，归入传统制造业的一个新分支；与此同时，报刊、电影和音像出版等则被视为"信息产业"的主体。换句话说，"信息产业"已经被定义为文化产业。

从"高技术与高文化的联姻"的角度看，我国产业政策显示出重视高技术、轻视高文化的倾向。这不仅意味着经济上的损失，还将使我们在业已到来的全球文化角逐中处于战略上的被动地位。

目前传播于世界各地的新闻，90%以上是由美国和西方国家垄断的；美国控制了全球75%电视节目的生产和制作，许多第三世界国家的电视中，60%~80%的节目来自美国，几乎成为美国电视的转播站，而在美国自己的电视中，外国节目的占有率仅有1%~2%；美国影片产量占全球影片总产量的6%~7%，但却占据了时间总放映时间的50%以上；据估计，全球互联网中中文信息不足万分之一，而不受西方控制的英文信息也不到万分之一。

相比之下，我国文化产业表现出硬件发展迅速、产品制作严重短缺的局面。就音像业来看，我国已形成庞大的硬件市场：电视机3.5亿台、收录机1亿多台、家用录像机3000多万台、CD机1000多万台、LD影碟机500多万台、VCD机1000多万台、多媒体电脑1500多万台，对各类媒体产品的潜在需求在1000亿元人民币以上。但是，由于缺乏明确的文化产业政策和有效管理措施，我国音像产品市场却十分混乱，甚至成了发达国家文化产品（有些是文化垃圾）肆意倾销和泛滥的场所。据1996年的统计，我国正版的音像制品销售额仅有20亿元，而盗版制品约为正式出版的10倍，为200多亿元。

今天，文化市场日益成为世界市场的重要组成部分。文化产业开始对世界格局产生前所未有的战略性影响：高技术推进了传统市场的全球化；在这个进程中，发达国家的强势地位，它对其他国家的影响力，不仅依赖于其高技术实力，还依赖于高技术手段所负载的高文化产品连同其价值观。

有鉴于此，我们在构拟我国创新体系时，不可不关注作为经济资源和战略资源的文化；不可不处理好高技术与高文化的关系。那种偏重高技术，忽视高文化的"前知识经济"观念，已经严重削弱了我国文化产业的生存能力和竞争能力。如果继续坚持这一观念，迟早会出现我们的高技术搭台，别人的高文化唱戏的局面，实际上这已经成为今天的部分现实。

二、我国创新体系应当强调技术创新与制度创新并举

目前，我国的创新战略非常重视提高科技成果转化为物质生产力的能力。这是正确的，但还不够全面。我国创新体系还应当重视人文社会科学知识转化为制度创新能力这一战略主题，全面实现以知识为基础的制度创新。这个"两点论"，是基于对天下大势和我国国情的分析。

迄今为止，世界经济大体经历了劳动密集型经济，技术创新型经济和制度创新型经济这三个阶段。其中，制度创新型经济最能表现"知识经济"的典型特征，因为"知识经济"本质上就是"制度优先"的经济：以良好的制度条件刺激科学研究和技术应用，提高知识转化效率。发达国家出台各自的"创新体系"，正是为了提高制度创新水平，全面进入制度创新型社会。

所谓制度创新水平，体现了一个社会的中介化程度，是判别社会文明发展程度的重要指标。发达国家在几百年中不仅创造了很高的科研能力和生产能力，而且形成了一套复杂的、充分分化的中介化制度系统，形成了很高的制度创新和自我调节能力。

对比我们的国情，不难得出以下看法：

首先，我国生产力水平与发达国家有很大差距，积极发展生产力已经成为我们的广泛共识，提高科技知识转化为生产力的效率，已经成为

我国生产力发展的重要战略目标。

此外，还有一个相当重要但却往往受到忽视的方面：我国不仅是个"前知识经济"社会，不久前还是个拒斥商品经济的传统型社会。因此，发展具有中国特色的社会主义，要承担双倍繁重的制度创新任务：既要全面确立和完善社会主义市场机制，又要确立面向知识经济时代的知识创新、流通和应用机制。

面对如此繁重的制度创新任务，我国的制度创新能力显得相当薄弱。我们的研究表明，社会制度的创新能力主要取决于其制度性知识的供给能力，而制度性知识的供给能力又取决于提供该知识的人文社会科学与社会的链接程度，取决于它的社会化、产业化操作程度。换句话说，一个社会的制度创新如果是科学的，就必须以人文知识为基础；以人文知识为基础的制度创设如果是可持续的，就必须由一个社会化的机制来保障。

总之，以知识为基础的社会生产力，以知识为基础的制度创新能力，这是"知识经济"的两大要素。在这里，"以知识为基础的制度创新"是发展"以知识为基础的生产力"的制度性前提和保障；"以知识为基础的经济"应当与"以知识为基础的社会"协调发展。

三、我国创新体系应突破头脑国家和肌肉国家的国际关系格局

"知识经济"是全球化经济，我国创新体系不单单是面向国内的技术、经济和社会发展战略，而且应当是一种全球战略。强调发展文化产业，强调培养制度创新能力，也是基于这种战略考虑。

20世纪的国际关系格局，大体维持着一种支配与被支配的基本框架。它在不同历史时期表现为不同的形态：20世纪上半叶存在的宗主国和殖民地之间的关系格局；50年代到90年代形成的发达国家和后发

国家之间的关系格局；90年代以后出现的国际经济政治新格局，即头脑国家和肌肉国家的关系格局。

由此可见，"知识经济"或经济全球化并没有带来人类大同。虽然不少学者相信，知识经济将跨越或消除传统的国家疆界，但它并没有改变作为谋利共同体的民族国家观念。这种民族国家依然以共同体身份来应对国际挑战，协调自己与其他国家的利益冲突和利益分配，参与国际关系规则的制定。

近来关于"头脑国家"和"肌肉国家"的讨论表明，以往那种支配与被支配的国际关系格局不仅没有消失，而且变得更加明显。从这个角度来看，发达国家出台国家创新体系，一方面是为了巩固它们在科技、经济、政治和文化上的优势地位，更重要的是，它们是在按照"头脑国家"的标准来设计自己的未来。

近10年的情况表明，发达国家在总体上已经全面进入"从容策划"时代。它们可以顺应自己的经济发展惯性，依赖自己的理论积累，根据自己的战略利益，从容筹划和选择自己的国内战略，并进而为整个世界"立规矩"，描绘当今世界的经济与文化地图。这就使它们的策划具有主动性、挑战性和整体性。90年代以来，美国对其国家安全战略和全球战略的一次次主动调整，科索沃战争，特别证明了这一点。

也正是从这个角度来看，我们认为"知识经济"对于后发国家不一定是什么福音。它或许会使它们成为知识经济国家的"下家"，从而面临着沦为"肌肉国家"的厄运。

从经济上说，后发国家往往沦为发达国家过时产业和过时技术的转移场所；从文化上看，后发国家往往成为发达国家高文化产业的倾销地，从而失去自己的文化传统乃至文化认同；从发展战略上看，后发国家由于急于追赶和穷于应付，在战略策划、制度创新、危机应对等方面捉襟见肘，其发展战略和制度创新常常表现出被动性、应急性和权宜性。这一切都严重地影响了后发国家的安全和战略利益。

中国是一个迅速崛起的大国，我们的任何重大国内问题，同时就是国际问题；我们的任何国内创新方案，必定会产生相当的国际影响。因此，构拟我国创新体系的基本点应当是：赢得战略上的主动，在现有条件下扩大我们的政治和文化影响力。如果说我们在国内要讲经济，讲政治；那么在国际上，就要讲实力，讲道义。

总之，我们需要的是面向未来的战略策划能力，及时有效的危机应对能力，与国际上的话语霸权相抗衡的对话能力，以及参与国际规则制定的能力。

四、我国创新体系应有助于促进人文社会科学的转型

我国创新体系应当重视人文社会科学，但人文社会科学就其现状而言，还不足以全面承担起它的历史责任。这主要表现在：满足于闭门造车的研究，满足于对传统文化和西方思想的简单复制和传播，以及对国家重大政策的事后论证。对活生生的经济、政治和文化问题丧失敏感和判断力，没有形成批量提供社会急需的制度性产品的能力。因此，人文社会科学的转型势在必行。

人文社会科学的转型应当包括社会化、产业化和技术化三个方面。

所谓人文社会科学的社会化，就是要直接面对当代社会问题，这包括：

（1）建立理性的、以人文知识为基础的评估系统，通过评估技术与经济发展的可能效果，直接影响技术与经济发展的选择性发展进程。

（2）形成生产文化产品的强大能力。

（3）形成持续供给的制度性产品，即社会动态分析、制度合理性设计和制度合法性论证。

（4）介入国家长远战略策划，成为国家危机应对的主要咨询力量。

所谓人文社会科学的产业化，是指知识研究机构与政府、企业及社

会各部门建立多方面的、多种形态的知识链接或知识供给机制,并在提供知识产品时建立和完善产业化运作的各种模式。

最后,所谓人文社会科学的技术化,就是要通过改变机制,使一些人文社会科学部门生产出更适合社会需要的、应用性更强的社会技术产品,使其成果模式化、数据化和程序化。大量的专业社会技术人员将构成从事代理、咨询、策划的"第三社会部门"的主体,服务于社会的各种需求。

综上所述,我国创新体系的战略目的应当是,通过发展作为社会技术的现代人文社会科学,建立和完善技术合理性的经济、制度合理性的社会,价值合理性的观念形态。

《外国著名思想家译丛》编者献辞*

由于中国社会科学出版社领导和有关编辑富于勇气的决定，《外国著名思想家译丛》（文库版）终于和读者见面了。

从1985年到1992年，《外国著名思想家译丛》断断续续出版了36本。在编辑本文库时，我们出于整体上的考虑收入了其中31种，并全力推出29本新书，形成了目前的规模。文库包含6个函套，每个函套中的10本书大致是依照传记主人公的生活年代编定的，读者在阅读之后或许会对某个思想时代形成一个总体的印象。我们认为有必要提醒读者，此次未被编入文库的5本思想传记，无论就传主在思想史上的地位而言，还是就译文的质量而言，都丝毫不比目前这60本逊色，它们是：《柏克》《亚当·斯密》《赫尔岑》《托尔斯泰》和《福泽谕吉》。

值此文库出版之际，我们的心情是复杂的。1985年7月，我们在着手这项工作时曾设想"在三至五年内出版百本以上"。事实证明这个想法过于浪漫了。主观的愿望和努力在复杂的客观现实面前总是要脆弱一些，而后者在更大程度上决定着这套丛书的命运，其后，尤其是理论图书市场的滑坡更令这桩事业几乎半途而废。因此，在推出《外国著名思想家译丛》（文库版）的时候，我们几乎无暇为这个国内数十年来第一套大型思想传记丛书的最终出版而感到庆幸……

---

* 1985年，以中国社会科学院学者为主体的7位年轻人组成《外国著名思想家译丛》编委会，陈子明任主编，张晓明任副主编，我是编委，7年内出版了36本国外著名思想家学术传记，产生很大影响。1993年，李鹏程、章建刚与孙乃修等加盟组成新编委会，张晓明任主编，章建刚任副主编，继续推出29个新的传记译本。这是国内迄今为止出版规模最大的、"大师写大师"的外国思想家传记译丛。笔者受新编委会的委托作"编者献辞"，收入本文集以重温我们在上世纪80年代的热情和梦想。

经济的繁荣是世纪末的主题，这对于我们这个饱受一穷二白之苦的民族来说是合乎情理的。然而同样现实的是，在素有"启蒙运动"之称的新文化运动之后的七十余年中，我们在思想文化领域……还相对贫困。且不说这种思想文化的贫困已经并将继续给社会、经济和技术的进步带来怎样不利的影响，更重要的是，如果一个民族普遍缺乏理论教化、思想表现和自我意识，那么它在人类文明史上只会是一个得过且过的过客，而没有真正意义上的存在！

德国思想家海德格尔说过："思想即供奉。"我们献给读者的这套《外国著名思想家译丛》（文库版）正是用以供奉思想的一个祭坛。与思想家同在，与人类文明的成果同在，这应是我们民族现代化理想的一个重要内涵。

此时此刻，我们尚无从琢磨新世纪对我们来说究竟意味着什么，但我们仍企盼着它的到来，因为那毕竟是一个旧世纪的结束！

《外国著名思想家译丛》编委会
1993 年 3 月 13 日

中国文化政策 10 年 *

引 言

改革开放 30 周年,中国无可争议地成为这个星球上经济增长速度最快、持续高增长时间最长的经济体之一。它的 GDP 总量绝对值从 1978 年的 3620 亿元跃升为 2007 年的 246600 亿元,增长 77 倍多;人均 GDP 按美元汇率计算从 1978 年的 190 美元跃升为 2007 年的近 2500 美元。东部地区主要城市如上海、北京、深圳、广州等更是普遍进入人均 GDP7500 美元到 10000 美元的空间[①]。如果把"高增长"定义为 GDP 年增长率在 7% 以上,那么中国持续高增长已超过 30 年。尽管 2008 年中国经济遇到了很大困难,相信这个高增长周期还会延续下去。

中国的经济增长奇迹世所公认,但同时还应看到,它在 30 年里也正成为世界上最开放的文化体之一。事实上,1978 年提出的改革开放方针首先就是个重大的思想事件和文化事件!从那以后,中国从一个深受计划经济体制束缚的封闭民族变成了这个世界上最开放的民族,变成了这个世界上人口最多的"学习的民族"。中国人的文化消费水平与文化福利水平得到空前提高。追踪研究 30 年的中国文化发展一向是本课

---

* 本文是 2004 年到 2008 年中国社会科学院福特项目"全球化与中国文化发展"的结项报告,该项目组负责人是张晓明研究员。2007 年笔者与张晓明合作完成项目提纲,2008 年本人作为主要执笔完成报告。它是国内第一篇对中国 10 年文化政策进行深度分析的文章。

① 数据来源不一,各说或有细微差异,但无关宏旨。人均 GDP 的统计来自许多省份的政府工作报告。2007 年中国人均 GDP 较高的上海地区达到 66110 元,合 9259 美元。另外,我国许多相对发达地区的人均 GDP 统计有欠公正,其 GDP 的主要创造者是外来人口,但人均 GDP 统计却是依户籍人口或常住人口。

题组的中心工作，①但限于篇幅，本报告只能把主题限定为世纪之交以来10年的中国文化政策。

所谓"文化政策"通常是指"某社会共同体赖以处理文化事务的价值、原则和策略"②。政策的主体既可以是政府或党派，也可以是其他社会组织乃至私人企业，甚至还可以是个人——他/她在处理文化事务时往往信守着这样那样的"事实上的政策"（de facto cultural policy）③。本报告重点关注的是诉诸正式文本的官方文化政策。在发达国家的政策术语中，"官方文化政策"往往被称为"公共文化政策"——"公共"二字旨在强调其政策主体是代表超党派公共利益的现代型政府。④这种对"公共"的诠释不能完全照搬到中国这样的发展中国家。在中国语境中，执政党被视为公共利益的最根本代表，因此这里所谓"官方文化政策"优先指向的是历届中共代表大会的报告。此外，它还包括历次国家五年规划和历届中国人大政府工作报告中涉及文化的部分。⑤这些文件在出台伊始往往尚未定型为具体的法律法规，未能量化为明确的测度指标，但它们不啻为这个国家的"政策中的第一政策"（the policy of all policies）。

本报告所关注的世纪之交以来的10年是中国文化政策的快速调整时期。这里所谓"政策调整"包含两个含义：其一是具体文化政策内容的变化，即文化管理者针对教育、科学、文学艺术、新闻出版、广播电

---

① 本课题组成员均来自中国社会科学院文化研究中心。2000年以来研究中心致力于做文化体制改革研究咨询、中国和西方文化政策对比研究、中国公共文化服务研究，等等。2006年以来，研究中心将中国当代文化发展30年列为中心工作。

② 范中汇：《英国文化》，文化艺术出版社，2003年，第27页。

③ 大卫·赫斯蒙德夫：《文化产业》，张菲娜译，中国人民大学出版社，2007年，第123页。

④ 毛少莹：《公共文化政策的理论与实践》，海天出版社，2008年6月版，第一章第二节。

⑤ 可参见本报告第二节的"中国文化政策的决策机制"部分。

视、互联网、图书馆、博物馆、文化产业、文化遗产保护等具体项目领域做出的政策改变，这种改变包括：是否为相关领域提供政策优先的支持？是否改变相应的拨款份额或比例？等等。其二是文化观的变化，即通过把文化与经济、社会和政治等其他发展领域进行比较，确定这个国家对文化或文化发展的理解出现了怎样的变化，而这些变化在国家宏观战略上得到了怎样的表现。一般而言，文化观的变化决定着具体文化政策内容变化的格局或方向，文化政策具体内容的变化体现着特定的文化观。在我们看来，世纪之交以来中国文化政策10年的最大看点首先在于文化观的巨大转变。

从改革开放的整个进程来看，本报告认为世纪之交以来的10年是文化体制改革和文化的现代性转型的一个新阶段。这个阶段有两个看似对立的特点：

第一，文化发展领域吸纳了原本专属于经济领域的"增长"观念，把"（文化GDP）增长"当作衡量文化发展程度的重要指标之一。这个变化的标志性起点是2000年中共十五届五中全会对"文化产业"主题的政策合法性的确认。以此为契机，新一轮文化体制改革找到了突破口，它开启了文化的全领域重构进程，使文化成为继经济领域之后的另一个体制改革热点区域。

第二，与文化领域吸纳"增长"观念的取向似乎相反，中国在新世纪以来开始深刻意识到"唯（GDP）增长论"的发展方式带来的负面影响，在宏观战略层面上形成了由"科学发展观"命名的新发展观。该发展观的一个重要内容是使文化上升为衡量经济社会发展程度的重要的和引导性的指标。文化领域相应形成了"新文化发展观"。

在此背景下，世纪之交以来的文化政策贯穿着以下三大主题：2000年国家权威文化政策确认"文化产业"主题；2003年国家启动旨在实现全领域重构的文化体制改革试点工作，2005年国家倡导以落实公民文化权利为中心的公共文化服务建设——2000年、2003年、2005年，"文化产业""文化体制改革""公共文化服务",三个日期及其对应的三大主题构成了中国文化政策10年的"路线图"。

必须说明,上述三大主题并不是在这10年才出现的。其中一些主题在市场经济体制改革初期即已存在,它们在经历了较长的"争取承认"①的历程后才在国家宏观文化政策层面得到"背书"(endorsement)。这种背书赋予这些主题新鲜的甚至是全新的含义。

显然,要准确概括文化政策10年的阶段性含义,要从大处着眼看清中国文化体制改革所具有的现代性转型含义,就不能不反省30年改革开放的整体进程,不能不提到新一轮全球化的发展态势。近来中国许多领域相继推出纪念改革开放30年的文献。对比之下,整体回顾30年文化发展进程的文献不甚丰富,本报告试图弥补这个缺憾。但与经济和社会等其他领域相比,对文化发展的回顾和评价充满困难。这不仅因为文化是个难于把握的软对象,不仅因为这个对象牵扯不少敏感的意识形态问题,还因为我们缺乏一个适用于观察和叙述文化发展的理论坐标,缺乏用以测度文化发展的系统和一致的指标体系,缺乏适合中国国情的成熟的公共政策学体系,缺乏能够揭示中国文化的现代性转型逻辑的自主性话语。我们深切感到,整体回顾改革开放的30年不仅需要经济学话语和社会学规范,同时还需要文化的视角和哲学的思维。为此,本报告引入甚至构造了一些新概念,包括所谓"争取承认""存量陈述与增量陈述""从领域合一到领域分离""体制变革的解释学",等等。

总之,这篇报告希望表明,改革开放30年全方位和渐进性的体制变革构成了10年中国文化政策变迁的基本背景。反过来说,当代中国

---

① "争取承认"是德国古典哲学家黑格尔最早使用的概念。当代德国法兰克福学派的著名哲学家霍奈特(Alex Honneth)在1985年的教授资格论文《为争取承认斗争》(Kempf um Anerkennung)中对它做了深入发掘,使其变成一个具有影响力的当代概念。这个概念强调人或文明的重要生存动因是为了争取承认。当代美国学者弗兰西斯·福山在《历史的终结》一书也对这个概念十分关注。

文化政策的变迁也在这个国家从旧体制向新体制的转型过程中发挥了重要的推手作用。本报告拟从六个方面展开：

第一、中国文化政策的世界语境：全球化与国外文化政策

第二、中国文化政策的决策机制、文本结构和解读方法

第三、2000：文化产业的合法性确认

第四、2003：新文化发展观和新一轮文化体制改革

第五、2005：以全新方式构建公共文化服务体系

第六、余论：当代中国文化发展的问题和出路

一、中国文化政策的世界语境：全球化与国外文化政策

中国文化政策充满自主性。但要对它进行政策研究，自应以当代国外文化政策的发展为参照。这个参照有助于我们解读中国文化发展的思路和举措是否与国际社会存在着直接的呼应或间接的关联，有助于把中国的文化选择模式与其他国家的政策选择进行比较，从而为比较政策学的研究提供丰富的资料。但最重要的，它有助于我们感受新一轮全球化带来的风气。

"全球化"是个多棱角多侧面概念，人们尽可以对其做出见仁见智的陈述。经济学家一如既往地强调其经济含义，如丹尼·罗德里克在《全球化走得太远了吗》中把全球化界定为"各种商品、服务和资本市场的国际一体化"——这几乎是个可以在全球流通的定义。弗兰西斯·福山则从政治和历史哲学的角度以"历史的终结""普遍的世界史"以及"均质化"或"同质性"社会的说法来叙述他关于全球化的想象。托马斯·弗里德曼在《世界是平的》一书的"开场白"中，以分隔东西方的柏林墙的倒塌为起点，宣称"世界10岁了"，"全球化时代10岁了"，"我

们都坐在同一条船上"①。此外，还有社会学家视野中的"全球化"，还有文化意义上的"全球化"。就文化意义来说，罗宾·克恩和保罗·肯尼迪在2000年出版的《全球社会学》一书指出："全球化不仅是经济全球化。……全球化也是一种联结，图像、思想、旅行者、移民、价值观、时尚和音乐等都沿着全球化的道路不断流动着。②"

需要说明的是，无论有多少种含义，西文语境中的"全球"（global）与其近义词"国际"（inter-national）有一个哲学意义上的重要区别："国际"可以直译为"国家间的"——这个"超国家"的含义自古存在。但"全球"则不仅是"超国家"，更是个"超地缘"概念，由这个视角衍生出诸如"现代""进步"或"普适价值"等一系列承诺。值得注意的是，超地缘性构成了近现代理性、科学技术和市场经济的本质结构，因此伊曼怒尔·沃勒斯坦才强调，尽管近代资本主义的发生是地缘性的，并且它在发生之初"没有囊括整个世界"，但它一开始就是个"世界体系"③。正因为这种"超地缘性"，资本与资源、现代与传统、普遍理性与地缘文明等从一开始就构成了对"全球化"的富于张力的解读。

体现着近现代市场经济本性的全球化进程存在数百年了。但自上世纪70年代起，发达国家整体进入一个新的时期。该时期从一系列标志性著作中获得了许多命名，如"后工业化时代"、"第三次浪潮"（或"大趋势"）、"数字时代"、"符号生产和消费时代"、"后现代"等等，但所有这些都可以归并为一个命名，即"新一轮全球化"。值得强调的是，新一轮全球化的所谓"新"，蕴涵着与文化发展的密切关联。一个

---

① 托马斯·弗里德曼：《世界是平的：从"凌志汽车"和"橄榄树"的视角》，赵绍棣等译，东方出版社，2006年，第1页。
② 罗宾·科恩等：《全球社会学》，文军等译，社会科学文献出版社，2001年，第15页。
③ 伊曼努尔·沃勒斯坦：《现代世界体系》（卷一），尤来寅等译，高等教育出版社1998年，第12页。

明显的动向是：自上世纪下半叶起，在传媒技术革命支持下，当代"知识经济"和"文化经济"（即所谓"文化的经济化"与"经济的文化化"）迅速发展，文化日益被国际社会采纳为衡量经济社会文明程度的指标。虽然人们尚没有把握说，文化生产能力的空前提高，文化元素的跨国界传播、文化对经济社会生活的渗透是新一轮全球化区别于以往全球化的本质特征，但至少可以说，"文化发展"是新一轮全球化的重要向度，由此引发的关于普世价值/多元价值、时尚/传统、文化竞争/文化安全、物态经济/拟像生产等争论都具有全新内涵。

30年前，全球化对中国还是个遥远的事。但改革开放还不到10年，中国就启动了关贸总协定（GATT）复关谈判（1987年）；2001年，中国正式加入WTO。改革开放让中国在经济社会方面呈现出跳跃性发展。而自上世纪90年代起，"如何认识新一轮全球化"成为中国学界和政界的热门话题。它也构成了中国10年文化政策的贯穿性主题。2000年中共十五届五中全会公报指出：要积极"面对经济全球化趋势增强，科技革命迅猛发展，产业结构调整步伐加快，国际竞争更加激烈的新形势"。这个看法在会上通过的《中共中央关于制定国民经济和社会发展第十个五年计划的建议》中得到更明确的表述："信息化是当今世界经济和社会发展的大趋势……顺应世界信息技术的发展……推动信息产业与有关文化产业结合"。而2002年中共十六大报告的文化部分更是开篇指出："当今世界，文化与经济和政治相互交融，在综合国力竞争中的地位和作用越来越突出。文化的力量，深深熔铸在民族的生命力、创造力和凝聚力之中。[①]"

上述文献有几点十分值得关注。第一，十五届五中全会的文献表明，当代"文化产业"的出现与当代信息技术革命密切相关；第二，十六大

[①] 李景源等：《浙江经验与中国发展》（文化卷），社会科学文献出版社，2007年，第29页。

报告关于"文化与经济和政治的相互交融"的判断表达了对当今新一轮全球化特点的准确解读;第三,十六大关于"文化在综合国力竞争中的地位和作用越来越突出"的断语概括了许多国家高度关注文化政策制定的基本动机;第四,十六大高调推出的"创造力"一词恰好是下面将要谈到的当代欧盟各国文化政策的基本主题词。

  在论及以"创意"为主题的发达国家文化政策之前,有必要扼要概括一下西方文化政策的历史。前面提到,文化政策是指"指导某一社会共同体处理文化事务的价值和原则"。在这种宽泛意义上,体现着国家意志的文化政策并非当代才有。《法国文化政策》开篇指出,其渊源可以上溯到200多年前王室对文化活动的庇护政策。那些历史较长的国家如英国、俄罗斯和瑞典也都如此。甚至像美国那样的年轻国家,其文化管理的基本准则也可以追溯到18世纪末出现的宪法第一修正案。不过,文化在西方成为广泛受到关注的公共政策议题是比较晚近的事情,因为那种旨在强调超党派的公共利益、强调公民基本权利保障的"公共"观念也只是在比较晚近的时候才日益成熟起来。有学者认为,20世纪50年代到80年代标志是"现代文化管理体系的确立阶段";80年代以后则是"文化管理方式的调整和改革阶段"[①]——这个时期恰好与中国改革开放的时间平行。

  上世纪80以后有两个值得关注的重要现象:一个是国际社会推进文化政策的努力,一个是由发达国家引领的文化政策创制高潮。

  从国际社会来看,1982年联合国教科文组织(UNESCO)在墨西哥城召开"世界文化政策大会"。会议明确把人文—文化发展纳入全球经济、政治和社会的一体化进程,并把推动文化发展当作各国政府面临新世纪所应当作出的承诺。15年后的1997年,联合国科教文组织又出台

[①] 毛少莹:《公共文化政策的理论与实践》,海天出版社2008年6月版,第15页。

《联合国世界文化发展10年（1988—1997）》，明确提出，要提高对全球人类共同体的人文—文化关怀，进一步促进经济—政治—文化的融合。1998年3月，联合国文化与发展委员会在斯德哥尔摩举行主题为"促进发展的文化政策"（Cultural Police for Development）的政府间会议，并同时出版两年一度的《世界文化发展报告》。斯德哥尔摩会议的行动方案（Action Plan）敦促世界各国设计和出台文化政策或更新已有的文化政策，将它们当作可持续性发展中的一项重要内容。

在此背景下，20世纪90年代起发达国家首先推动了官方文化政策创制的高潮。这个高潮始于英国。1990年，英国艺术理事会接受政府委托，会同电影协会和手工艺委员等从事英国文化发展战略的起草工作。经过两年的调研、研讨和论证，在1992年形成"国家文化艺术发展战略"讨论稿。1993年以《创意的未来》为题正式公布。"这是英国有史以来首次以官方文件的方式颁布的国家文化政策"。[1]这里的"创意"（creativity）一词是"知识经济"或"文化生产"的代名词。在英国之后，以"创意"为主题来制定文化政策的做法便沿着两条线索展开。

首先，"创意"成为各英联邦发达国家确定自己文化政策的基本母题。1994年，澳大利亚也"在历史上第一次推出"自己的文化政策，其标题是《创意国家：澳大利亚联邦文化政策》。同年，加拿大政府和它的几个省也以"创意"为题推出了自己的文化政策文件。

此外，"创意"主题在英联邦外的其他国家的全面展开是在1998年。这一年，欧盟理事会文化指导委员会（The Steering Committee for Culture of the Council of Europe）确定，将建设"创意欧洲"（Creative Europe）当作自己的战略目标。为此，它在欧洲文化政策比较研究中心（ERICarts）的学术支持下推出了欧盟文化政策的框架模式。该框架包括八大部分，并在每一主题下包括确定数量的子题。这八大部分是：（1）历史回顾：

---

[1] 范中汇：《英国文化》，文化艺术出版社，2003年，第26页。

文化政策和手段；（2）立法、决策和行政机制；（3）制定文化政策的一般目标和原则；（4）文化政策发展方面的问题争论；（5）文化领域的主要法律条款；（6）文化资助；（7）文化体制和新的合作关系；（8）对创意和参与性的扶持。到新世纪初，采取这种文化政策框架模式的欧洲近30多个，不仅包括英法德这样的发达国家，还有俄罗斯、波罗的海三国和匈牙利等原苏联东欧地区的国家。

值得一提的是，大概只有一个发达国家自外于上述官方文化政策的创制潮流，这就是美国。美国在文化生产和影响力方面无可匹敌，即使在文化政策制定方面也显得与众不同——它至今也没有一个正式的官方文化政策文件！① 这体现着它的独特国情。实际上，人们公认美国是第一个进行文化立法的国家。1791年的美国宪法第一修正案指出："国会不得制定法律剥夺人民的言论和出版自由。"显然，这是一个最大限度约束政府权力和最大限度开拓文化生活空间的原则，它使行政和立法机构在文化政策干预方面变得十分谨慎。美国学者认为联邦机构"一向因循"（always, already）的文化政策就是"无为而治"（non-activity, non-regulation）。这个传统与欧洲国家形成鲜明对照。法、德等国一向

---

① 需要说明的是，虽然没有正式官方文件，但我们还是可以看到美国"全国州立法会议"2002年公布的"文化政策工作组报告"：《文化投资：州的政策创新》（Investing in Culture—Innovation of States' Policy）。所谓"州立法会议"是由十余位两党议员组成的常设咨询机构，旨在为美国各州决策者们所关心的议题提供研究。2002年，该立法会议委托一个工作组起草上述文化政策报告。该报告不是欧盟各国文化政策那样的官方指导性文件。但从内容上看，该报告的主旨与欧盟文件无二，依然是强调大力培养人们的创造能力，扶持创造型产业。它郑重推荐美国最发达的新英格兰地区发展创造型产业的做法："2000年，新英格兰委员会发表了有关创造型经济的初步报告，考察了艺术和文化在新英格兰地区经济生活中所处的地位。该报告试图将创造型经济视为一个整体，并着重关注其中的三个关键部分：1. 创造型产业群，指那些直接或间接生产文化产品的企业和个人；……2. 创造型劳动者，指那些接受过专业文化与艺术技能培训的思想家和实业家；……3. 创造型社区，指那些创造型的工人、企业和文化单位集中的地区。"

具有国家扶持文化发展的传统。但美国一些学者强调，这种传统过于强调文化的"先锋或精英"（avant-garde）特性，对它在社会中的自然形成、在市场中的壮大并不有利①。

上述文化政策大多对上世纪下半叶出现的文化经济化趋势表现出高度关注，并相应推出旨在推动本国"文化产业"的政策优先措施。与此同时，上世纪90年代以后发达国家还陆续出台了一些虽非严格意义的文化政策，但却与文化密切相关的政策，那些政策关注的是另一个趋势，即所谓经济文化化。在这方面，1996年和1997年OECD分别出台的两份年度报告《以知识为基础的经济》和《国家创新体系》是典型代表。前一份报告认为，当时其24个成员国在高技术的知识密集型产业中的产值已超过国民生产总值的50%，这标志着发达国家正在进入知识经济时代②。这个时代的"经济文化化"特点表现在，经济领域的研发过程、产品包装、品牌和广告设计、人性化营销和服务等已经广泛涉及与狭义文化相关的"创意性"内容。"以物为体"的经济正显示出很强的"以人为本"的取向。

本课题组在多年来对西方文化政策或与文化相关的政策的研究中得到这样几个印象：

第一，伴随现代科技革命，原本远离市场的文化原创或文化生产传播活动全面进入市场领域。知识经济／文化经济、经济文化化／文化经济化成为上世纪90年代以来发达国家文化政策中的重要主题。在此背景下，"文化产业""内容产业"或"创意产业"等一系列政策术语层出不穷。这些相关政策文献在上世纪90年代以后大量传入中国，它们对这个国家权威文化政策产生着深刻的影响。这正是中共十六大做出"文

---

① 端木义万：《美国传媒文化》，北京大学出版社，2001年，第56页。
② 经合组织：《以知识为基础的经济》，杨宏进等译，机械工业出版社，1997年，第4页。

化与经济的交融"这一判断的基本政策背景。

第二,虽然新一轮全球化显示着相同的特征,但各国政策在文化发展模式选择上却不尽相同或很不相同。美国纯商业化的广电模式与英国BBC模式形成鲜明对照,法国庇护型政策取向与芬兰、德国等国在上世纪末强调的"水平分权"与"垂直分权"取向迥然不同。总体来看,沃勒斯坦所说的当代世界体系在全球文化领域也依然存在。"中心—边缘"的角逐、多斯桑多斯所描述的"帝国主义与依附"的矛盾[1]构成了这个体系的基本存在条件和存在内容。比较复杂的是,这个文化世界体系[2]的"中心"里面也存在着"中心的边缘"。具体说来,全方位市场取向的美国在文化发展上是个"中心里的中心",而欧洲、加拿大和澳大利亚、日本与韩国等则构成了所谓"第二集团"——冷战结束后,该集团的首要文化防御对象往往不是发展中国家而是美国。[3]这个观察给中国文化政策制定者的启示在于:既要顺应全球化的发展趋势,又要在充满博弈的现实主义世界中坚持自主性,即模式选择和发展步骤的自主性——这对于那些在当今世界体系中处于边缘的发展中国家十分重要。

"顺应"和"应对"构成了转型时期中国文化政策——尤其中国文化政策10年——的基本姿态。

---

[1] 特奥托尼奥·多斯桑多斯:《帝国主义与依附》,毛金里等译,社会科学文献出版社,1992年。

[2] 沃尔特·D.米尼奥罗:《全球化进程、文明进程及语言文化之再定位》,载《全球化的文化》,弗里德里克·杰姆逊主编,马丁译,南京大学出版社,2002年。

[3] 美国的存在对加拿大维护自己的文化特性和文化多样性是个巨大的压力。加拿大之所以认同欧洲国家,不仅出于历史上的渊源,而且因为欧洲与它有着同样的压抑感。事实上欧洲国家文化政策的一个潜在动机就是为了应对美国在文化生产和输出方面的强大压力。

二、中国文化政策的决策机制、文本结构和解读方法

与学术领域人们在"文化"定义问题上莫衷一是的局面相反,文化政策中的所谓"文化"是一个已然在规制中确定的对象。这种规制在中国与西方世界也很不相同。前面提到,欧盟文化政策框架文件的第二部分的主题是"立法、决策和行政机制"。这些国家与文化相关的决策和运行机制通常是由政府、议会和按照"一臂间距"原则设置的各种准/非政府组织(如英联邦系统的艺术理事会)构成[①]。这种情况与中国十分不同。

目前中国的文化决策、咨询和行政系统基本沿用的是计划经济体制时期形成的机制,它包含四个子系统。第一是执政党决策系统,即执政党是中国文化政策的最高决策者。它的政策发布的最高平台是历届中共代表大会,它的宏观政策实施机构是宣传部门。第二是国家行政管理执行系统。这是指各级党组织领导下的政府文化主管部门。在中央政府一级,分别由中华人民共和国文化部、国家广播电影电视总局、国家新闻出版总署,加上国务院委托文化部管理的国家文物局、新闻出版总署同时兼署的国家版权局,共同构成国家对文化事务的管理和执行系统。以上几个部门中,除文化部自建国以来一直是县以上政府的组成机构外,1978年改革开放以来,随着文化事业的发展,广播影视部门也相应设立了县级主管机构,新闻出版部门在一些地方也设立了少数县级机构。地方各级政府的文化事业管理机构,基本上是应对中央政府的机构设置,设立各自的管理体制。这个机制的第三子系统是由中国文化艺术界联合会、中国作家协会等文艺组织组成的社群文化组织,这些组织垂直延伸到省和部分县市。这个机制还有最后一个子系统,即由中国科学院、中

[①] 参阅李河:《当代发达国家文化政策一瞥》,载《2004年:中国文化产业发展报告》,张晓明、胡惠林、章建刚主编,社会科学文献出版社,2004,第257—270页。

国社会科学院和中国艺术研究院构成的国家在文化领域的决策咨询和研究系统。见下图：

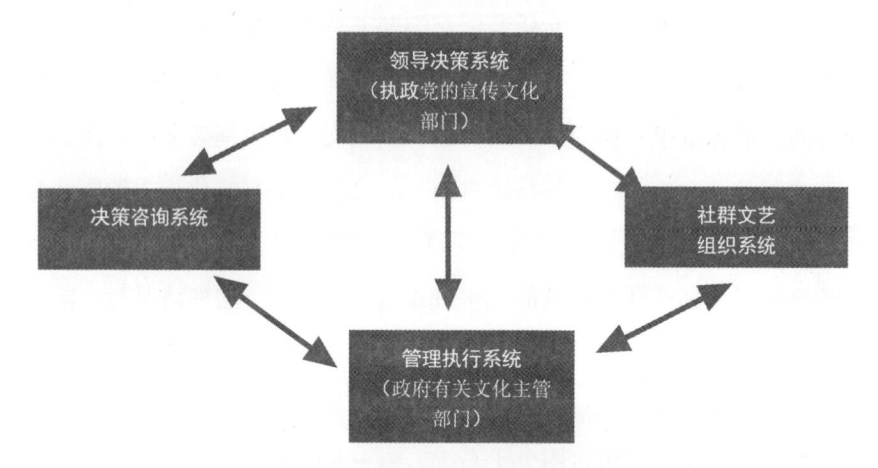

图1：国家文化领域的决策咨询和研究系统

说明：关于中国文化系统决策系统的描述和示意图特别参照了中国社会科学院文化中心《文化事业单位改革》课题组（2005年）起草的送审稿内容。

其实，在上述体系图中，起着支配性作用的是上述纵轴代表的两个系统：即执政党决策系统以及文化部、广电部和新闻出版总署等管理执行系统。这两个系统要素在中国文化政策的文本结构上也相应体现为两个部分。1982年中共十二大报告明确把这两个部分区分为"思想建设"和"文化建设"。前者陈述的是这个国家的基本指导思想和政治社会领域的核心价值；后者通常是指具体文化领域，包括"教育、科学、文学艺术、新闻出版、广播电视、卫生体育、图书馆、博物馆等"，还包括"人民群众知识水平的提高"以及"健康、愉快、生动活泼、丰富多彩的群众性娱乐活动"，等等。在2000年以前，上述具体文化领域统统被归入"文化事业"范畴，而文化事业单位在中国是个十分庞大的机构网络。① 自2000年中共十五届五中全会首次提出"推动文化产业发展"

---

① 可参见本报告后面的图2。

的方针后，文化领域开始明确区分"文化事业"与"文化企业"两大范畴。这就要求相应调整文化管理体制和运行机制。正是基于这个理由，本报告把十五届五中全会报告视为"中国文化政策10年"的标志性起点。

值得关注的是，大量阅读中国文化政策的人都会有这样的体会，即这个国家的文化政策陈述，无论从历时性的时间层面来看，还是从自中央到地方或各部门的空间层面来看，一向保持着超强的连续性。在这种超强连续性的语境中识别出变化的印记，将变化的印记串联起来形成文化政策的整体演变轨迹，需要借助一种特殊的政策解读的解释学方法。这个方法的核心是将"存量陈述"与"增量陈述"区分开来。让我们先来看以下三段陈述：

社会主义道德建设的基本要求，是爱祖国、爱人民、爱劳动、爱科学、爱社会主义。要使"五爱"在社会生活的各个方面体现出来，在全国各民族之间，工人农民知识分子之间，军民之间，干部群众之间，家庭内部和邻里之间，以至人民内部的一切相互关系上，建立和发展平等、团结、友爱、互助的社会主义新型关系。（1986年中共十二届六中全会《中共中央关于社会主义精神文明建设指导方针的决议》）

社会主义道德建设要以为人民服务为核心，以集体主义为原则，以爱祖国、爱人民、爱劳动、爱科学、爱社会主义为基本要求，开展社会公德、职业道德、家庭美德教育，在全社会形成团结互助、平等友爱、共同前进的人际关系。（1996年中共十四届六中全会《中共中央关于加强社会主义精神文明建设若干重要问题的决议》）

认真贯彻公民道德建设实施纲要，弘扬爱国主义精神，以为人民服务为核心、以集体主义为原则、以诚实守信为重点，加强社会公德、职业道德和家庭美德教育，特别要加强青少年的思想道德建设，引导人们在遵守基本行为准则的基础上，追求更高的思想道德目标。加强和改进思想政治工作，广泛开展群众性精神文明创建活动。（2002年中共十六大报告涉及文化的部分）

显然，如果抹去这些文件的出处和年代，人们很难识别出上述三个论述分别出自哪个年代，针对哪些特定问题。它们似乎是无时间性的（timeless）的陈述，我们因此将它们称为"存量陈述"。

所谓"存量陈述"是指长期以来在许多种权威性文化政策中保持不变的一以贯之的论断。它通常是一些高度原则性的陈述，类似于西方科学理论结构中所提到的"硬核陈述"[1]。例如，1956年中共八大以来，"提高人民群众日益增长的物质文化要（需）求"一直是这个国家各个时期和各级文化政策的硬核陈述。与此类似，上世纪80年代以来，这样的硬核陈述还包括"加强物质文明和精神文明建设"，"文化建设应当始终把社会效益放在首位"等等。这些存量陈述不仅在很长时间中维持不变，而且通常会构成每个新出台的政策文件的基本叙述框架，因而往往使初次阅读的人产生一定程度的识别困难。

但中国多年的文化政策决非仅仅由初始阶段的几个基本存量陈述构成。事实上，当今文化政策所包含的大量存量陈述，以前都曾作为所谓"增量陈述"添加进来。对这个巨大的国家来说，表面上千篇一律的陈述无形中成为它的文化政策的一个加密程序，破译解读的关键在于关注那些增量陈述。这些增量陈述有些是全新语句表述，如中共十五届五中全会报告中首次提到"文化产业"，中共十六大首次提到"解放文化生产力"，等等。还有些增量陈述是在旧的语句表述中置换进全新内容。例如，上世纪80年代起，中国不同层面的文化政策文件中都多次提到"文化体制改革"一语，但在2003年国家推出"文化体制改革试点方案"中，"文化体制改革"的内涵在广度与深度上已大不同于以往[2]。

应当特别指出的是，文化政策中的"增量陈述"是我们观察和评估

---

[1] 美国科学哲学家托马斯·库恩的术语。
[2] "文化体制改革"的术语最早在1979年就已经出现于一些文化管理部门的政策文件中。

中国文化政策变迁的重要参数。事实上，每个重大文化政策的出台必然包含着引人注目的增量陈述，正是这些陈述才使相关政策的出台自身成为一个重要的文化事件！具体说来，当我们将这个国家30年来的高层文化政策进行对比阅读，不难获得两个明显的印象：

第一，从陈述类型的比例来看，中共权威文化政策文本中的"思想建设"领域是个存量陈述相对集中的领域，这个特点使这个国家的文化政策长期保持着一种超稳定的连续性外观。而相比之下，权威文化政策文本中的"文化建设"则一向是增量陈述较为丰富的领域。这个领域的文化政策陈述与西方世界所谓"公共文化政策"的语句类型和旨趣更加接近。

第二，如果将世纪之交以来的10年与改革开放的头20年进行时段对比，我们会注意到，世纪之交以来的10年是中央与地方政府文化政策出台密度较大、文化政策增量陈述相对密集的时期。套用一句政策性的习语来说，这10年中国大大加快了文化政策的理论创新步伐。

总之，基于将存量陈述与增量陈述区分的文献阅读解释学，我们注意到中国文化政策"思想建设"和"文化建设"领域的差异。而这个差异在世纪之交衍生为这样一个重要现象，即国家对"文化建设"领域的发展现状、制度结构以及发展使命给予了日益强烈的关注。下一节的"文化产业"就是从"文化建设"领域中浮现出来的概念，它是一个新世纪中国文化政策中最重要的增量陈述之一。

三、2000："文化产业"合法性确认

本报告把2000年视为"文化政策10年"的标志性起点，其标志性文献是中共十五届五中全会通过的《中共中央关于制定国民经济和社会发展第十个五年计划的建议》。这个文献之所以具有这种标志性，因为它首次确认或承认了"文化产业"主题。该文涉及"文化产业"的提

法多达6处。明确提出要"完善文化产业政策，加强文化市场建设和管理，推动有关文化产业发展"；要"推动信息产业与文化产业的结合"。2001年3月，这个建议又被中国九届人大四次会议采纳，并正式纳入了"中国十五计划纲要"。

2001年《中国文化产业蓝皮书》评价说："至此，'文化产业'这个近年来频频见诸报端的提法，第一次正式进入了党和国家政策性、法规性文件，发展文化产业成为我国下一个阶段国民经济和社会发展战略的重要组成部分。"在此之后，国家各层与文化产业有关的政策文献快速出台。2002年中共十六大报告在"文化建设和文化体制改革"的标题下明确提出要"积极发展文化事业和文化产业"。它特别强调"发展文化产业是市场经济条件下繁荣社会主义文化、满足人民群众精神文化需求的重要途径。完善文化产业政策，支持文化产业发展，增强我国文化产业的整体实力和竞争力"。2003年10月14日，中共十六届三中全会在相关决议中要求文化政策要及时调整跟进以配合改革的展开。2005年10月，中共十六届五中全会通过《中共中央关于制定国民经济和社会发展第十一个五年规划的建议》，再次明确提出"积极发展文化事业和文化产业"，并就产业、事业、政策、市场管理、对外交流等多个方面做出指导。2007年中共十七大更是把发展文化产业提升到"解放文化生产力"的高度——自1978年后，"生产力"是这个国家最具有道义力量的语词。30年来，这个国家相继提出"解放(物质)生产力""解放科技生产力"以及现在的"解放文化生产力"。

为贯彻有关要求，国务院和有关部门颁布了一系列的政策支持文化体制改革，包括2003年12月31日颁布的《文化体制改革试点中支持文化产业发展的规定（试行）》和《文化体制改革试点中经营性文化事业单位转制为企业的规定（试行）》，2005年上半年出台的《文化及相关产业指标体系框架》，以及2005年8月[①]颁布的《国务院关于非公有资本进入文化产业的若干决定》等。

1. 文化产业的"争取承认"之路

无论中国还是西方，前现代社会的一个重要特征是文化在规制上被认为应当远离市场。尤其是与艺术相关的文化，它的生产与接受更多的是由"能力"和"权力"垄断，而与"权利"没有关系。即使在市场经济发育很长时间之后，"文化的市场化或经济化"与"文化的大众消费权利"仍在为"争取承认"进行不懈的努力。西语中所谓"文化产业"（cultural industry or cultural industries，或译为"文化工业"）概念最早可推溯到上世纪30年代 W. Benjamin 提出的"复制"概念[②]。而在阿多尔诺等人的文化批判理论中，这个语词被赋予了强烈的贬义，意味着文化与资本商业共谋来阉割人们对理想与自由的追求。即使在当今许多国家的公共舆论和相关政策都对文化产业表示认可、肯定的情况下，对于如何维护文化创意和卓越性（Excellency），依然不是没有争论的。但历史就是这样，现代市场的产生，现代社会的产生，在规则层面往往是从对卑微权利、"非圣价值"和低线道德准则的"承认"开始的。在今天，"文化产业"以及与之相关的"符号生产和消费""内容生产""媒体的政治经济学批判"等一系列说法在西方学界已成为一支主流话语[③]。

大致是因循了同样的程序，伴随着改革开放的中国强调发展生产力（1978年）、发展社会主义商品经济（1984年）以及建立中国特色市场经济体制（1992年）的全进程，"文化的市场化"也进入了"争取承认"的时期。这个进程一开始是以局部的、半地下的、合理犯规甚至不合理

---

① 具体部门的文化产业政策举例。
② 瓦尔特·本雅明：《机械复制时代的艺术作品》，王才勇译，中国城市出版社，2002年。
③ 大卫·赫斯蒙德夫：《文化产业》，张菲娜译，中国人民大学出版社，2007年，第18页。

犯规的方式进行着。从这个意义来看，2000年"文化产业"进入文化政策，是对前面20多年整个"文化市场化"进程的追认（subsequently endorsement），它具有深刻的现代性转型的意义。

中国"文化市场化"的出现首先是因为计划经济时期形成的文化管理体制已难以为继。基于"文化全等于意识形态"的信念，国家包揽一切文化事物，国有文化事业单位通行国家财政供养的"大锅饭"体制。即使在文化体制改革已经展开的今天，我们能够看到的文化事业单位的规模也是相当庞大的。见图2：

国家财政负担庞大是一个问题，更大的问题在于这种官本位的供养制造成文化产出效率低下，文化产品严重短缺。此外，在改革开放后一段很长的时间里，贫困的国家要最大限度地把有限财政投到经济领域的基础设施建设，文化单位陷入生存困境。它们不仅无力承担起满足全社会文化需求的任务，甚至无力满足自己的生存需求。在此背景下，改革开放初期一些局部的和微观领域出现市场取向的改革实属"谋生图存"之举。

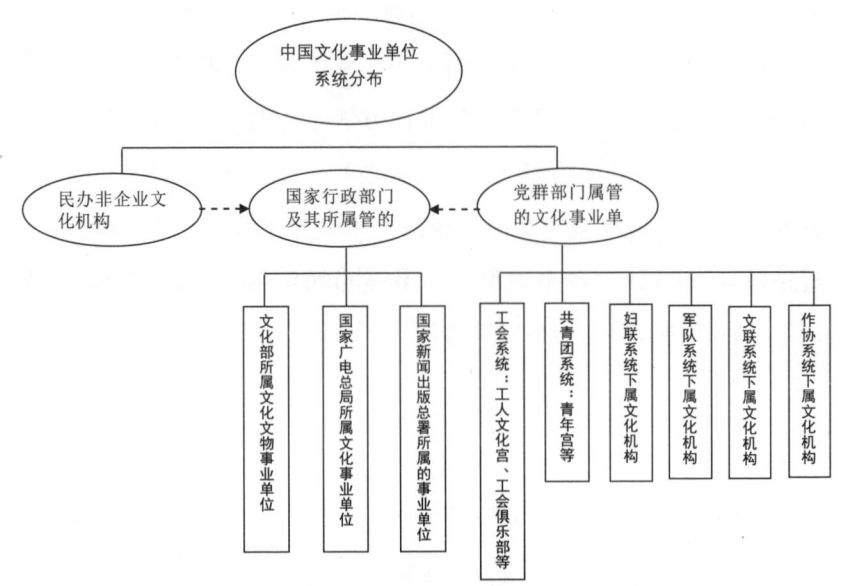

图2：中国文化事业单位系统分布

改革开放之初的中国"文化市场化"趋向有两种主要表现：

第一，随着市场经济的发展和服务业的逐渐繁荣，随着文化功能日趋多样化和丰富，文化的产业属性逐步显现出来，以营业性舞会、音乐茶座和挂历市场为发端的文化市场日益活跃。1979年广州出现第一家音乐茶座，1980年深圳出现第一家歌舞厅。这些娱乐性场所虽然具有低端特性、草根特性，并且最初并不规范，但却因为三个特点而充满活力：第一个特点在于它们属于一个地区经济发展的配属设施，因而很难用单纯的行政命令将其消除；第二个特点是它们不仅把文化产品的"商品属性"释放出来，更切中了所谓"商品属性""文化经济"的本质特征，即娱乐属性；第三个特点是这样的文化市场实现了民营力量进入文化生产领域。上述变化在经过多年多层面的打压后，最终还是得到国家相关管理部门的认可和支持。1987年文化部、公安部、国家工商行政管理局发布了《关于改进舞会管理的通知》，正式认可营业性舞会等文化娱乐经营性活动。1988年文化部、国家工商行政管理局发布《关于加强文化市场管理工作的通知》，正式确认"文化市场"的概念，同时明确了文化市场的管理范围、任务、原则和方针。1989年国务院批准在文化部设置文化市场管理局，全国文化市场管理体系开始建立。最后，随着流行音乐、卡拉OK、民间演艺市场、休闲报刊、畅销书以及热播电视剧等文化现象大量出现，1998年国家文化部正式设立产业司。文化产业发展开始被纳入国家最高行政管理部门的规范。

第二，迫于生存压力，也由于市场经济改革的示范，大量仍囿于国有文化事业单位体制的文化生产部门逐渐开始在内部进行以"引进市场竞争机制"为主要内容的有限改革。这个改革也在一些行业主管部门的政策性文件中得到首肯和支持：1980年2月召开的全国文化局长会议认为："艺术表演团体的体制和管理制度方面的问题很多，……应当坚决地有步骤地改革文化事业体制，改革经营管理制度"；1985年文化部《关于艺术表演团体的改革意见》要求，在文化单位推行以承包经营责任制为主要内容的改革，以解决统得过死和吃大锅饭等体制弊端。实行以文补文、多业助文等改革措施，解决文化单位的经济困境；1988年文化部《关于加快和深化艺术表演团体体制改革的意见》和1989年中共《关于进一步繁荣文艺的若干意见》中，提出实行"双轨制"的具体改革意见：即一轨为国家扶持的少数全民所有制院团，这类团体要少而精，代表国家最高水平；另一轨为多种所有制的艺术团体，由社会各种力量主办。所有这些行业性政策，在1996年中共十四届六中全会《中共中央关于加强社会主义精神文明建设若干重要问题的决议》得到了最完善的表述："要遵循文化发展的内在规律，发挥市场机制的积极作用，理顺国家、单位、个人之间的关系，逐步形成国家保证重点、鼓励社会兴办文化事业的发展格局。"

应该看到，在2000年以前，"文化市场"的提法早已在中国文化政策中得到确认，国有文化事业单位内部也开始引入"市场竞争机制"。但那些文件尚未动摇以"管办不分"为特征的计划经济时代的旧有文化管理体制。文化生产效率、文化的资源配置方式没有发生根本变化。更加重要的是，"事业单位、企业管理"的双轨制随着时间进展日益显示出在政治资源和市场资源非法牟利最大化的取向，成为群体性政治和经济腐败的温床，加大了今后文化改革的成本。正是在上述背景下，2000年《中共中央关于制定国民经济和社会发展第十个五年计划的建议》迈出了实质性的一步，它承认文化是个"产业"。而由这个承认将会导致其他一系列新的"承认"，那些承认将导致旧文化体制的深度解构。

2000年确认"文化产业"的合法性，还有一些其他影响因素：

第一，中国2000年人均GDP接近1000美元，东部地区普遍达到人均3000美元。由此中国经济步入快行道：2002年人均1132美元，2007年人均2460美元。东部地区2007年普遍进入人均7500到10000美元之间。当然，我们不宜过度关注或过高评价GDP总量或人均GDP的重要性。但在一大致合理的社会中，这些数字的提高同时会意味着人均可支配收入的增加，意味着在人均收入中恩格尔系数的下降，也就是说居民用于文化消费的比例增加。从全球范围看，不同国家的人均GDP在1000美元、3000美元、5000～6000美元时，其旅游、娱乐等文化消费在规模上都会有一个爆发性的变化增长。从这个态势来看，我国文化需求进入一个高增长时代，而整个国家也进入一个因为经济高增长而形成的"文化产品战略性短缺"时代。①而且，目前这个短缺的口子还在迅速扩大。显然，让经济体制改革的成果最大限度地转向文化生产、传播和消费领域，借助市场手段发展文化，是缓解上述短缺的首要有效举措。

第二，如同第一节关于全球化的描述，上世纪80年代以后，国际社会的"新发展观"意识②在一些国际组织和国别文化政策层面得到了反映。国际社会和许多国家在上世纪90年代纷纷推出"创意"主题的文化政策。这些动向在当时的中国学界和政界几乎得到了实时性的反响。围绕着"高技术与高文化联姻"（high-tech and high-touching）、知识经济与文化产业（或曰"内容产业"或"创意产业"）、第一次现代化与第二次现代化等话题展开的讨论形成了一系列研究成果。③在世纪之交艰难进行的中国入关谈判使上述影响得到强化。虽然WTO服务贸易条款中，涉及文化服务贸易的比重并不很大，但却依然使人们强烈感受到国际文化竞争迫在眉睫。据美国电影协会的报告，2000年美国国内电影票房收入为94.4亿美元，全球票房总收入为258亿美元。与此同时，

---

① 关于这个缺口有多大，有多种统计和计算。有的认为，2005年中国居民的理论文化消费需求仅被满足了1/4。这个统计计算不见得准确，但大致反映了目前文化生产的现状。

② 李景源等：《浙江经验与中国发展》（文化卷），社会科学文献出版社，2007年。

③ "第一次现代化"和"第二次现代化"的提法就是中国科学院从事现代化课题研究的学者在上世纪90年代知识经济讨论中首创的提法。相对于"第一次现代化"，"第二次现代化"引入了大量的知识和文化发展指标。目前，中国科学院现代化研究中心已做出统计指标体系，年度性公布世界上进入第二次现代化的国家。

法国国家电影中心的报告显示，2006年法国电影票房收入创下20年来最好成绩，达28.8亿美元，而法国本土影片在其中所占比例为45%，即8.5亿美元。《俄罗斯电影商业》公布2006年俄罗斯电影票房为4.55亿美元。同是在2006年，中国电影国内票房收入为3.2亿美元，其中国产影片票房收入1.76美元。应当说明的是，这已经是中国电影经过快速发展后取得的成就。此外，在出版业，中国2006年引进出版物（包括图书、期刊、录音录像制品、电子出版物、软件、电影、电视节目等）版权12386种，输出出版物版权2057种。输出输入比为1/6。此外从全球来看，目前美国、英国、法国、德国的图书销售收入约占世界的50%，图书出口约占世界的47%。[①] 从上面总的态势来看，应对国外文化竞争成为中国各地与各文化行业关注文化产业的一个重要动机。

第三，在历史的和国外的多重因素共同作用下，"文化产业"成为中国上世纪90年代末的热点话题。中国社会科学院在这方面先行一步，它的国外文化政策追踪研究、文化批判理论和文化政策研究、文化产业战略咨询研究产生广泛影响。2000年11月，中国社会科学院文化中心正式成立。次年该中心推出第一本《中国文化产业蓝皮书》。目前该蓝皮书出版7本，成为中国各级政府、教育和研究机构在文化产业方面的重要参考文献。与此同时，国内多家文化产业研究中心相继出现。

就地方而言，北京在1996年提出"大力发展文化产业"的诉求。1999年和2000年，云南、浙江和江苏等省相继提出建设"文化（产业）大省"的区域战略。"文化大省"一时成为许多省份的宣示主题。譬如，浙江省2000年12月推出的《浙江省建设文化大省纲要》，对"文化产业"的性质、经济和文化含义有十分清晰的描述。

值得一提的是，"文化产业"尽管在国家政策层面得到承认，但它

[①] 中国商务部：《中国服务贸易发展报告》（2007），中国商务出版社，2007年。

的"文化"含义在传统人文学界并未得到足够的承认，它的"经济"属性在经济学界也没有得到普遍接纳。在"文化产业"概念获得政策确认时，国内外关于"文化产业"概念以及行业分类尚没有统一标准。因而，文化产业统计、文化产业发展状况的比较研究一直是个充满模糊性的领域。为把"文化产业"切实落实在操作层面，2004年，中国国家统计局在2004年颁发《文化及相关产业分类》文件，明确区分了"文化产业核心层""文化产业外围层"和"相关文化产业层"，这三层涉及9个大类和数以百计的次类。它对各地区文化产业政策制定和成果统计具有重要指导意义。见图3：

图3：文化及相关产业分类

尽管人们对这个分类还有这样那样的批评，但它确实给中国各地区文化产业统计提供了统一平台。

2. 领域合一、领域分离和领域重构：从现代性转型看"文化产业"的确认

从中国文化发展历程来看，2000年国家文化政策层面对"文化产业"的确认是一个重要的历史事件——因为对"文化产业"的承认势必导致其他一系列承认：如对文化生产与市场关系的承认、对文化产品的商品

属性乃至娱乐属性的承认，对部分文化生产是经济增长部门的承认，对民资民企的文化生产进入权以及大众文化消费权利的承认。从文化体制来看，它还将导致对文化事业和文化企业之区分的承认，对"管办分离"原则的承认，对低线宽容管理原则的承认，等等。总之，这一系列承认表明，对"文化产业"的承认动摇了计划经济时期形成的旧有文化管理体制的基础，为全方位的文化体制改革找到了突破口。第四节我们将展开讨论这方面内容。

这里要说的是，从现代性转型的角度看，政策层面上承认"文化产业"也是一个重要事件，其意义堪与1978年的解放思想运动相比。要理解这个判断，就需要对30年中国文化发展的阶段进行简要说明。

我们注意到，大量30年回顾的文献，无论其是经济的、政治的还是文化领域的，大都把改革开放的进程区分为三个阶段，即：（1）1978年十一届三中全会到1992年；（2）1992年的中共十四大到2002年；（3）2002年中共十六大到现在……

三大分期首先是基于一种政治意识，它意味着"三代领导集体"分别开启了改革开放的三个阶段。此外，三大分期又是以经济体制改革进程中的重大政策选择作为依据的。吴敬琏先生近来在《中国的市场化改革：从哪来？到哪去？》一文回顾了改革开放三阶段背后蕴涵的三次争论：第一次是十一届三中全会后的解放思想大讨论，它启动了从农村到城市、从沿海到内地的改革进程。考虑到当时改革的理论准备不足和降低转型成本问题，这个时期形成了以双轨制改革为主要特征的"增量改革策略"。基于这种策略意识，1984年的十二届三中全会提出了"建立社会主义的有计划的商品经济"的决议。商品经济在旧体制的名义下高调登场。① 第二次大争论发生于上世纪80年代中期到90年代初，争

---

① 由于这个原因，一些学者也倾向于把1978年到1984年视为改革开放的第一个阶段。

论焦点是"中国特色市场经济改革的目标",尤其是选择怎样一种具体的经济改革模式问题。①基于这个争论所做的政策选择是1992年中共十四大和1993年十四届三中全会上提出的"建立社会主义市场经济体制"。第三次大争论发生于2004年和2006年,争论焦点是要如何看待近30年的改革所造成的那些所谓"负面后果",究竟是要倒退回改革开放之前？还是应当全方位深化改革以终结过去双轨制改革留下的改革死角,以建立一个"法治的市场经济"和公平正义的社会？

目前,文化领域的多数学者也使用着上述政治的和经济的三大分期叙述。韩永进在《我国文化体制改革的回顾与启示》一文从文化体制改革角度对此作了细致而有说服力的论述。他认为30年文化发展的第一阶段是1978年到1992年,该时期的重要特点是,计划经济时期形成的文化体制大体不变,在局部和微观的领域以双轨制方式引进经济体制改革的若干经验,初步确认文化市场的合法性；第二个阶段是1992年到2002年,其特点是配合中国特色市场经济体制改革的进程,更加明确地提出文化体制改革的重要性和基本原则,并在这一阶段后期首次提出了"发展文化产业"的设想（中共十五届五中全会）；第三个阶段始于2002年中共十六大,其重要标志是首次"把文化分为文化事业和文化产业"。我们注意到,许多研究者都持类似的看法,其他四阶段论或五阶段论划分无非是对上述划分的微调②。

毫无疑问,人们普遍认同的三大分期确实有一个优点,那就是使人

---

① 按吴文,这种经济发展模式被分为4种：后斯大林时期的计划经济模式（或称"改良的苏联模式"）、市场社会主义模式（或称"东欧模式"）、政府主导的市场经济模式（或称"东亚模式"）和自由市场经济模式（或称"欧美模式"）。吴先生在政策解读上十分敏锐,他注意到："从1984年以后的中国党政领导机关的文献可以看到,在对改革目标作理论论述时,大体上采用模式（4）的语言；而在规定具体措施时,则有更多模式（3）的内容。"

② 王德岩等人在《中国文化产业发展进程》一文把文化产业发展分为四个阶段：即在多数人公认的1978年—1992年期间,加上了1984年这个阶段刻度。

们充分关注到中国文化体制改革进程与经济政治体制变革进程的协调一致。这种一致尤其表现在以下两个方面：其一，改革开放意味着在各个领域实现从计划经济体制束缚中解放出来的体制变革，这同样适用于文化领域。第二，各领域和全方位的体制变革从一开始就形成了一个中国特色的基本策略，即"增量改革策略"①。这个策略有许多名字，如渐进性改革、分步改革、双轨制改革等。"放开增量、盘活存量、梯级推进、循序渐进"构成了该策略的主要内涵，这在30年的文化体制变革中也依然适用②。

但完全局限于上述分期也会带来一个问题，那就是忽略或遮蔽了文化体制改革自身的特殊性。要说明这个特殊性并不困难。世纪之交以前，经济领域一向是中国体制改革的热点。这个热点效应虽不断波及文化领域，但该领域在整体上却一直处于局部的、渐进性的、甚至是"静悄悄的改革"的状态。即使早在改革开放之初的1980年文化领域就已经出现了"坚决地有步骤地改革文化事业体制，改革经营管理制度"的提法，

---

① 这个"增量改革策略"也正是前面第二节提到的"存量阅读/增量阅读"的基础。

② 上世纪90年代初，基于中国改革开放与苏东巨变背景，国际上出现了旨在研究计划经济如何向市场经济转变的"转轨经济学"或"过渡经济学"。这门学科关注的一个核心问题是：在新体制取代旧体制的转型过程中，激进改革与渐进改革孰优孰劣？面对这个问题，斯蒂格利茨(E.Stigliz)、麦克米兰(McMillan)、诺顿(B.Naughton)以及国内经济学家如林毅夫、茅于轼等为代表，明确支持渐进改革。而萨克斯(J.Sachs)、布鲁诺(M.Bruno)、胡永泰(T.Woo)和科尔内(Kernei)等则明确支持激进改革。这个争论在今天依然继续。本报告无意卷入上述争论。但上述背景表明，中国30年的改革遵循的是渐进性转型的改革路线，坚持的是所谓"增量发展策略"。这个策略在目前许多文章中得到各种表述，其基本要素可以概括为"放开增量，盘活存量，梯级推进，循序渐进"。斯蒂格利茨认为这个策略是持续保持帕雷托最优的转型方案。值得注意的是，在这个透露着东方传统智慧的柔软转型方案中，维持与旧体制的连续性以维护平衡与稳定，似乎与尝试新体制的创新具有同样重要的地位。它的一个基本操作策略就是，决不在存量资源最大的领域首先开始解构！这构成了中国在30年中形成的"社会转型解释学"的核心命题。

即使1996年中共十四届六中全会《中共中央关于加强社会主义精神文明建设若干重要问题的决议》已经以相当成熟的方式高调推出"文化体制改革的任务和一系列方针",但那时的文化体制改革总体上还都是在单一的"事业体制"的笼子里舞蹈。这个事实表明,文化体制改革虽然与经济体制改革关系密切,但两者的节奏和幅度并不同步——文化体制改革在深度和规模上要滞后于经济体制改革。

不过,文化体制改革的相对滞后还不是本报告所要寻找的最终的文化叙述模式。要找到这个叙述,必须具备从现代性转型角度来观察中国文化发展的视角。基于这个视角,近来有学者跳出了文化发展三阶段论的惯性思路。他们指出,改革开放让中国文化实现了从"领域合一"向"领域分离"的转变。

所谓"领域合一"是指在计划经济时期以及改革开放初期,"政治、经济、文化三大活动领域的功能在很大程度上以政治为中心融为一体"。这里的政治是一个统帅一切的"全能性领域",而文化尤其在整体上被规制为政治意识的衍生物。然而,随着1978年十一届三中全会提出将工作中心从以阶级斗争为纲转向经济建设,随着商品经济的放开以及市场经济体制改革的深入,以往完全被政治意识形态虏获的文化逐渐显现出从全能性政治领域相对分离出来的取向。可以说,文化从全能性政治领域的相对分离是文化领域从计划经济体制解放出来的一个重要标志。由于这种分离,文化领域获得了一定意义程度的自主性——而自主性是文化领域实现现代性转型的起点。作为支持"相对分离"的例证,这些研究者认为上世纪80年代中期上海等地兴起的"文化发展战略热"是文化获得自主性的一个标志。

本报告认为,"领域合一"和"领域分离"这两个概念确实比较准确地刻画了中国当代文化实现现代性转型的特殊含义。但我们同时认为,仅仅用"领域分离"来概括整个转型过程还是不够的。因为"分离"是个消极概念,它固然准确描述了计划经济的体制要素在文化领域中逐渐解构，但却不足以呈现文化现代性转型的另外一个侧面，即体制性的和整体性的"重构"。这里的"重构"是说，除了继续完成文化与政治等其他领域的相对分离，还要强调在新的条件下让文化与其他领域形成互渗交融关系。2000年中共十五届五中全会首次提出"推动文化产业发展"，这个提法就意味着在计划经济体制中文化与经济、文化与市场、文化与大众消费权利之间的藩篱被彻底破除，意味着中国特色市场经济体制改革"外溢"到文化领域，意味着确认了文化生产也可以是一个经济部门，从而文化也可以包含一个巨大的"增长领域"。所有这一切从总结的意义上看，是对改革开放头20年那些局部的微观领域的市场取向的文化体制改革的确认，从未来发展的角度来看，"推动文化产业发展"的提法为"文化的全领域重构"找到了突破口，从而使事企分离、管办分离、解放文化生产力、落实公众的基本文化权利等系列体制改革得以次第布局展开，使文化成为继经济领域之后的又一个体制改革热点领域。

当然，除了领域合———领域分离—领域重构这种阶段性描述，我们认为，"文化产业"概念还启动了当代中国人在文化观念上的"祛魅"（disenchantment）进程。在传统的意识中，"文化"是国之大事，文化全等于意识形态，所谓"文章千古事""一言兴邦、一言丧邦"等说法无不给文化抹上神秘色彩。文化的公共性往往体现为国家垄断性和全面代理性。现在，"文化"与产业、市场、复制技术和大众消费权利链接，这对传统的文化观念是彻底的颠覆和解构。

正是从文化体制改革、中国的现代性转型角度，我们认为2000年应当是中国文化政策的一个里程碑式的年代。

四、2003：新文化发展观和新一轮文化体制改革

继2000年国家权威文化政策高调接纳"文化产业"观念后，2002

年底中共十六大报告再次推出"文化体制改革"话题,但把它高调放置在一个前所未有的醒目位置——它成为该报告文化部分的标题:"文化建设与文化体制改革"。与以往文化体制改革相比,这一轮体制改革的有了一个全新的同时又涉及文化体制全局的主题,即区分文化事业和文化产业,围绕这个区分尝试其他管理体制的配套改革。2003年,国家正式启动相关的文化体制改革试点工作。

同样是在2003年,中国在宏观发展战略上还出现了另一个重要动向。被命名为"科学发展观"的新观念在2003年中国十六届三中全会上得到了首次权威表述,即"坚持社会主义市场经济的改革方向,……坚持统筹兼顾,坚持以人为本,树立全面、协调、可持续的发展观,促进经济社会和人的全面发展"。有趣的是,当新一轮文化体制改革刚刚把"(文化GDP)增长"吸纳为文化发展的重要指标之一时,科学发展观却开始倡导扬弃"唯(GDP)增长论"的发展观念。我们知道,在旧发展观中,"发展是硬道理"通常就意味着"(GDP)增长是硬道理"。在此语境中,文化建设只能是经济增长的附庸。

如何看待上述两个看似矛盾的动向呢?合理的答案是,2003年的中国已经走到了一个需要综合全面反省文化发展的内涵、功能和地位的时刻,到了需要确立与中国特色市场经济相适应、与全新社会发展理念相适应的新文化观的时候。恰恰是在这个时候,2003年6月"新文化发展观"的提法出台。新文化发展观是新一轮文化体制改革的总纲。

1. 新文化发展观:10年文化政策的"第一政策"

本报告一再指出,对中国文化的现代性转型来说,世纪之交对"文化产业"合法性的确认具有里程碑式的意义。与此并行不悖的另一个重要事实是,也正是从世纪之交开始,当中国在经济社会方面已呈现腾飞之象时,它对发展方式问题倾注了越来越大的关注,由此形成的诊断和治疗方案就是2003年中共十六届三中全会正式提出的"科学发展观"。

本报告高度评价作为国家宏观发展战略的科学发展观,不仅因为它的提出和完善是中国执政群体的主动之举,更因为与中国以往的纲领性观念相比,科学发展观更具有世界意识和未来意识,在内容表述上与当今世界最进步的主流话语更为相近[1]。它使中国在全球和区域性发展等重大问题上与外部世界有了更广阔的对话空间。这表明,虽然中国发展具有很大的特殊性,但发展会使它在内部越来越全球化——它会越来越认真地对待全球性的普遍性问题,在政策层面上会体现出越来越多的"普世价值",在政策陈述上会越来越多地考虑到外部世界的接受环境[2]。

现在的问题是,科学发展观对当代中国文化发展,尤其是对10年文化政策,具有怎样的影响?对此我们有两个判断:第一,科学发展观固然不是狭义的文化政策,但却是对文化发展具有重大意义的政策;第二,配合科学发展观的出台,中国文化领域推出了"新的文化发展观",这个新文化观构成了10年中国文化政策中的"第一政策"。

科学发展观对当代中国文化发展的重要影响在于,通过批判"唯(GDP)增长论"的旧发展观,强调经济、政治、文化和社会的"四位一体"协调发展,强调使文化成为衡量经济社会文明程度的重要尺度,科学发展观使文化发展在重建自主性方面又向前跨进了一大步。如果说改革开放头20年的市场经济体制改革促使文化实现了从"全能性政治领域"的相对分离,那么科学发展观则促使文化实现了从"全能性经济领域"的相对分离。由于这个进步,文化发展获得了日益有利的政策优先的环境。

---

[1] "发展问题"是上世纪70年代以来国际社会关注的重要主题。应联合国教科文组织基多"研究综合发展观"专家会议(1979年)的请求,法国经济学和社会学家弗朗索瓦·佩鲁在1983年出版了《新发展观》(张宁等译,华夏出版社,1987)一书。该书系统阐明了"整体的""内生的""综合的""以人为中心的"和"关注文化价值的"的新发展理念。将中国的科学发展观与这个"新发展观"进行比较,不难发现两者的思想亲缘联系。

[2] 尽管中国国内许多人把"特色"与所谓"普世价值"完全对立起来,但我们要强调的是,日益显示出自主性的中国同时也日益倾向于从普世的角度来考虑生存价值和发展思路。"自主性"与"世界性"本来就是不能偏执对立的。

但是应当看到，正如文化与"全能性政治"的相对分离并不意味着文化完全与政治无关一样，文化与所谓"全能性经济"的分离也只是说它的发展不再受以 GDP 增长为中心的发展观的宰制，而不意味着文化发展完全可以远离市场经济体制改革而另搞一套。事实上，"树立与中国特色市场经济体制相适应的文化观"、以市场经济取向的改革引导和布局文化领域内部的一切改革，这恰恰是中国 10 年文化政策中一以贯之的指导思想。这个指导思想构成了所谓"新文化发展观"（以下简称"新文化观"）的基本要义。新文化观是科学发展观在文化领域的陈述，新文化观可以被视为 10 年中国文化政策中的"第一政策"。

必须指出，"新文化发展观"这个术语并非本报告的首创。2003 年 6 月，李长春在《文化体制改革试点工作会议上的讲话》中明确指出："要从计划经济体制下形成的传统文化发展观中解放出来，树立与社会主义市场经济体制相适应的新的文化发展观。"2006 年 1 月中共中央国务院在《关于深化文化体制改革的若干意见》中指出，要"树立新的文化发展观，……以发展为主题，以改革为动力，以体制机制创新为重点，……形成完善的文化创新体系"。在此背景下，"新文化发展观"成为中国文化研究领域中的一个重要话题。2006 年 6 月，有学者以《新文化观》为题发表了论文集。2007 年 2 月，中国社会科学院在学者在大型浙江文化发展调研报告《浙江经验与中国发展（文化卷）》中对"新文化发展观"的内涵也进行了全面系统的研究[1]。该研究认为，新文化观是科学发展观的重要组成部分。它的核心是把"文化"与"发展"主题链接起来，围绕"发展"这个中国改革开放的第一主题来看待区域文化发展的地位、功能和任务。由于这种链接，新文化发展观便相应获得了"两个视角"：即从文化看发展和从发展看文化。

---

[1] 李景源、张晓明主编：《浙江经验与中国发展（文化卷）》，社会科学文献出版社，2007 年，第 43 页。

"从文化看发展"——这里的"发展"是中共十六届三中全会公报中所说的"经济社会和人的全面发展",是所谓"经济、政治、文化和社会的四位一体发展",一言以蔽之,是整体性的发展。在这个发展观中,文化获得了"发展软实力""文化支撑力"与"文化竞争力"等属性,获得了衡量区域整体发展水平的指标性含义。毋庸置疑,这样的发展观与片面追逐 GDP 增长的旧发展观是截然不同的。上世纪 80 年代联合国教科义组织的执行官 M.A. 西纳索在为《新发展观》一书所做的前言中指出,旧发展观的理念集中表现为这样一个问题,即"我们怎样才能改变我们面前的社会和文化,使之符合我们的工业化?"正是这个提问取向才导致了这个世界百年以来一向以"增长"来诠释"发展"。我们知道,至少在 2000 年以前,"GDP 增长"在中国就是"发展"的代名词。"发展是硬道理"这句名言在很长时期内就意味着"GDP 增长是硬道理"。从这个背景来看,"从文化看发展"确实是使中国发展观获得提升的一个重要因素。

"从发展看文化"——这里的"发展"是指当今世界科技革命以及经济、政治、社会和文化交融的总体态势,是指中国经济社会发展环境的改变。我们知道,经过 20 多年的高速发展,到上世纪末中国的市场经济体制基本确立,GDP 总量突破万亿美元(2000 年),人均 GDP 指标达到 850 美元(2000 年)。在这个时候,消费者对精神文化产品和精神附加值产品的需求空前增长,经济和社会转型迫切需要提升文化发展水平,而国家和地方财政状况出现了前所未有的良好局面,所有这一切都要求充分认识当今文化产品从生产到提供方式的变化趋势,认识落实大众文化权利的重要意义,改革相关文化体制,这是新文化观与以往那种远离经济与社会、罔顾大众文化需求的狭隘文化观的根本区别。

前面提到,由于找到了"文化产业"这个突破口,新时期的文化体制改革便直接引向了文化的全领域重构。在新文化观中,这个全领域重构被概括为以下三大主题:

（1）在全社会形成与中国特色市场经济制度相适应的思想观念和伦理承诺，让文化软实力服务于经济社会和人的全面发展。

（2）着眼于当今世界"经济文化化—文化经济化"的发展态势，着眼于中国解放和发展文化生产力的历史要求，借鉴经济体制改革的成功经验，改革相关文化体制，让文化生产也变成一个经济"增长"部门，一个可以用硬指标来衡量的"硬实力"。

（3）为推动社会的创新能力——尤其是文化的原创能力，为落实全社会各阶层人群的基本文化权利，为配合中国日趋加快的城市（镇）化进程、城乡一体化进程和新农村改造，改革相关文化体制，以全新方式重构公共文化服务体系，并以此推动中国的政府职能转变和相关政治体制改革。

上述三大主题，构成了世纪之交以来中国文化体制改革的中心任务。需要说明的是，对照前面提到的中国文化政策的文本结构可以看到，上述新文化观的第一主题对应于所谓"思想建设"的部分，而其后两大主题——即发展文化产业，构建公共文化服务体系——正是近年来一系列国家文化政策文件中"文化建设"部分的基本内容。从这一点来看，新文化观及其三大主题明确了世纪之交以来中国从中央到地方的区域文化发展战略和基本任务，明确了新一轮文化体制改革的重点。新文化观是新一轮文化体制改革的总纲。

2. 进入试点阶段的新一轮文化体制改革

现代性理论中的常见语词"转型"（transformation）在30年中国的一个对应词就是"改革"（reform）。而这个改革通常又意味着"体制改革"。在中国语境中，这里所说的"体制"的含义弱于所谓"根本社会制度"（如"社会主义"与"资本主义"），但强于某些具体单位中的规章或办法。在中国经济、社会、政治和文化等各领域，体制改革有一个共同的对象，那就是计划经济体制；体制改革也有一个共同的目标，那就是中国特色的市场经济体制或与这个体制相适应的其他体制。

由于这样的原因，早在1978年中国开始摆脱计划经济体制束缚之初，文化领域就出现了体制改革，并且这种体制改革是"市场取向的"。1980年2月召开的全国文化局长会议已经呼吁"应当坚决地有步骤地改革文化事业体制，改革经营管理制度"。在此之后，像中共十二届六中全会（1986年）、十四届六中全会（1996年）等人们公认的关于文化发展的重要会议都大谈"文化体制改革"。然而，所有这些体制改革在内涵上都无法与2003年予以强调的"文化体制改革"相比。我们已经指出，新一轮文化体制改革有两大独特之处：第一，它在文化领域灌注了"发展"理念；第二，它以文化事业和文化企业分离、以政事分离、管办分离为目标，而不再局限于以前那种国有文化事业单位内部的微观或微调改革。这种改革旨在"建立与中国特色市场经济相适应的新文化体制"；旨在适应中国发展方式的转型。因而它必定蕴涵着"文化的全领域重构"。

但中国的渐进性改革策略还有一个重要特点，就是由点到面的展开，在文化体制改革中也是如此。2003年6月，中国启动文化体制改革试点工作。该工作在包括北京、重庆、广东、浙江、深圳、沈阳、西安、丽江在内的九个省市9个综合性试点省市地区和35家试点单位展开。目前，这个试点工作的评估工作尚未完成，但综合已有文献，可以对这个改革的框架概括如下：

（1）改革的内涵"涉及思想观念、领导体制、结构布局、利益调整、政策配套等许多敏感而复杂的问题"；改革的外延涉及新闻媒体、出版发行、广告印务、艺术院团、电影院线等多个领域，其任务是把那些原本由国家"统管"的事业单位中那些具有市场化条件的部门推向市场。改革的宏观目的是要依据政企分开、政事分开、管办分离的原则，"建立调控适度、运行有序、促进发展的宏观文化管理体制，初步形成政府管理、行业自律、企事业单位依法运营的格局涉及文化管理体制"；改革的微观目的是要打造出一批"合法经营、适应市场经济、富于活力的"

市场主体。

（2）国有文化事业单位与企业单位的剥离被概括为"转出一批主体、改出一批主体"。这种改制主要有三种情况：一是分离改制，即将广告、印刷、发行、电视剧等一般节目制作部分分离出来，转制为企业，面向市场搞好经营，接受集团领导监督。如浙江日报报业集团以印务中心为试点单位，建立多元产权的现代企业制度；杭州日报报业集团以股份制改造广告中心，集团控股的同时，让经营骨干持股。二是整体改制为企业。如中国对外演出公司和中国对外展览公司改制为中国对外文化集团，广东省出版集团由过去事业性质整体转制为企业，浙江、广东、西安、沈阳等地的电影公司也整体改制为企业。再如解放日报报业集团的《上海学生英文报》、文汇新民联合报业集团《上海星期三》等报刊也都改制为企业。三是一步到位，直接进行股份制改造。如北京儿童艺术剧院直接实行股份制改造，排演了话剧《迷宫》。北京歌剧舞剧院转企改制一步到位，新成立由首都旅游集团控股，歌华集团、北京电视台、北京三奇广告有限公司联合投资的北京歌剧舞剧有限责任公司。《中国证券报》和《电脑报》等报刊也正在探索建立现代企业制度，实行自主经营，自负盈亏，自我发展，自我约束。

（3）中国过去文化投融资过分依赖政府，投资主体单一，民间资本与外资投资渠道不畅，影响了社会资本进入文化产业。中共十六大以后，文化管理部门见于中国非公经济发展较快、民间资金较为充裕、民间兴办文化产业和事业热情较高的优势，采取"积极引导、非禁即入"的原则，陆续出台多项政策措施，取消限制，鼓励民营企业投资文化领域，以参股方式加入到国有文化企业股份制改造中，并通过"放出一批主体、扶出一批主体"，重点培育一批"专、精、特、新"的龙头民营文化企业。目前民营企业已经成为许多文化领域投资和生产的主要力量。据统计，2003年全国共制作电影197部，其中民营公司投资60部，在2004年上半年生产的100多部影片中，民营企业参与制作的占80%。在每年一万部集的电视剧中，民营公司投资20多亿元。民营影视企业已经成为中国影视产业的重要力量。随着文化体制改革的深入，一些文化企业进行了股份制改造，实现了到资本市场融资。截至目前，在深、沪两个资本市场上市的有50余家公司涉及文化产业，文化产业板块初步形成。

如此醒目的"文化体制改革"试验会让人们联想到上世纪的"市场经济体制改革"，联想到中共十七届二中全会的"政治体制改革"。这些改革昭示着一个特点，即中国的"改革"接近于熊彼特以来人们所说的innovation，即根据合理性建构原则、落实于体制和政策层面的创新。

"合理性建构"要求一种体制机制成为有可持续内生动力的、可以用客观指标度量的、高效率低损耗的程序化系统。检验这一系统的最简单方式就是输入和输出比较。如果一个系统输入相对较少、输出相对较多，它就是一个有效率的系统，反之则非是。

中国近30年的经济体制改革基本是按照上述"合理性建构"方式进行的。无论宏观体制还是微观机制，都把系统最优当作向外学习或自主生成的重要目标。文化体制改革的目标也是要建立一个系统最优的体制，它要求使文化创造成为相关从业人员的自觉冲动，使文化的所谓"大发展大繁荣"成为客观进程的内生性力量。在文化领域进行体制机制"合理性建构"的一个重要话题是，如何能使相关体制机制产生一种促使人们的文化创造力充分涌流的"诱致性"。

能否使文化从业人员的文化创造能力充分涌流，不仅对狭义文化发展自身，而且对一个民族的整体命运都至关重要。文化创造力是国家发展的核心。我们前面提到，上世纪90年代以来英联邦和欧盟国家文化政策的第一主题词就是"创意"。在这个主题下，鼓励文化卓越性、对特殊创意活动实行"文化优先"政策、全力推动与文化创意保护相关的法律建设、在公共财政中重点扶持创意文化项目等，成为这些文化政策或相关启动方案的重要话题。所有这些都是为了营造一种对文化创造力具有强烈"诱致性"力量的环境。

形成"诱致性制度变迁"的基本前提是对于个人权利的认可。现代市场经济制度已经造成个人利益的普遍形成，2007年底"物权法"的出台就证明了这一点。今天，中国文化体制改革也已进入普遍落实文化权利的阶段。在这个阶段，一切改革的措施是否有效，实际上都取决于它们是否对文化的从业者形成了正向的、有利于文化创造的诱致性作用。但如今的普遍情况是，在科研、教育和狭义文化创造领域，负面的"诱致性机制"产生着很大影响：官本位管理、复制性活动获得巨大收益、创意承担巨大风险，这一切都利诱大多数文化从业者倾向于选择非创造性的活动。创造力的羸弱会使一个国家成为"下载的民族"而不是"上载的民族"，它是中国文化体制改革需要解决的问题。

在文化领域进行体制机制合理性建构还有一大课题，即如何建立一个从长远来看有利于文化发展的程序化的文化监管体制。

从长远发展来看，最有利于文化发展的监管模式是事后监管优于事前监管、规则监管强于内容监管、程序干预强于反常干预。这种监管在根本上是法制的，其核心精神是最大限度地保护人们的文化创作和表达权，并允许文化发展在法律或道德范围内有一定的尝试、试错的代价空间。中国文化监管方式要实现真正的合理性建构，就要在监管上以"方便和保护人们的文化权利"为宗旨。这就要求根据市场经济的发展要求，重新认识人们的文化权利落实形式。必须认识到，当文化成为普遍的个人生产和消费对象后，公众文化权利的实现方式便越来越多地从"间接的""代表型"的，转向"直接的"和"非代表型"的。任何公共权力或专家口味都不能取代公众作为个人接近、获取、享用和评价文化产品的权利。正是在这个背景下，2003年以后决策者特别在政策层面上提出所谓"三贴近"原则。这一变化的另一后果还在于对现代政府的公共权力提出了全新要求：它应最大限度地保护而不是代表公众所享有"直接的"（即不可代表的）私人文化权利。即使不得已需要代表，也要使代表行为最大限度的程序化和被监督化。

必须说明，中国文化体制改革试点工作的全面评估还没有正式出台，以上涉及的是一些相关讨论主题。无论怎样，人们已经普遍认识到：人们日益增长的文化需求如果在体制内得不到满足，就会由体制外来满足；在合法市场内得不到满足，就会由黑市或盗版市场来满足；在国内得不到满足，就会由国外得到满足。因此文化体制改革势在必行。

但文化体制改革的试点也表明，文化管理体制改革能否成功，在相当程度上取决于这个国家整体的行政体制改革进程。中共十七届二中全会提出"加快中国行政体制改革"的任务，其中涉及的"大部制"就直接对文化发展领域有直接的影响。事实上，在浙江广东等试点中，"文化—广播—新闻"三部分合并的试验已经推开。在此基础上，国家推动"大文委"的大部制改革究竟会带来何种后果，还在观察之中。

五、2005：以全新方式构建公共文化服务体系

计划经济体制下，中国文化发展、社会各类文化产品的生产及民众文化生活似乎都在公共文化的范畴内。文化事业单位是公共文化部门乃至一切合法文化部门的代名词。在2000年，中国文化政策肯定"文化产业"的合法性之后，"公共文化"并不再是文化的"全域性概念"——这恰恰是前面所说的文化的"领域分离"产生的效应。但也正是因为这个原因，"公共文化服务"才作为一个需要重新理解的主题而出现。这种重新界定与目前国内国际一系列重要变化密切相关：如国内国外对公民文化权利的高度关注[①]；如发达国家上世纪末以来出现的新公共管理运动以及中国目前出现的旨在建设服务型政府的行政体制改革。当然，这一重新理解如果进一步深入，还必定会涉及中国正在出现的"公共领

[①] 1994年出台的澳大利亚官方文化政策《创意的国家》中就明确出现了"公民文化权利宪章"这一部分内容。内容的界定没有太多新奇之处，但这种表达方式不同寻常。

域"问题，涉及"公共文化服务提供"在决策程序上需要人民代表大会更多介入的问题。

在2005年之前，"公共文化服务体系"这个完整成熟的表述在国家权威文化政策中尚未出现。从2002年到2004年的历届《政府工作报告》，在强调改革文化体制、发展文化产业的同时，都涉及"公共文化服务"层面的内涵。但那时的使用的多是"文化事业""公益性文化事业"或"公益文化事业"这类表述，它们在总体上具有"非营利"性质，以区别于"营利性的"经营性文化产业。它们因此构成了中国当代文化体制改革的另一项重大主题。

2005年10月，中共十六届五中全会《关于制定国民经济和社会发展第十一个五年规划的建议》中醒目地写入了"加大政府对文化事业的投入，逐步形成覆盖全社会的比较完备的公共文化服务体系"的内容。"公共文化服务体系"的完整设想浮出水面。2006年人大十届四次会议《政府工作报告》关于文化建设有这样的表述："深化文化体制改革，发展文化事业和文化产业。加强文化基础设施建设尤其是农村基层文化建设，完善公共文化服务体系。繁荣文学艺术、广播影视、新闻出版事业。"2007年人大十届五次会议《政府工作报告》具体提出："在全社会树立中国特色社会主义的共同理想……加快发展文化事业和文化产业。推进文化体制改革，完善文化产业政策。繁荣新闻出版、广播影视、文学艺术。进一步发展哲学社会科学。着眼于满足人民群众文化需求，保障人民文化权益，逐步建立覆盖全社会的公共文化服务体系。突出抓好广播电视村村通工程、社区和乡镇综合文化站建设工程、全国文化信息资源共享工程、农村电影放映工程、农家书屋工程。继续建设一批国家重大文化工程。"这里，一个"逐步覆盖全社会的公共文化服务体系"的目标被和盘托出。2007年6月16日，中共中央政治局专门召开会议，研究公共文化服务体系建设问题。"会议认为，加强公共文化服务体系建设，是繁荣发展社会主义先进文化、构建社会主义和谐社会的必然要求，是实现好、维护好、发展好人民群众基本文化权益的主要途径,对于促进人的全面发展、提高全民族的思想道德和科学文化素质、建设富强民主文明和谐的社会主义现代化国家,具有重大意义。"

中国提出全面建设"公共文化服务体系"有其基本背景:

第一,文化自来具有"公共性"。但在前现代社会中,这种"公共性"往往被扭曲为国家垄断性或代理性。就打破这种垄断性或代理性而言,市场经济具有明显的解放作用。一些当代文化产业学者对文化庇护制和文化市场的论述让我们看到[1],当文化产品只有一个购买者(庇护者)时,它必然从属于权力。但当文化产品进入专业市场后,它便与权利密切相关。这个权利在市场经济范围内意味着文化消费权利,在市场经济不及的地方,意味着公民接近文化的基本权利,有的作者也把它表述为"文化福利"[2]。从这个意义看,中国的市场经济体制改革为提供公共文化服务、满足人民基本文化权利或文化福利提供了重要前提。

第二,但也正是在市场经济日渐发育的社会,在市场成为文化产品提供的重要途径的社会,"公共文化"这个在计划经济时代的"全域性概念"获得了区别于市场经济的特有含义。它是现代政府服务职能的重要组成部分,是在政府主导下,以转移支付的财政手段,或以引导其他社会组织的方式,向社会整体提供文化产品服务或文化福利。

第三,从内涵上看,中国致力于建设"公共文化服务体系"是要回应在市场经济背景下如何落实"人的全面发展"与"和谐社会"这个基本目标问题。具体说来,公共文化服务涉及如何保障公民基本文化权益的"文化公正"问题、涉及如何确认以及谁来确认公民的"公共文化需求表达"问题、涉及在大规模城市化建设和新农村建设中,如何布局公

---

[1] 大卫·赫斯蒙德夫:《文化产业》,张菲娜译,中国人民大学出版社,2007年。

[2] 毛少莹:《公共文化政策的理论与实践》,海天出版社,2008年,第4页和第12页。

共文化设施以及如何保障持久运营的问题。

第四，还应该看到，中国今天提出发展公共文化服务也与自古而来的一种关于"盛世修文"的群体记忆有关。汉成帝时代、唐贞观时期都曾有"盛世修典"的壮举。此外，宋代《太平御览》、明初《永乐大典》、清乾隆时期编纂《四库全书》，所有这一切对于今日中国都有影响。由此来看中国北京的国家大剧院、中华世纪坛，各地的标志性公共文化设施，可知中国公共文化建设进入了一个外延性的高速发展时期①。

当然，从可行性条件来看，中国之所以能够在新世纪高调提出要建设"公共文化服务体系"，一个重要原因是因为近年来公共财政收入根本好转，而过去的文化发展欠账也到了必须改变的地步。

就欠账而言，我们知道在计划经济时代的头几个五年计划期间，国家向包括文物及出版在内的文化事业单位的年度财政拨款最高才达到3亿元，按当时6亿人口计算，每人每年平均0.5元。到了"文革"结束近10年的1985年，不包含文物和出版在内的文化事业单位财政拨款也只有9.32亿元，按10亿人口计算，人年均仍然不足1.51元②。在此背景下，当时的公共文化设施十分短缺。计划经济时代不必再论，即使在市场经济改革初期，由于国家必须把为数不多的公共财政投入经济基础设施建设，国家公共文化基础设施处于被遗忘状态。2004年，中国每46万人一个公共图书馆（当时国际图书馆联合会要求，每2万人一

---

① "外延性的高速发展时期"的另一个表述是"大规模硬件建设"时期。在这个时期，许多地方政府用大力发展物态经济的手段推行文化硬件建设方案，因此在许多城市出现了各种豪华性的文化场馆。不仅如此，各种雕塑也如雨后春笋般出现。据不完全统计，中国各地的大佛造像和其他地方神祇的超高造像多达几十座。近来开光的河南鲁山大佛连基座高大153米，为世界之最。总的看来，文化硬件设施建设确实为当代中国所必需，但这种建设的方式大有可訾议之处。用追求GDP总量世界第一的方式追求文化硬件环境第一，这是很可虑的。

② 文化部计划财务司编：《2005年中国文化文物统计年鉴》，北京图书馆出版社，2005年，第11页。

个图书馆。德国、芬兰、奥地利、瑞士的图书馆平均拥有数据为：6600人/5000人/4000人/3000人）；人均购书经费：0.33元。安徽霍邱更低到人均0.0033（3厘3）。此外，2004年中国各类博物馆2300个，而面积为中国1/27的德国拥有3000多个博物馆。

这种普遍的欠账局面需要短时期集中大量投入给予明显改观。而中央和许多地区财政收入的根本好转为此提供了重要的物质前提。

多年以来，中国财政收入的速度远远高于GDP和居民可支配收入的增长速度。1998年首次达到10000亿元，2003年达到20000亿元，2006年达到40000亿元，2007年达到51000亿元。2008年即使经济遇到很大困难，但前3个季度的财政收入已接近50000亿元。此外，2007年的财政收入占当年GDP的20%强，而发达国家财政收入占GDP的比重在35%以上。从这一点看，财政增长还有相当空间。在财政高增长的今天，政府投资经济基础设施的压力又远比改革开放之初要小。此消彼长，公共财政向公共文化领域倾斜成为必然的政策选择。

在此基础之上，国家公共文化投入逐年加大。2000年，中央财政文教科学卫生事业费完成361.9亿元[①]。2003年，中央财政教育、卫生、科技、文化、体育事业投入855亿元，比2000年已经翻番有余。2004年，全国财政教科文支出达4289.01亿，而2005年，全国财政科教文支出5069.37亿，一年就增加了778.36亿，增幅达18.15%；其中全国文体广播事业费支出692.58亿，增长17%。到2006年，全国财政仅文体广播事业费就支出834.53亿元，其中，中央财政文体广播事业费支出123亿元，创历史新高[②]。1999年，国家财政对文化部系统的文化事业费拨款55.61亿元，而到2004年，这个数字已达到113.66亿元；

[①] 一般说，国家财政对教育的投入约占全部财政的4%，而对文化部属事业单位的投入占财政总数的0.4%；文化投入是教育投入的1/10。

[②] 以上数字参见历年全国人大预算报告及有关年度《中国财政年鉴》。

2005年是133.82亿元。加上地方财政的文化事业投入，2005年"全国文化事业经费达到495.22亿元，比'九五'期间增加240.71亿元，增长105.9%"[1]，全国人均文化事业费至此已升至40元水平。国家文化事业费投入的2/3被用于"艺术表演团体""公共图书馆"和"群众文化事业"。这样一些数字表明，随着国家财政收入的接连翻番，广义和狭义的公共文化投入进入21世纪后均已翻番。

需要澄清的是，中国新时期公共文化服务体系中的"体系"包含三种含义：第一，它是指完全承担公益性文化服务的、仍然由公共财政来主要支持的文化单位网络。第二，它是指文化基础设施建设网络，如在基层普及图书馆、博物馆和文化馆的设施建设；如99%的电视覆盖网络；如东部地区实现"互联网"入村的建设工程[2]。第三，伴随着中国城市文明建设、城镇化和城乡一体化速度加快、新农村建设进程，中国现代公共服务体系的倾斜对象也相应确定为城市社区、农村村镇和上亿的外来流动人口（如各地广泛开展农民工入城培训）。

经过近年来的投入，如今中国共有公共图书馆2762个，绝大部分分布于县市一级。中国共有文化馆（站）41588个，其中县级2851个，乡镇文化站34593个[3]。近年国家加大文化设施建设投入，也带动了地方文化基础设施建设的更多投入。2004年全国新开工的文化设施基建项目中，就有253个公共图书馆；386个群众艺术馆、文化馆、文化中

---

[1] 文化部计划财务司编：《2006年中国文化文物统计年鉴》，北京图书馆出版社，2006年，第2页。

[2] 近年来，国家对文化系统的事业性基本建设投资大幅增长。"八五"期间，全国文化事业基建投资53.13亿；"九五"期间达98.79亿；"十五"期间这种投入更是达到136.88亿。利用这部分资金及地方配套，许多地方已经建起了省地市级的图书馆、博物馆、歌剧院、体育场（馆）及大面积广场绿地园林，并往往成为城市中地标性建筑

[3] 文化部计划财务司编：《2006年中国文化文物统计年鉴》，北京图书馆出版社，2005年，第100-103页。

心项目[1]。2005年全国新开工的文化设施基建项目中，有223个公共图书馆和314个群众艺术馆、文化馆、文化中心项目[2]。对于中国广大农村地区来说，广播电视发射转播台（站）是最重要的公共文化服务设施。目前，我国的广播综合人口覆盖率已达到94.48%；电视综合人口覆盖率已经达到95.81%[3]。

近年基层文化基础设施建设向农村和西部地区倾斜，财政部、发改委、文化部等部门还增设了一些专项资金。截至2001年，国家发改委对1992年开始实施的万里边疆文化长廊建设累计补助1.1亿元，而2002年至2005年，发改委又投资4.8亿元，扶持农村县级文化馆、图书馆建设。财政部则将边疆文化长廊补助资金和基层文化设施设备维修补助资金从每年1100万元提高到3000万元。2004年，财政部向西部12省两馆建设的193个项目发放补助8920万元。这些资金的投入"使全国已经形成了比较成熟的县乡、镇农村文化网络"[4]。到2004年9月，全国文化信息资源共享工程"省级共享工程资源建设管理分中心增加到32个，基层中心达到1710个，终端用户达5万多个"。"2004年，文化部重点加快网点建设速度，……由中央财政支持在西部地区建成100个共享工程基层示范点；与中央文明办合作，在宣传文化中心由文明办投资建成100个共享工程基层中心；与教育部合作……将'农村中小学现代远程教育工程'与共享工程的实施结合起来；与全国妇联实施的全国'美德在农家'活动合作，在村级建立100个示范点；与中宣部'百

---

[1] 文化部计划财务司编：《2005年中国文化文物统计年鉴》，北京图书馆出版社，2005年，第2页。

[2] 文化部计划财务司编：《2006年中国文化文物统计年鉴》，北京图书馆出版社，2005年，第3页。

[3] 国家广播电影电视总局：《2006年中国广播电视年鉴》，中国广播电视年鉴社，2006年，第519页。

[4] 孙家正主编：《2005年中国文化年鉴》，新华出版社，2006年，第232页。

县千乡文化工程'合作,已建立西部示范点100个。"[1] 基础文化设施建设的热潮让人感觉公共文化服务将大幅增加。

已建成的公共文化服务设施的利用水平正缓慢提高。2004年,文化部门艺术表演团体2694个共演出42.8万场,观众人数达3.9833亿人次;全国人均年观看演出0.3场。2005年,全国公共图书馆已达2762个,总藏量达48055.7万册,总流通人数2.33亿人次;国民人均馆藏图书0.36册。2005年全国博物馆数增加至1548家,文物藏品增至1619.9377万件,观众增至1.18亿人次[2];国民人均馆藏文物0.012件。2005年,我国新增农村放映队近1800个,全国农村电影放映队总数已达3.5万个,全年农村放映电影365万场,观众达13亿人次[3]。2005年,全国公共广播节目播出时间共计达10304214小时;全国公共电视节目播出时间达12591569小时[4]。上述数字已经表明我国公共文化基础设施每年所发挥的功能。

应该看到,到目前为止,从中央到地方在公共文化方面的投入总的说来不能满足社会发展的需要,投入比例也依旧不太高。但所有这一切已经对推动中国新城市建设、新农村建设,促进社会和谐,提高公众文化素质产生了积极影响。

还有应当强调的是,在新的历史条件下,中国"公共文化服务体系"的构建应当以"全新方式"。所谓"全新方式"是说,它应当区别于计划经济时期那种国家包揽一切文化提供的情况。这种"全新方式"的公共服务与计划经济时代的国家包办方式的差别有以下几点不同:

---

[1] 孙家正主编:《2005年中国文化年鉴》,新华出版社,2006年,第232页。
[2] 文化部计划财务司:《2005年中国文化文物统计年鉴》及《2006年中国文化文物统计年鉴》第134-135页。
[3] 国家广播电影电视总局:《2006年中国广播电视年鉴》,中国广播电视年鉴社,2006年,第7页。
[4] 国家广播电影电视总局:《2006年中国广播电视年鉴》,中国广播电视年鉴社,2006年,第520、522页。

第一，以"全新方式"构建公共文化服务体系首先意味着要充分意识到中国特色市场经济的大背景。要意识到市场不仅能在规模化文化生产方面发挥重要作用，也能在公共文化服务提供方面发挥手段的和补充的作用。要破除"公共的＝完全非市场的""公共的＝政府包办的"这种观念。换句话说，虽然公共服务通常发生在"市场失灵"的地方，但在尚未足够体会市场灵验的地方，不能奢谈"市场失灵"①。浙江省在公共文化服务体制改革中就坚持如下原则："首先，在'积极加强公共文化事业的机构和队伍建设'方面，原有事业机构能够企业化的，就不要列为政府财政供养对象，能够引入企业化管理机制的，就不要因循原有事业单位的管理机制和办法；其次，在公共文化投入方面，能够吸引民间资金投入的，就不由政府单方面包办；再次，在许多公共文化设施管理方面，能够引入民间企业经营管理的，就不由政府直接经营；最后，在文化产品生产和提供方面，能够由民间文化组织提供生产和服务的，就不要由政府全部承担②。

第二，以"全新方式"构建公共文化服务体系还意味着，虽然公共文化服务的主体是政府，但这个政府不应是过去那种全能性政府，而应当是进行职能转变的、日益具备服务意识的现代型政府。在公共文化提供方面，需要尝试"政府主导、社会参与、市场运作"的模式。

第三，以"全新方式"构建公共文化还意味着，公共文化服务决策应当是一个程序性过程，这个过程应有专家咨询评估集团（由此可以引出非政府的第三社会部门问题）、应有包括传统的政府调研和现代的民意调查一类的采集公民的公共文化需求的方式。换句话说，要真正做到"贴近实际，贴近生活，贴近群众"，真正尊重公民的文化权利，就必

---

① 国家广播电影电视总局：《2006年中国广播电视年鉴》，中国广播电视年鉴社，2006年，第520、522页。
② 李景源、张晓明主编等：《浙江经验与中国发展（文化卷）》，社会科学文献出版社，2007年，第43页。

须杜绝以政府官员的想象来代替公共文化需求表达的情况。

第四，以"全新方式"构建公共文化服务体系最后还意味着应当改革包括文化拨款在内的公共财政。公共财政拨付不应是少数政府官员说了算。从这方面来看，现代中国公共文化服务体系的完善，不仅有赖于文化体制的自身变革，也有赖于中国行政体制、甚至全国人民代表大会职能的相关改革。从这个意义上说，文化体制的改革是开放性的，它能否实现自己的战略目标，还取决于其他领域的思想解放和体制改革。

总之，当代中国公共文化服务体系是发展中国文化的重要途径。在市场经济条件下，政府在公共服务体系的构建中也要尽量"退够进足"——"退够"才能"进足"。当然，把市场经济手段纳入公共文化服务是一个全新事物。如何最大限度地发挥市场的积极作用，又不改变"公共性"这一宗旨，还需要进行更多的体制机制探索。这也是我们认为需要更多观察和思考的问题。

六、余论：当代中国文化发展的问题和出路

在中国的文化政策中，越高层越权威的文化政策在谈论面临的困难时会越谨慎越笼统。因此，仅仅通过官方文化政策阅读很难概括出中国文化发展目前所面临的挑战。近年来，本课题组在研究中国文化体制改革方案、进行区域性文化发展调研时，对中国文化体制改革的一些难点形成了一些印象。这些问题有些是非根本性的，也就是说它们会随着改革进程的深入而自行消解的；也有一些问题是涉及根本的，也就是说如果这些问题不解决，中国文化体制改革就不可能彻底，甚至可能沦为一种"疑似改革"。概括起来，这些问题可列举如下：

第一，文化体制改革的负担过重。由于文化观念上依然保持着强烈的意识形态色彩，因此，文化发展要满足维护基本原则的要求，维护稳定和谐的要求，维护传统文化的要求，维护国家文化安全的要求，等

等①。这些要求使任何文化领域内的改革变得复杂艰难。

第二，中国文化领域从目前看来底数不清、情况不明。造成这种状况的原因首先与统计方式有关。文化领域统计分类中事业和产业不分，按照经济同质性进行的国民经济统计数据很难真实反映文化领域尤其是公共文化服务体系建设的资源状况。此外文化管理行业统计主要针对年审报表，年审报表与企事业会计报表有很大差别；等等。

此外，造成情况不明的另一个原因来自于体制。由于文化管理系统与一线机构脱节，对实际运作机构资源占用状况、使用效率、产出质量等等均不清楚。此外，近年来各文化管理机构以各种方式兴办了许多文化机构状况，民间非营利文化机构也不断出现，这个情况也难以廓清。再有就是因为中央财政和地方财政分灶吃饭，各个系统分别管理各种"工程"，致使国家财政投资文化渠道混乱、难以统计，等等。所有这些不清，都会影响文化政策的针对性或适切性。

第三，传统文化管理部门分合失据。所谓传统文化管理部门，指文化文物、新闻出版、广播影视部门。在文化体制改革期间，主要存在两种观点：一种观点是应该合并组建大文委；一种观点是应该继续分置。目前，许多作为改革试点的省份推出"文广新局"来替代原来的文化、广电、新闻三个机构，但调查表明，这种简单合并带来许多问题。显然，简单的合并，还是简单的维持不变，在今天都不是一个理想的解决方案。

第四，重要文化单位内部改革动力不足。形成于上世纪80年代和90年代的双轨制，使大批重要的国有文化事业单位形成刚性既得利益，希望保守住"两边得利"的局面。这种"双轨制"养成一个特殊利益群体，部分国有文化单位长期游离于文化市场之外②。新闻出版、广播电视行

---

① 潘一禾：《文化安全》，浙江大学出版社，2007年。
② 李舫，王建新：《打造文化产业战略投资者——北京市深化文化体制改革综述之一》，《人民日报》，2007年1月13日，第6版。

业的新闻类报纸、电台、电视台，实行事业体制，组建集团后采取事业集团企业化运营，广告是其主营业务之一，一些媒体主要靠广告，广告业务是完全市场化的。事业体制企业化运营本身存在诸多弊端，事业体制和企业体制下执行不同的会计制度，这就使造成许多不兼容的问题，同时也为利用不兼容进行寻租提供了空间①。这个情况提示我们，临时性的利益调整虽然会满足渐进性的发展要求，但也会造成"逆向的循环博弈"，利益要求不断上升，越来越难以满足，无端地抬升改革的成本。

第五，"闭门式改革"限制文化体制改革创新的活力。文化体制改革和文化经济发展理论研究不足，对文化领域改革发展形成负面影响。"闭门式改革"具有很大的不合理性：缺乏理论界和决策部门的交流，导致改革理论准备不足，继承教条多，理论和政策创新少；缺乏党政部门之间的合作，综合经济管理部门对文化体制改革参与甚少，导致一些不熟悉和不了解经济体制改革的人员片面制定改革方案，脱离文化体制实际，对文化领域特点兼顾不够；缺乏改革试点地区和单位之间的交流，不利于迅速扩大改革经验。一些地区改革试点吃小灶，经验过于"特殊"，没有推广价值。所有这些问题，都影响着中国文化体制改革的实践和理论研究。在经济体制改革已经20多年，成功经验举世公认的今天，我们完全有理由对文化体制改革充满信心，从闭门改革中走出来。

然而，所有这些问题不过是再次表明，中国文化的现代性转型充满着更大的复杂性。应对这些挑战和解决这些问题的唯一出路依然是，配合经济、社会和政治领域的转型进程，在文化领域坚持体制改革。2003年，李长春指出中国文化的体制机制在许多方面还不适应市场经济的要求，文化生产态势与国外发达国家有很大差距。他接着指出："改变上

---

① 有学者在2006年指出，事业单位体制实行的是一种多级循环的委托代理关系，所有成员都具有上级委托人和下一级代理人的双重身份，它是一个委托人监督成本较高而代理人监督积极性不足的体制，以至职务寻租和懈怠搭便车行为被效法不止，结果常使生产投入和利润剩余出现"合法性"渗漏。

述不适应的状况，根本的出路在改革。改革是发展先进文化、实现全面建设小康社会目标的必然要求，是积极应对加入世贸组织，参与国际文化竞争的重要举措，是加快文化建设、构建丰富多彩文化市场的强大动力，是保证宣传文化工作贴近实际、贴近生活、贴近群众，面向现代化、面向世界、面向未来的根本途径。实践呼唤改革，时代要求改革，基层呼吁改革，广大人民群众和文化工作者渴望改革。改则兴，不改则衰。我们一定要深刻认识文化建设和文化体制改革的战略意义，增强作好这项工作的责任感和紧迫感。"的确，"改革"是对中国文化政策10年的基本主题，也中国文化未来的唯一政策选择。

新的文化观及其三大主题*

本文所谓"文化观",是指国家政策层面上体现出来的文化意识。一国的文化观与其发展观密切相关——有什么样的发展观,就有相应的文化观。新世纪以来,我国政策层面的一个显著变化是强调发展观的转变。在冠名为"科学发展观"的新发展观中,文化不光代表着一个局部发展领域,更成为促使新发展观实现升级的重要因素。注重文化在未来发展中的支撑性作用,成为"新文化观"区别于"旧文化观"的本质特征。这里所谓"旧发展观"是个复数概念:它一方面指计划经济体制下形成的将文化全等于意识形态的观念;另一方面指改革开放前一阶段那种围绕着"GDP中心论"而生成的文化政策观念。本文参照近年来国际上围绕发展观的讨论,对我国新文化观的几个基本主题进行探讨。

一、文化观与发展观的链接

"新文化观"的全称是"新的文化发展观",它把文化与发展链接起来。要理解这个链接的意义,必须对文化与发展这两个概念的含义进行澄清。

谈到"文化发展",人们首先会想到"文化自身领域的发展"。什么是"文化的自身领域"呢?这本身就是许多论者感到费解的问题。不弄清这个问题,我们关于文化发展的谈论就将是概念混淆、思路不清的。

---

*本文刊发在 2007 年《哲学研究》第 11 期,为节约篇幅,删节 4000 字。

"文化"概念在学术史上有着难以计数的定义[①]。这些定义可分为两大类：一类是狭义文化定义，旨在从领域划分的意义上区分"什么是文化"或"什么不是文化"，找到文化不同于经济、社会乃至政治等其他领域的基本特征。基于这样的诉求，一个国家或地区的文化管理体制会引入相应标准对文化行业进行区别。2004年，我国国家统计局颁布的《文化及相关产业分类》把文化行业[②]分为（1）包括新闻、出版、广播电视和文化艺术服务等四大类的"文化产业核心层"；（2）包括网络文化服务、文化休闲娱乐服务和其他文化服务等大类"文化产业外围层"；（3）包括文化用品、设备的生产和销售这两大类的"相关文化产业层"。这9个大类之下又分为数以百计的次类；等等。透过外延性的分类，我们可以看出这里所指的狭义文化实际上是指诉诸观念的精神文化及其载体。

与上述狭义文化概念不同，广义文化概念认为文化就是人化，是人改造包括自然社会及自身在内的对象世界的活动及其积极成果，标志着人对自然状态的超越。从这个意义上讲，凡人类活动（包括经济与政治等活动）莫不是文化活动；凡人类历史莫不是文化史。

显然，狭义文化定义要求明确文化在领域划分意义上的特殊含义，广义文化概念却要求我们超越领域划分的约定。这两种界定方式各有其成立的理由。要把它们统一起来，就需要全面地认识文化的本质性特征：即文化是一种通过塑造人的心灵而影响整个人类世界的活动。所谓"塑造人的心灵"是说，狭义文化概念强调文化创造的直接目的是通过其多样性产品形式来塑造人的思想观念和价值取向、提高人的审美趣味和满足人们精神娱乐需求、增进人们精神的和谐感、幸福感和认同感，等等。

[①] 文化一词有多个定义，人类学家、社会学家、心理分析学家、哲学家、化学家、生物学家、经济学家、地理学家和政治学家等都从自己的视角给这个词赋义，随着上世纪下半叶符号学的盛行，对文化的定义更是难以计数。

[②] 国家统计局：《文化及相关产业分类》，2004年。

这就使文化活动与经济、政治等活动有所区别。然而，与这种狭义文化观念并无矛盾的是，广义文化概念凸显了文化的这样一种特性，即它把人自身作为一个文化产品来生产，并通过人而把人类世界当作文化产品来生产。正因为这样，文化活动的影响力决非狭义的文化创造的自身领域所能局限，它渗透在一个地区人们的经济、社会等一切领域的活动中。惟其如此，文化在经济社会的整体发展中才获得了发展"软实力""支撑力""凝聚力"等命名，我们也因此可以说"人在文化中"和"文化在人的活动中"，从而可以从文化的观点来观察、理解和解释所有领域的人类活动。

一旦建立了这种全面的文化意识，"文化发展"概念便相应具有以下含义：（1）它当然首先是指狭义文化自身领域的发展；（2）它同时要关注文化作为一种软实力而影响到经济、社会等其他领域的发展；（3）以人的发展为中介，文化自身的发展与其他领域的发展存在着明显的互动关系。在明确了这些概念后，文化与发展的链接便自然蕴涵着以下两个观察视角。

二、从文化看发展和从发展看文化

"从文化看发展"这一陈述中的"发展"，主要指一个国家或地区包括经济、社会或政治领域在内的整体性发展。这个视角要求我们不能就文化而论文化，而应关注作为软实力因素的文化发展对经济社会的整体发展具有怎样的影响？"从文化看发展"要求我们充分关注以下两大问题：

（1）对我们的后发型和转型时期的国家来说，以建立健全市场经济为中心的经济建设向来不只是局部发展领域的事情。它关乎我国长远的整体性的发展。为此，我国文化发展的主要任务是要从计划经济的桎梏中解放出来，让在民众中蕴藏的那些有利于市场经济发展的精神因素充分释放出来。许多发达地区的经验证明，释放的程度是否彻底直接决定着其市场经济发展的顺利与否。

（2）以经济建设为中心并不必然等同于以 GDP 增长为中心。把 GDP 增长当作衡量经济社会发展的唯一指标的旧发展观是短视的和片面的。为矫正这一偏差，新发展观在对"什么是发展"的问题作出新回答的同时，又相继提出并回答了诸如"怎样发展"与"为什么发展"等发展观上的根本问题，形成了一整套全新的整体性发展理念，并要求使这些理念落实为经济社会乃至人的全面发展的评价指标。必须看到，这种评价指标的基本内涵是"文化的"或"人文的"。它告诉我们，现代市场经济不仅在效率意义上要求确立一个完善的规则合理性系统，而且在发展内涵、发展方式和发展目的的评价上要求确立一个覆盖经济社会乃至人的发展的价值合理性系统。根据这个价值系统，判别一个社会的文明发展程度，不仅要看它在经济总量上提供了多少物质财富，更要看它的经济增长方式是否有利于人类未来的世代生存发展（这也是经济自身可持续发展的条件），看它在物质财富分配和各种社会权利保障方面是否有利于增进社会各阶层人群的幸福感和生活满意度，看它在相关文化发展方面是否有利于增进人的心灵和谐。显然，这一价值合理性系统的核心就是"以人为本"。事实上，自上世纪 80 年代起，"文化发展"或"人文发展"已在世界范围内获得了衡量区域整体发展水平的指标含义。联合国开发计划署《1992 年人文发展报告》指出："人文发展……把关于发展的对话扩大为不仅仅关注手段（GDP），而是关注终极目的。它从社会的终极目标获得启示。它使发展围绕着人的中心，而不是使人围绕着发展的中心[①]"。

总之，"从文化看发展"使我们认识到，新文化观是我国以往发展观获得提升的一个重要因素，是新的经济社会发展观的必然要求。文化

[①] 丹增：《文化产业发展论》，人民出版社，2005 年，第 44 页。

发展的意义决不仅仅是发展整体中的一个可有可无的领域，也不是发展整体中占有几分之一地位的领域。

相形之下，"从发展看文化"的视角要求我们从当今世界科技革命以及经济、政治、社会和文化交融的总体态势出发，从以经济建设为中心、坚持以人为本、统筹兼顾和全面发展的整体性发展理念出发，从满足大众对精神文化产品日益增长的需求出发，充分认识狭义文化发展领域所面临的发展要求。由此就要大力推进文化体制改革。这项改革要求解决好文化产品的两种提供方式问题：一个是按照市场经济的规律生产和提供文化产品，做大做强文化产业；另一个是要建立和发展与市场经济发展要求相适应的公共文化服务体系，探索以政府主导、社会参与的全新的公益性发展方式，以人为本地建设全面覆盖社会各阶层民众的公共文化服务的硬件和软件网络。文化体制改革的这两大任务不是彼此对立的，它们体现着文化发展在目的与手段上的统一。此外，它们还体现了一个主旨，即文化自身的发展应当顺应当今世界和中国发展的基本逻辑。

三、新文化观的三大主题

着眼于文化发展对我国全局发展的软实力效应，着眼于我国文化体制改革的基本任务，新的文化观当然就蕴涵着以下三大主题：

第一，形成与我国当下的基本经济制度相适应的思想观念，让文化软实力服务于发展的"硬道理"。

第二，顺应当今世界"经济文化化—文化经济化"的发展态势，顺应我国解放和发展文化生产力的历史要求，改革相关文化体制，让文化生产也变成一种"硬实力"。

第三，为落实新发展观关于推进和谐社会建设、缩小贫富差别和城乡差别、促进人的全面发展的要求，为最大限度地落实广大民众（尤其是农村和基层民众）的文化权利，改革相关文化体制，以全新方式重构公共文化服务体系。

下面，让我们分别对这三个主题进行扼要的说明。

（一）让文化软实力服务于发展的硬道理

天下至软者莫过于人的思想观念和价值取向，至硬者莫过于经济发展成就。"软""硬"这两个感性词汇因此成为文化和经济的标志性符号。经济考察优先关注物质现象，具有明确的观察领域和直观的统计指标体系。有赖于这些指标，经济发展自然被视为"硬实力"，经济发展也通常被表述为"硬道理"。相形之下，以思想观念为核心的文化是个充满渗透性和缺乏可衡量指标的"软"对象。渗透性使它显示出无所不在的跨领域性，缺乏可衡量指标意味着它的非直观性。由于这些特性，尽管人们一般地承认文化发展在经济社会发展中具有软实力特性，但也经常感到它是一种在实践上做不实、在理论上说不清的东西。进而言之，人们很难找到使"文化软实力"区别为"文化软无力"的基本尺度。

实际上，"软实力"与"硬实力"本来就是一对相互渗透、相互诠释的概念。① 在我国以经济建设为"第一要务"的发展时代，一个地区的文化软实力效应首先是通过它对市场经济发展的推动作用而得到彰显的。

---

① 上世纪 90 年代，美国哈佛大学教授约瑟夫·奈（Joseph Nye）相继发表了《世界实力特征的变化》《软实力》和《美国实力特征的变化》等系列论文和著作。他认为，冷战结束和现代信息技术的高速发展，使一个国家的软实力正在显示出与硬实力同等重要的影响力。硬实力以"强制力"（Coercion）方式产生影响，是一国实力的外部表现；软实力表现为"同化力"（cooptive power），体现着一国实力的内在功能。从内涵来看，军事和经济是硬实力的主要体现，而文化、政治价值和外交政策，则以其特有的凝聚力和同化力成为软实力的基本内涵。约瑟夫·奈尤其强调软实力与硬实力是相辅相成的概念，是一个统一实力的两种表现形式。应该看到，约瑟夫·奈的上述看法是服务于美国的对外政策的，但他对"软实力"概念的界定今天已远远超出国际政治领域而成为"文化"的一般代名词，他关于软实力与硬实力实际上是一种统一实力的两种表现的看法也已为人们广泛接受。

我国改革开放进程大体可以分为两大阶段：前20年大体可以被确定为市场经济体制的建立阶段；而世纪之交以来，我国发达地区相继开始进入市场经济体制的完善阶段。

与这两个阶段相适应，我们对发展问题的认识也经历了一个深化提升过程。在改革开放前一阶段，人们面临的首要问题是，"要不要"把经济建设（尤其是市场经济建设）当作中心任务？对此，邓小平明确提出"发展才是硬道理"。在当时语境下，该论断在相当程度上可以被合理地解读为"经济发展是硬道理"。应该看到，即使在已接近全面实现小康社会目标的今天，这一论断依然有效。

其次，随着我国市场经济体制的建立和完善，随着我国现代化发展过程的推移，究竟该怎样深入地理解发展，以及涉及发展方式的"怎样发展"和涉及发展目标的"为什么发展"等问题在世纪之交日益上升为关乎全局的问题。"怎样发展"在经济的意义上集中体现为，转变经济增长方式，完善市场经济秩序。而"怎样理解发展"及"怎样发展"问题的反省同时要求破除"发展只等于经济增长，经济增长只等于GDP增长"的简单思路，从而全面拓展和丰富对"发展是硬道理"的理解。正是基于这个反省，我们格外关注那种"坚持以人为本，树立全面、协调、可持续的发展观，促进经济社会和人的全面发展"的发展观。它正确表述了以经济建设为中心和全面发展的关系、加快发展和协调发展的关系、当前发展和可持续发展的关系。

那么，在我国市场经济的创建和完善过程中，文化发展担当怎样的使命呢？这就是"要形成与社会主义初级阶段基本经济制度相适应的思想观念和创业机制"。这段话指明了旨在"塑造人的心灵"的文化发展的一个长期任务，即要适应市场经济形成和走向成熟的内生性要求，在民众中形成一种特别有利于市场经济形成、发展和完善的精神要素。"精神要素"，用经济伦理的术语来说，就是指市场经济的基本伦理承诺。这些承诺的基本内涵是什么呢？对此，我们可以从西方经济伦理史的发展中获得一些启示。

发达国家市场经济的发展大体也经历了一个市场经济从形成到走向成熟这两大阶段。与此相适应，我们看到自德国思想家马克斯·韦伯以后，西方学者对市场经济赖以存在的基本伦理承诺的讨论大体围绕着以下两个问题：

其一，现代市场经济的形成需要怎样的基本伦理承诺？

其二，一个秩序良好的（well-ordered）现代市场经济需要怎样的基本伦理承诺？

第一个问题是西方许多经济伦理和经济史学者关注的主题。他们普遍认为，现代市场经济在结构和内生条件上与传统商品经济有很大不同，它要求与之匹配的基本伦理意识。在各种传统主义居于支配地位的背景下，要形成一种与现代市场经济要求相匹配的经济伦理，必须经历德国学者科斯洛夫斯基所说的观念"释放"过程[1]。"释放"就是要让那些在民间和传统中特别有利于市场经济的观念因素解放出来。这些因素包括牟利动机、节制意识、艰苦工作、精打细算、敢想敢做；等等[2]。它们在哲学上也可以被概括为个体性意识、主体性意识和实用理性意识。而所有这一切，都是要把人变成一个平等地享有权利和承担相应义务的政治主体，一个自主地享有财产权、生产权、交换权和消费权的经济主体。

然而，现代市场经济形成时期的基本伦理承诺在市场走向成熟时也显露出缺陷。由此，上述第二个问题，即"一个秩序良好的现代市场经济需要怎样的基本伦理承诺"，日益成为现代经济伦理探讨的另一个重要话题。如果说"释放"是现代市场经济形成时期的观念主题，现在"约束"或"规范"则上升为另外一个主题。应该看到，市场中的权利交换

---

[1] 王彤译：《资本主义的伦理学》，中国社会科学出版社，1996年2月版，第6页。

[2] 需要说明的是，适合市场经济的伦理准则究竟有多少条？这种实质性的而非形式化的追问是不会有统一答案的。

内在地要求一个良好的、以信用为基础的交往环境。缺乏这种信用环境和商业规范的竞争，一些地区的经济虽然可能通过不规范竞争在短时期内取得高速发展，但由于其交易成本（这是一个经济计算与伦理意识混成的概念）过高，最终会对市场经济的进一步发展形成巨大的阻碍。

事实证明，一个地区能否根据其经济和社会发展的内生要求，不断形成与市场经济发展相适应的群体性思想观念和价值取向，这是其市场经济能否得到顺利发展和持续具有活力发展的一个关键因素。而一个地方的市场经济能否顺利发展，也是判别其文化发展究竟是"软实力"还是"软无力"的基本尺度。让文化软实力服务于发展的硬道理，这是我国新文化观的首要和基本的主题。

（二）文化生产也是一种硬实力

新文化观要求关注的另外一大主题就是要改革相关文化体制，使我国文化生产也成为一种真正的"硬实力"。

虽然文化就其渗透性特征而言常常被概括为软实力，但它并非注定与"硬"无缘。一旦文化成为可以用硬指标衡量、可以对GDP增长有所贡献的社会生产力，它就是名副其实的"硬实力"。新世纪以来我国一系列纲领性文件对此有明确论述。2000年十五届五中全会报告首次提出要"推动文化产业的发展"。2002年十六大报告指出："发展文化产业是市场经济条件下繁荣社会主义文化、满足人民群众精神文化需求的重要途径。"

改革文化体制，推进文化建设，既是我国新时期文化自身领域发展的迫切要求，更是建立和完善市场经济体制的要求。改革的任务之一就是要按照市场经济的要求生产和提供文化产品，做大做强文化产业。

把文化产品生产和提供与市场链接起来，这是对长期以来认为文化与经济无关、文化远离经济的传统文化观的重大挑战。在计划经济体制下形成的旧文化观往往片面强调文化产品的意识形态属性而否认其商品属性，片面强调文化产品的教育功能而忽视其娱乐功能，片面强调文化生产的精英属性而忽视大众的文化消费权利。与此相适应的旧文化管理体制把国有事业单位当作文化产品的唯一提供主体。它削弱了文化生产者的创造力和想象力空间，导致我国文化生产效率低下，使文化的财政供养成为国家的沉重负担，并使我国在国际文化竞争中处于不利和被动的地位[1]。应当看到，即使在我国经济体制改革已经如火如荼地展开的时代，上述旧文化观依然具有很大影响。

但改革相关文化体制，发展文化产业已成为不可抗拒的大趋势。这里有两个大背景：（1）当今世界正处于从第一次现代化向第二次现代化转变的交叉点上，"文化与经济的相互交融"是这种转变的一个重要特征；（2）当今中国市场经济体制改革逐渐显示出强大的"外溢"效应，它要求把经济体制改革的成果推广到传统意义上的非经济产品生产领域。

1. 当今世界发展：文化与经济的交融是知识经济发展的新特征

从当今世界发展态势来看，上世纪70年代起，西方思想界开始对延续数百年之久的、以传统工业发展为主要内容的所谓"第一次现代化"进行全面反省。在此基础上，"第二次现代化"或"后现代发展"成为一种全新的发展诉求。由于一系列标志性著作的问世，第二次现代化获得了所谓"后工业化时代""第三次浪潮""数字化生存时代"等一系列名称[2]。在与文化相关的意义上，第二次现代化体现出一个重要特征，即十六大报告概括的"文化与经济的相互交融"。正是这种相互交融使第二次现代化获得了一个重要的命名，即"知识经济"。而所谓"文化经济"则是知识经济的题中应有之义。

---

[1] 陈立旭："发展文化产业，建设文化大省"，载《学者视野中的浙江文化大省建设》，浙江人民出版社，2001年，第186页。

[2] 丹尼尔·贝尔著：《后工业社会的来临》，高铦等译，商务印书馆，1984年；阿尔温·托夫勒著：《第三次浪潮》，朱志焱等译，三联出版社，1983年；尼葛洛庞蒂著：《数字化生存》，胡泳等译，海南出版社，1996年。

1996年，经济合作与发展组织（OECD）在其题为《以知识为基础的经济》（Knowledge-based Economy）的年度报告中断言，由于当时其24个成员国在高技术知识密集型产业中的产值已经超过国民生产总值的50%，因此发达国家正在进入知识经济时代[①]。知识经济首先显示出"经济文化化"的特征。经济领域的研发过程、产品包装、品牌和广告设计、人性化营销和服务等已经广泛涉及与狭义文化相关的"创意性"内容。与经济文化化形成共生互动的另一个趋势是"文化经济化"[②]。随着科技革命的出现和经济全球化的发展，原本远离市场的文化原创或生产活动全面进入市场领域。"文化产业""内容产业"或"创意产业"等一系列说法应运而生。应该看到，无论"经济文化化"还是"文化经济化"都清晰地表达了一条在当今世界范围内普遍有效的逻辑：文化产业的出现是一个自然历史过程，是传统经济发展到一定阶段和技术发展到一定水平的必然结果。

以上"交融"的发展态势使许多国家尤其是发达国家深深意识到，以"创意性"为本质特征的文化不仅是提高其经济发展水平、促进社会发展的重要因素，而且是应对外来文化挑战所应具备的民族凝聚力的基础，是强化综合国力或综合竞争力的软资源。因此，许多国家开始自觉地把文化发展纳入其基本国策，而"创意性"或"创意"成为这些国策的核心主题词。自上世纪90年代起，除美国之外的西方主要发达国家都着手正式出台旨在指导本国创意文化产业发展的官方文化政策。1993年，英国在经过3年准备、进行了60多次专项研讨之后率先出台《创意性的未来》（A Creative Future）的文件[③]；随后，澳大利亚联邦出台《创

[①] 经合组织：《以知识为基础的经济》，杨宏进等译，机械工业出版社，1997年，第4页、第18页。

[②] 丹增：《文化产业发展论》，人民出版社，2005年，第21页。

[③] 该文件全名为 A Creative Future: The way forward for Arts, Crafts and Media in England. 其中的 Creative 一词既可以被译为"创意性"，也可被译为"创造性"。

意性的民族》长篇文件。1998年，欧盟推出旨在建设"创意性的欧盟"的欧盟各国文化政策框架文件，这一框架成为数十个国家年度性文化政策文件的基本格式。与此同时，各种文化体制和机制创新方案和文化发展启动方案纷纷出台①。

2. 当今中国发展：市场经济发展在文化生产领域的"外溢"效应

基于"文化与经济交融"态势而出现的大规模文化生产在国际上还是全新现象。由此反观当代中国，我们得出一个估价：与发达国家相比，我们的市场经济历史短得多、起步晚得多，但我们在政策层面对文化发展与经济、政治、社会和人的全面发展的关注，对文化发展战略的关注，却与发达国家相去不远。我们国家的新发展观及其新文化观，吸收了当今世界发展的文明成果，体现了中国改革开放进程的内在逻辑要求。

第一，我国经济体制改革已经在物质和精神上取得了双重成果，它们同时提出了发展文化产业、改革相关文化体制的迫切要求。

从物质层面看，近30年的市场经济改革已经使我国人均GDP从上世纪70年代末的不足100美元跃升到今天的1700多美元。东部发达地区已整体跨入3000美元、4000美元和5000美元以上。在这个背景下，民众的精神文化需求也出现了一种质的跃升。相比之下，我国文化生产无论从数量还是质量上都难以填补这个迅速扩大的需求空间。而我国市场经济的发展、相对健全的市场体系的存在，使我们有可能经过探索，较快地使我国文化产业落地生根，发展壮大。

从精神层面看，解放和发展文化生产力也涉及思想解放的问题。但由于在创建市场经济初期，人们已经广泛经历了"要不要发展市场经济""市场经济是否天然等于资本主义"等一系列观念讨论的洗礼，因而在面对"要不要解放和发展文化生产力""发展文化产业是否天然地

---

① 李河：《发达国家当代文化政策一瞥》，载《2004年：中国文化产业发展报告》，张晓明等主编，社会科学文献出版社，2004年。

等于文化堕落"这类问题时,思想解放的难度相对降低。经济体制改革的经验告诉我们,正如同市场经济是"干出来的"而不是"说出来的",健康强大的文化产业也只能是在实践探索中而不是在争论和空谈中形成的。

第二,我国市场经济发展的成就告诉我们,经济竞争是经济实力的体现。同样,文化竞争也是文化实力的体现。要使文化生产成为一种硬实力,关键在于要迅速推进我国从文化资源大国向文化产业大国、文化流传大国向文化市场流通大国的转变速度。

资源的提升和转换利用、市场流通的迅速和便利是提高一国经济发展实力的关键。在文化领域中也是如此。我国向来是文化资源大国,也是一个传统文化源远流长的古国。但全球化的市场经济和技术发展进程昭示我们,文化资源大国并不注定就是一个文化产业强国,一种优秀传统在今天能否长远流传日益取决于它是否具有强大的市场流通能力。"流通决定流传"几乎成为当今世界文化发展的铁律。要真正关注我国长远的意识形态安全和文化安全、真正使我国优秀文化传统能够传之久远惠及子孙,就必须充分按照市场经济的要求,充分发展以高新技术为基础的我国文化创意产业。

第三,文化产品无论如何是个特殊商品。它与传统经济产品的区别在于确实具有意识形态属性,具有教化功能,还具有追求创造和卓越性的精品属性①。缺乏意识形态关注和教化功能的文化生产可能导致思想混乱,缺乏精品属性意识的文化生产可能导致普遍的趣味低俗。正是这种特殊性才使关于"要不要解放和发展文化生产力"的争论变得复杂化。

但是应当看到,当人们尚在争论要不要让文化产品走向市场时,一个自发形成的、通常是缺乏规范的和秩序不太良好的文化市场在我国已

---

① "卓越性"(Excellence)是当代许多西方国家文化政策中十分强调的文化产品特性,大约相当于我们所说的精品属性。关于"卓越性"的阐释可参见1994年10月出台的澳大利亚联邦文化政策:The Creative Nation。

广泛存在。正是这种状况使一些人对正在探索中的我国文化体制改革的质疑往往显示出正当性。但问题的症结也恰恰在于，这些质疑虽然常常是正当的，但在总体上依然是片面的和近视的。其片面性表现在，它们因为看到现有文化市场的某些弊端，就要求马上退到"市场之外"，在尚未充分体验"市场灵验"的情况下就奢谈"市场失灵"；其近视则表现在，它们只看到"发展中的问题"，看不到解决问题后的发展，看不到只有在经过挑战应战的过程中做大做强文化产业，我国新时期的意识形态安全才可得到根本保障，大众的文化素质才可以得到普遍提高。

对解放文化生产力的质疑要求我们关注这样两个问题：第一，如果说解放文化生产力特别侧重于解放文化产品的商品属性，而这同时意味着解放文化产品的娱乐属性，那么如何在新的条件下认识和解决意识形态的存在方式就是一个需要探讨的理论问题。第二，如果说在我国经济体制改革进程中，"要不要"市场经济和"怎样形成"一个秩序良好的市场经济曾经是两个先后出现的主题，那么对文化体制改革来说，"要不要"发展文化产业和"怎样形成"一个秩序良好的文化市场从一开始就是同时出现的主题。

无论面临多少困难和问题，我们都应当看到，我们国家关于解放和发展文化生产力的决策是符合当今世界发展态势和中国改革开放的发展逻辑的。新文化观必须对此予以充分关注。

（三）以全新方式重构公共文化服务体系

新文化观要求关注的第三大主题是要在市场经济背景下，以全新方式重构公共文化服务体系，使之服务于"经济社会和人的全面发展"的总目标。

公共文化服务是各级政府及其所领导的相关公共事业机构的责任。在计划经济时期，政府在文化方面似乎承担了"无限责任"，文化成为完全由事业单位生产和提供绝对公共品，包办文化成为政府职能"越位"的主要特征。在市场经济当中，少数地区的政府又在文化发展方面"放弃责任"，公共文化服务不作为成为政府"缺位"的主要特征。面对新发展观提出的经济、社会、文化和人的统筹协调发展的历史任务，如何以全新方式重构公共文化服务体系，成为考验当今政府执政能力的大问题。必须看到，"以全新方式"和"重构"构成了我国相关文化体制改革的两个关键主题词，它们提出的问题是：当我们基于对"市场失灵"的认识而强调公共文化服务的必要性时，如何使这种服务方式不回到计划经济的老路上去？这同时就意味着，怎样最大限度地借助"市场灵验"的手段来提高公共文化服务能力，使之服务于全面发展的总目标？

1. 充分认识重构公共文化服务体系的必要性

在社会事业中，公共文化服务是一项十分重要的内容。

我国文化发展的根本任务是要充分满足民众日益增长的精神文化需求。在上一节，我们已经指出在市场经济环境中发展文化产业是提供文化产品、尊重民众文化消费权利的一个重要途径。但是，市场经济的自身特点决定了它不可能完全出于文化公正的目的满足社会各阶层的文化需求，因此，政府所主导的公益性文化事业就必须承担起为人们提供公益性文化产品、提供文化商品的二次再分配和健全的公共文化服务的目的。这一要求尤其体现着一个合理社会的基本目的：那就是把所有人当作高质量的文化产品来生产。显然，一个强大高效的公共文化服务体系是生产有知识、有文化和高素质的人的重要方式。

应该看到，在我国市场经济崛起时期，国家有限的公共财政大多投入到与改善经济环境相关的公共基础设施上。如今，随着我国经济取得了巨大成就，许多发达地区公共财政资源相对充裕，政府开始有余力改善过去在义务教育、公共培训、医疗卫生保障和公共文化基础设施建设等方面欠账较多的局面。此外，由于过去发展的不平衡性，城市居民之间、城乡居民之间出现的两极分化问题，公共文化、教育和卫生等领域发展相对滞后的问题也日趋明显。所有这一切都不是单纯通过市场的自身发展就可以迎刃而解的。随着新发展观的提出，随着我国经济社会发展开始实现从自发到自觉的转变,人们已普遍认识到,公共文化服务体系建设对于清偿历史旧账、全面落实文化公正、缩小城乡差别和建设和谐社会,一句话,对于服务于新发展观所强调的推进经济社会和人的全面发展的总目标,都是当务之急。

2. 我国公共文化服务体系的含义和重点

"公共文化服务"是个很大的概念。通过考察我国发达地区的公共文化服务建设,我们认为我国公共文化服务体系应当是由三大网络交织而成:第一是领域网络。公共文化服务体系既包括通过思想道德教育提高公民文明素质的工作,又涵盖了传统"公共服务"所涉及的文化、教育、科技、卫生、体育等具体领域。第二是硬件网络。公共服务体系的硬件网络包括广播电视、光缆通讯和文化基础设施,它应当覆盖城市和乡村的所有地区。第三是社会阶层网络。我国公共文化服务的重点应当是城市基层居民、乡村居民和在建设中充当生力军的地区外来人口(农民工)。

只有实现了这三个网络的协同建设,我国文化发展才能真正有益于文明城市和新农村建设;才能真正起到增进民众的幸福感和认同感的目的;才能真正通过促进人们的心灵和谐以推进和谐社会建设的进程。

3. 充分认识重构公共文化服务体系的"全新方式"

如果说文化产业的主体是市场中的那些经营个体或企业,那么发展公共文化服务的首要责任主体则是政府及相关部门;如果说要做大做强文化产业唯有依靠市场,那么公共文化服务存在的合法性则首先是因为"市场失灵"。但是,这一切并不意味着政府在构建公共文化服务体系时应回到计划经济时期的传统模式,回到那种完全在市场之外、完全由政府包办的老路上去。我国一些发达地区结合自身实际,将重构公共文化服务体系的任务概括为"政府主导、社会参与、市场运作"这三句话,这是值得我们研究的。在这里,充分考虑市场经济的条件,充分借助市场经济的发展优势和发展手段,构成了构建公共文化服务体系的"全新方式"。这种全新方式与计划经济体制下的文化服务的区别是清楚的:

即政府不再全部包办公共文化服务，但要起主导作用；发挥社会民间力量参与公共文化服务，在市场经济的条件下既是必要的又是可能的；所谓市场运作是说既要依靠市场又要超越市场，要依靠市场是因为能够承办公共文化服务事业的社会民间力量是在市场中形成的，要超越市场是因为公共文化服务体系不像一般市场经营活动那样以盈利为目的，而是一种社会公益性事业。它直接以人为本，而不是以钱为本，人是它的直接出发点和归宿点。

在市场经济条件下，发展公益性的文化事业、构建公共文化服务体系过程中，既要努力破除"公共的等于完全非市场的"这一陈旧意识，也要防止把公益性的文化事业、公共文化服务体系办成营利性的文化产业。在市场经济条件下，所谓"公共性"强调的是目的，即出于社会公平或文化公正的目的来落实所有社会阶层的相关权利，这是"政府主导"一语的核心含义；而从实现这一目的的手段来看，它不仅不应当排斥市场，而且应当在可能范围内利用市场中发展起来的社会民间力量，从而形成广泛的"社会参与"、降低公共服务成本同时又提高服务效率。

我国许多市场经济发达地区已经对在市场经济条件下如何发展公共文化服务进行了积极的探索。其内容可以概括如下：首先，在"积极加强公共文化事业的机构和队伍建设"方面，原有事业机构能够企业化的，就不要列为政府财政供养对象，能够引入企业化管理机制的，就不要因循原有事业单位的管理机制和办法；其次，在公共文化投入方面，能够吸引民间资金投入的，就不由政府单方面包办；再次，在许多公共文化设施管理方面，能够引入民间企业经营管理的，就不由政府直接经营；最后，在文化产品生产和提供方面，能够由民间文化组织提供生产和服务的，就不要由政府全部承担。从这四条举措中可以看出，我国目前进行的文化体制改革实际上对以往的文化行业进行重新分类，应该并能够进入市场的，改变为文化企业；不应该或不能够进入市场的，则变为公益性的文化事业。在这类事业中，能够由社会民间力量愿意并能够举办的，就由社会民间力量举办。政府只举办必须由它来举办的部分。

总之，公共文化服务体系是发展新型文化的重要途径。在市场经济条件下，政府在公共服务体系的构建中也要尽量"退够进足"——"退够"才能"进足"。当然，把市场经济手段纳入公共文化服务是一个全新事物。如何最大限度地发挥市场的积极作用，又不改变"公共性"这一宗旨，还需要进行更多的体制机制探索。这也是我们认为需要更多观察和思考的问题。

文化创造力与有利于创造力的文化*

一、我们怀有深深的"文化创造力匮乏焦虑"

十八届三中全会关于"加快建设创新型国家"和"建设社会主义文化强国"的论述，再度引发人们对我国科技创新、人文社会科学创新、文化生产创新等话题的热议。所谓"再度引发"是说，类似的议论近年来已多次出现。它们一方面反映了我国经济社会发展的客观需求，同时也表现了一种普遍的、日益深重的"文化创造力匮乏焦虑"。几年前媒体谈论的"钱学森难题"，即"为什么中国老是冒不出杰出的人才？"就是这种焦虑的直接呈现，此外，每年一度的诺贝尔奖评选也日益成为我国的"集体焦虑日"。

上述焦虑不可小觑，因为它或会导致我们对自己已有成就的自疑：改革开放30多年，我们从一穷二白的国家一跃成为世界上GDP总量的老二，但"中国制造"而非"中国创造"的标签却让如此骄人的成就蒙上了一层灰色；中华人民共和国60多年，我们自信开创了前无古人的丰功伟业，但伟大的时代总要伴有震烁古今的科学成就或精神文化巨作，而我们在这些方面竟然乏善可陈——且不说艺术上无法比肩于文艺复兴的意大利、人文成就无法比拟于启蒙时代的法国，在文学和音乐上甚至也远不能与19世纪的沙俄时代相提并论；进而言之，我国现代化进程的启动已超过百年，但我们在世界科技、人文和艺术殿堂中至今没留下太多足以让后人向"我们这个剧变的时代"脱帽致敬的成就。极而言之，我们在2020年或将达成"小康中国"，我们在本世纪中叶也有望成为

---

*本文发表于《瞭望中国》，2014年第5期（2月20日）。

一个"世界强国",但如果文化创造力匮乏的情况不有所更变,我们便很难想象什么时候才能成就一个"文明中国"——一个向世界贡献了一种文明典范或典范文明的中国。

焦虑深重乃是因为自期者甚大,以此观之,国人普遍关注"文化创造力匮乏"是个好事。但如何才能提升民族的文化创造力呢?依笔者看来,几十年来的议论,多不及鲁迅先生在《论天才与土壤》中说得透彻:"天才并不是自生自长在深林荒野里的怪物,而是由可以使天才生长的民众产生、长育出来的。所以没有这种民众,就没有天才。……天才大半是天赋的;独有这培养天才的泥土,似乎大家都可以做。做土的功效,比要求天才还切近;否则,纵有成千成百的天才,也因为没有泥土,不能发达,要像一碟子绿豆芽。"这段文字提示着一个逻辑:"文化创造力"的提升,根本说来依赖于一种"有利于创造力的文化"。后者是"土壤",前者是"果实"。一个民族若缺少有利于创造力的"土壤",或其土壤里缺少了有利于创造力的重要元素,那它无论使用多少行政手段,也难以彻底解决文化创造力匮乏的焦虑。那么都有哪些元素有利于创造力的培育呢?以下试举两端。

二、文化创造力的强弱取决于一个民族在多大程度上具有超越性精神传统

谈到民族的科技创新力或文化创造力,许多人喜欢引用作为诺贝尔奖第一获奖大户的犹太人作为谈资。根据百度百科提供的数字,占人类总数不到0.25%的犹太人在百年中获得了27%的诺贝尔奖,是全球平均水平的108倍。其中,1969年推出的诺贝尔经济学奖,60%以上的获奖者是犹太人。

犹太人在人类知识和艺术领域中的卓越表现已为世人熟知,这里不必赘述。现在要问的是"为什么"?

众所周知，自公元 1 世纪到以色列建国前的 2000 年里，犹太民族一直居无定所，散处于世界各国。在如此漫长的时间中，让这个历经苦难的民族始终保持其生活和文化特质的首要的和第一的原因是犹太人始终保持着一种超越精神。这种得到保存的超越性精神至少具有两大功效：第一，就个体而言，超越性精神有助于人们挣脱由物质的、功利的名缰利锁，全身心投入精神性的、思想性的和终极性的关怀之中。它构成了人的"真诚"或"虔诚"品质的内在根基。而"真诚"或"虔诚"恰是伟大的科学家、人文社会学家或艺术家的必备品质。即使是普通民众，只要具备了这样的品质，也会成为一个民族"文化创造力"得以孕育的最佳土壤。第二，就科学乃至任何学术研究而言，一个具有超越性精神的学者决不会仅仅满足于申请或完成项目、控制大额的项目经费、跻身于百人千人或万人计划等，他更关心的是事物的究竟之理，他会在思想之路上走得更高更远——这正是"科学白领"与"科学巨匠"的根本区别所在！

显然，超越性的精神恰是一个民族科技创新、人文社科创新和艺术创新的内在动力，由此可以解释一些在我们这里看似难解的问题：为什么在那些科学发达的国家，宗教依然有存身的余地？为什么西方一些大的科学家并不拒斥信仰？

当然，有人会说我们这里多年来也一再强调，一个民族要有精神，要有崇高的信仰，但不容否认的是，在现实中，我们的信仰培育和保持机制却与地位、权力和金钱等有着太多的纠缠。宣示高尚的信仰往往成为人们获取世俗利益的手段。这样的信仰别说谈不上真正的超越性，而且容易沦为虚伪。目前国内关于知识群体被权力与金钱绑架的大量报道就证明这一点。

三、提升文化创造力的制度性前提是让文化按照自身的逻辑生长

除了超越性的精神传统，要提升民族文化创造力，还需有良好的制度保障。所谓"良好的"制度，应该是符合科学发展和文化生长规律的制度，而不是相反。

上文谈到普遍存在的"文化创造力匮乏焦虑"，其实这些年来更让人焦虑的是有关部门解决这种焦虑的惯常做法。至迟从上世纪末以来，我们看到不少部门为提高科技创新或人文社科创新能力，以翻烙饼一样的速率尝试了多种所谓"体制机制创新"。但不容否认的是，一些创新尝试未能让"精品"涌流，反倒带来了更多的学术"伪次产品"。让笔者时常感到不解的是，有关部门好像根本没意识到一个简单的事实：我国文化创造力匮乏的症候不仅在于"精品"过少，而且在于"伪次产品"太多！这两个症候其实都源于一个原因，那就是其创新体制往往违背学术或文化自身的发展规律。

即以笔者所在的人文社科研究领域为例，10余年前这里出现了课题制改革，此后对付课题项目成为大多学者的主要任务。课题制或许有很多优点，但在我们的国情之下，它确实包含着一些与学术发展规律相悖的地方。譬如，课题制大多要求快出或多出产品，这背后其实隐含着一种市场上的逻辑：一个产品，投入相对少，产出相对快，效益则相对高。但许多人文社科研究的生产则往往遵循着另一个逻辑：一个产品，投入相对高，产出相对慢，则含金量越高。此外，课题制往往鼓励一些集体性操作的大项目，但我们都知道，许多集体性课题其实是最少学术含量的。除了课题主持人，其他参加者往往要拖到最后期限到来前才会仓促上手对付了事。更为重要的是，真正有创造力的人文社科研究向来看重的是个人的研究，是个人的充满个性的研究。若再多说一些，在目前官本位的学术体制下，许多课题尤其是重大课题的真正受益者往往是

官员或具有官员地位的学者，这不仅会造成课题的申请者与实施者分离，更会使大量课题呈现非学术化或伪学术化倾向。这些伪学术课题正是学术"伪次产品"大量产生的一个重要源头。

  因此对我们民族来说，最值得担忧的是在体制创新的名义下，以违背学术本性的方式去做学术，以违背文化发展的规律去做文化。再推到根本，造成我们文化匮乏的根本原因是我们民族近代以来对知识本身缺乏真正的尊重。这些年来，官员、商人和演艺者成为"当代英雄"，这无可厚非。但形成反差的是，"知识分子"一词却一直保留着浓重的负面含义。近来网络媒体上"叫兽""砖家"等说法满天飞，这固然是对一些无行文人的贬斥，但也助长着社会中长久弥漫的反智主义。由此联想到"知识分子是工人阶级一部分"的说法。应该说，这个论断在30多年前问世之初确实具有巨大的解放含义，它一举扭转了当时知识分子的臭老九地位。但今天再看这个说法，我们不免会问：在一个知识分子必须要攀附其他社会阶层才能获得其合法性的社会里，"科技创新力"或"文化创造力"怎么能按照其自身的本性得到"充分涌流"呢？这个问题值得人们深长思之。

中国文化走出去应关注"可分享价值"

一、文化走出去应以直指人心、满足域外民众文化需求为指归

十几年来，中国的"文化走出去"不乏业绩。我国通过兴办或收购等形式已在海外传媒中拥有一席之地；自2004年在首尔开办第一家孔子学院起，国家汉办已在122个国家开办了457家孔子学院和707家孔子课堂，其中多半分布在欧美；包括中国作品外向推介、出版、演艺、书画艺术和设计等内容的海外中国节活动，从规模到效果都有长足发展；此外中国影视对外出口也有较大起色。

但毋庸讳言，我国"文化走出去"在实施层面有个与国内文化建设类似的通病：关心数据，忽略效果；关心硬件建设，忽略效应评价；只问是否走出国门，不问是否入脑入心；一句话，只关心外延性增长指标，不关心其内涵性的真实影响力。海外赠票演出，在维也纳金色大厅自己给自己演唱，这种种现象的出现盖源于此。

"文化走出去"如果不关心入脑入心，走出去的就肯定不是文化，因为文化影响力的本质特性就在于"直指人心"，这是它与经济或政治影响力的区别所在。人心即天下，人心唯有文化能化育，对此中国儒家传统有着深刻的洞识。孔子说："远人不服则修文德以来之。"所谓"修文德以来之"，就是要培育让远人信服、服膺乃至认同的文化。孟子说："得天下有道，得其民，斯得天下矣。得其民有道，得其心，斯得民矣。"文化影响力，就是"得其心"的能力。

因此，中国文化走出去应以赢得域外民心为旨归，简单地说就是要赢得域外民众对中国的好感。这种好感度是有差异的：它或许仅仅是一

种想了解中国的愿望，但这种愿望也可以升华为一种信任，升华为一种认同渴望，甚至可以变成对中国文化的完全着迷或服膺。据此而论，中国文化能否真正走出去，直接影响着域外民众对中国的民心向背！

如何赢得域外民心，如何赢得域外各阶层人群的好感，这是探讨中国文化走出去时不能不思考的问题。

二、对外文化交流既要特色论，更要与域外民众共同探寻可分享价值

必须说明，让域外民众信服于一国文化并非幻想，中国对此有着傲人的记忆。美国麻省理工学院汉学家白鲁恂（Lucian Pye）有一句名言："中国是个伪装成一个国家的文明。"（China is a civilization pretending to be a state.）该说法提示着一个重要事实：19世纪前的两千年里，中国一直是东亚地区的"文明中心"，其经典文献、语言文字、典章制度等素为周边国家所服膺效仿。显然，那时的中国是个"文明型国家"。古往今来，旋生旋灭的国家何止万千，盛极一时的强国或霸道之国也不在少数，但称得上"文明型国家"的国家寥若晨星。当然，19世纪后中国逐渐丧失了"文明型国家"的地位。今天，当它可能成为全球性国家之时，我们应追问的第一问题是：如果说崛起的中国对全球经济多领域的贡献率在快速提升，那么它对世界文化发展的贡献率究竟有多大？能够有多大？这种对世界文化的贡献率，说到底就是向世界贡献一种文明典范或典范文明的能力，是中国能否再度成为"文明型国家"的能力。而成为"文明型国家"，应当是时下热议的中华民族伟大复兴的要义所在！

从建设全新"文明型国家"的高度来定位中国文化走出去，有必要对以往的原则和方式进行反省。

成为有影响力的全球性大国或"文明型国家"，在区域或国际政治方面的意义就在于，要使"我的道路"成为"我们的道路"，使"我的

理想"成为"我们的理想",使"我的文化诉求"成为"我们的文化诉求"。因而,它要坚持"特色论",也要超越"特色论"。所谓超越"特色论",就是要坚持两点论。就中国文化走出去来说,这意味着既要坚持在核心价值上"以我为主""特色论",也要积极寻求与域外民众共同构建"可分享价值"(shareable value)。

"可分享价值"不同于"普世价值"。如果说"普世价值"背后预设着一条绝对命令式的发展模式,"可分享价值"则产生于渠道多样、内容广泛的国际交流:它依托着现代文化贸易和服务、学术交流、大众旅游以及各类民营—民间组织的积极互动等多种方式。

一旦接纳"可分享价值"观念,我国"文化走出去"的方式必定会出现调整。如果说长期以来我国对外文化交流主要是"国家本位"的,那么现在的对外文化政策就应更加关注民营—民间组织在文化贸易、国际文化交流中的积极作用,促进公共文化外交的活跃发展。

文明对话:"学习的民族"之间的对话*

"文明对话":从"应当"到"能够"

"文明对话"是冷战结束后出现的重要话语。civilizations 意味着当今世界中各种以文化为基础的(cultural value based)经济—政治—社会统一体,而 dialogue 则希望成为解决这些统一体之间关系的新的国际秩序准则。

然而,"文明对话"原则从一开始就面临着从"应当"到"能够"的基本困境。主要表现在以下三个方面:

1. 从逻辑上说,"文明对话"要求对话双方都要具有平等的对话愿望,如果一方没有,"冲突"的潜在可能性就已经存在。

2. "文明对话"要求文明主体除了在经济和技术方面采取开放态度,同时更要求具有开放的文化心态。一旦我们(像亨廷顿那样)假定,各大文明在价值层面上是傲慢的、排他性的,那么冲突就不可避免。

3. 在当今世界中,人们习惯于把不同社会评价为现代的和前现代的;把生存价值区别为普遍适用的和完全不适用的。在此基础上,西方/西方以外(west/rest)的对立表现为"教师爷民族"(teaching nation)和"学习的民族"(learning nation)的对立。这是"文明对话"难以落实的一个重要原因。

出于上述原因,我们看到虽然"文明对话"在"应当"的伦理意义上无可置疑,但"文明冲突"却日益成为当前国际政治的现实。

面对上述矛盾,单靠伦理学的解决方案是不行的。因为对话所需要

---

* 本文是 2014 年 10 月起草的对外文化政策建议稿。

的平等意识不是通过呼吁或道德命令就可以形成的。作为中国的教育管理者，我们认为"文明对话"的真正长远的基础在于，形成以"塑造学习的民族"为宗旨的面向新世纪的教育战略。"塑造学习的民族"，是改变传统文明的狭隘心态的唯一手段；"成为学习的民族"是使处在不同发展阶段的世界各国可以进行平等对话、共同进步的唯一基础。因此，"塑造学习的民族"，应当是当今世界各国（无论是发达国家还是不发达国家）教育的共同使命。

一、成为"学习的民族"——中国传统文化的优秀遗产

"塑造学习的民族"一直是中国现代教育的重要宗旨。这首先是因为，我们的传统一向存在着"成为学习的民族"的重要历史遗产。

中国是"四大轴心文明"（雅斯贝尔斯语）之一。中国文明的一个重要特征就是：它的文化主流在于塑造一种"学习的民族"。在此我们可以给出以下几个重要证据：

1. 中国这一文明，亦被称为以孔子的名字命名的"儒家文明"。孔子不是一个狭义的宗教领袖，而是一个教育家。"学习"是儒家精神中的一个基本主题。

中国儒家第一部系统经典是《大学》（Da Xue），其英文本译名是 Great Learning。此外，孔子的著作《论语》，其第一章名为"学而"（Learning）：学而时习之，不亦乐乎。……三人行，必有我师焉。

学习的宗旨，按照孔子之后的著名思想家荀子的说法，是为了"成人"。因此，所谓"人"（human being）在中国人思想中直接意味着"成人"（being human）。"学习"是"成人"的基本方式，"学习"要求人"虚怀若谷"。在中国文化中，"满招损，谦受益"一直是个人、家庭、从业的基本准则。

2. 成为"学习的民族"在中国对佛教的接受过程中得到鲜明体现。

中国自公元70年（东汉）左右开始接触佛教。由儒家知识分子、佛教徒对佛经进行的大量翻译历经800余年。在很长时间中，这种翻译是受到当时中央政府直接支持的。由此形成完整的、自成体系的"中国佛教"Chinese Buddhism。这种以完全和平的方式保存和涵化另一宗教文明的例证在世界史上是不多见的。（梁启超：19世纪末日本《佛教术语词典》收集了在汉语中的30000余条佛教语汇）。

佛教的接受表现了中国传统文明在其核心层面一向存在着开放性，而较少排他性。一个重要的事实是，中国历史上没有出现任何大规模的、严格意义的宗教间战争。

3. 对佛教的接受并非中国这个"学习的民族"的孤证。自公元570年起，中国开始大量翻译西方宗教和科学文献，历经400年不衰，并在最近150年达到高潮。这种翻译覆盖了宗教、科技、法律和政治制度，乃至文学、艺术和哲学各个层面。如果说翻译使中国人具有了现代世界视野，教育则塑造了现代中国人的整体面貌。中国现代化进程中的重大转折是1905年废除科举制度。它完全终止了中国传统的教育制度，全面建立了现代的、门类齐全的教育体系。它直接导致中国文献书面语言的彻底变化，改变了中国人的物质世界和观念世界。尽管从理论上说，我们依然使用着数千年来一直传承下来的汉语，但现代中国语言的内容和用法发生了重大变化。据统计，现代汉语80%的理论语汇来自翻译，科学语言更是如此。现代中国是一个由翻译支撑的民族。

显然，中华文明在价值层面上的开放性，是与它对"学习"这一生存取向的鼓励密切相关的。"学习"不同于"宽容"（tolerance）或"宽恕"（forgiving）。后两者固然也是美德，但依然是以否定的眼光来看待他人与我们的差异，认为我们需要以节制的态度容忍差异，它并不预设人们应当以同情的（sympathetic）、设身处地的（empathic）态度去主动地了解对方。因此，它们只是一种消极意义的美德（virtues in negative sense）。但"学习"则不同，它要求我们以积极的、甚至是欣赏的态度来看待他人与我们的差异，在其中找到我们可以积极共享、丰富自己的东西，因而是积极的美德（virtues in positive sense）。一旦具有这种积极的美德，文明对话就成为题中应有之义。

二、开放：中国现代教育的基本宗旨

20世纪80年代，在率先从冷战思维模式中解放出来之后，中国社会进入了新一轮的、前所未有的制度创新进程。该进程以"开放政策"为基本标志。开放意味着"面向世界""面向未来"。

中国的开放是在稳健的、不断进行自我评估和设计的基础上实施的。我们既要解决目前面临的困难，又要具有长久的战略眼光。在此前提下，中国依次启动了农村改革、国有企业的改革，全面建立了市场经济体制。不久前中国加入了WTO，这标志着中国经济已经成为全球化经济的重要组成部分。目前，中国的改革已经深入到文化领域，其宗旨是全面建立与市场经济社会相适应的文化体制，全面发展文化产业和以文化为基础的经济。

教育是文化发展的重要内容。中国政府从80年代初就把现代教育纳入国家发展的总体战略。"科教兴国""教育立国"成为全民族的奋斗目标，其目的是使我们成为一个"教育民族"，也就是不断学习的民族。

中国的现代化教育承担着一些十分紧迫的任务。首先，它要提高全民族的文化素质，因此，推行义务教育、改善不同地区和不同民族的教育不平衡局面成为我国20年来教育发展的一个主要任务。在这里，我们制定了一系列教育优先和优惠政策（例证和数字）。

中国的教育还直接服务于国家的科技进步和经济发展。在20年中，我们培养了大量科技和市场管理人才（例证和数字）。这种教育当然是以"学习"和"开放"为宗旨的。为改变中国经济和社会的落后局面，我们需要学习国外的先进科技和市场管理经验。自80年代初，中国学子到国外求学的规模日益扩大（数字），这不仅推动了中国的经济、社会发展，也为当代世界作出了自己的贡献。留学热潮带动了中国的外语教学。中国外语教学不仅在正规学校中进行，而且还有各种民办的夜校或培训班（新东方的例子）。

然而，培养科技人才并非中国教育的唯一目的。因为单纯追求科技和经济的高度发展，可能塑造出单向度的（one-sided）个人和单向度的民族。它蕴涵的潜在目标是，在弱肉强食的世界中成为一个"teaching nation"。中国现代教育是以"成人"（being human）为宗旨的。教育就是教化，培育每个人和整个民族的不断学习能力和欲望，培育人的开放心态，以汲取人类发展的一切成果。

在此基础上，中国现代教育尤其关心全面的"素质教育"。在这里，中国的人文教育已经消解了一度存在的所谓"中西对立""中外对立"意识。在从儿童、小学、中学和高中的语言、历史、音乐和绘画等教育中，语际性的（inter-lingual）和跨文化的（trans-cultural）资源同我们自己的传统资源一样为年轻一代所熟悉。这里不存在 west/east 的对立。这种教育不仅为了使受教育者获得关于当代世界的知识和视野，更重要的是使他们获得了解这个变化的世界的强烈愿望。应当说，中国的教育者已经在相当程度上将文明对话的积极成果落实到教育实践，而这种实践的目的依然是塑造现代性的"学习的民族"。

与当代许多国家不同的是，中国现代教育除了要面向世界、面向未来之外，目前正在加强"面向过去"的工作。因为在过去 100 年中，中国古典传统的解构程度实为世界各大文明所仅见。如何向我们的文化遗产学习，如何在现代化进程中重新理解自己的资源，成为我们的新课题。它不仅有助于重新塑造我们的自我认同，而且对于丰富当代世界的文化多样性也有积极的意义。

因此，对现代中国而言，文明对话是一个已经获得了很大成果的内部实践。向国外学习、向未来学习、向自己的过去学习，我们就处在这三个维度的交叉点上。

三、保持学习的态度，永远不作"teaching nation"（教师爷民族）

基于开放态度和学习精神的中国现代化建设已经取得了举世瞩目的成就。我们在很短时间内就使人民的生活水平有了较大改善，科技文化水平有了长足发展。这一切都得益于我们致力于塑造并努力成为一个"学习的民族"。

然而在当代这个崇尚力量的世界，一个高速度发展的民族往往会使人们产生一种疑虑，即它会逐步变成一个具有支配欲望的、傲慢的民族，蜕变为狭隘民族主义的或帝国主义的力量。这种疑虑是有理由的。因为这个世界不仅在总体上还未摆脱冷战思维模式，甚至也远未摆脱社会达尔文主义的幽灵。这就使文明对话变得格外困难，变得像是一种幼稚的道德理想主义。

目前的全球化进程是由经济、技术的高度发展所带动的，而它正在迅速深刻地触及各个文明、各个经济—政治—社会统一体所依赖的制度结构和文化价值基础。在这个经济、科技水平和社会发展水平不平衡的世界，在这个从不同历史中孕育出的多元文化世界，如何构成一种新的全球秩序和规则系统，是世界各国面临的共同问题。在这里，我们可能碰到三种态度：

第一，拒绝向外部世界、向未来学习的态度。无论这种态度的形成是出于历史的、政治的还是其他什么原因，它对于一个国家的健康发展，对于国内人民生活水平的提高和处理国际关系都是有害的。

第二，以"教师爷民族"的身份向其他国家推行其政治—伦理信念的态度。这种态度习惯于认为，某个国家自己的问题应当是世界的共同问题，它的答案是世界的共同答案，它们的意识就是世界意识。在此基础上，我们看到所谓西方/西方以外的对立，在具有"教师爷民族"意识的国家看来，这就是普遍价值与过时价值之间的分立。因而，它们不惜怀着传教士的热情、以强制的甚至是武力的方式推行自己的政治—伦理信念。

第三，"学习的态度"，只有它才是文明对话从"应当"到"能够"的实现条件。需要说明的是，前两种态度恰恰都是"拒绝学习"的态度，它们是当今世界冲突的重要原因。

现在的复杂性在于：冲突总是在不同社会制度之间发生，然而，我们可以假想，如果没有学习的态度，将来仍会有自由人、理性人和民主制度之间的战争。

应当说明的是，我们十分重视近年来国际上关于"普遍价值"的讨论。在这里，孕育于西方启蒙时代的人权、理性、宽容等原则得到推荐，其他文明也将"正义"（justice）等观念提升出来。中国儒家的金则（golden rule）"己所不欲，勿施于人"也被纳入其中。不论这种讨论具有多少问题，它表现了一种积极的愿望，即人们希望从各个文明的资源中开发出全球共同体和谐相处、健康发展的共同准则。

政治必须以伦理为先导，否则就是强权。

然而，是否存在着放之四海而皆准的普遍价值是一回事，如何使这些普遍价值普遍化则是另外一回事。在当今世界中，后一个问题尤其应当引起我们的关注和讨论。我们注意到，一些"教师爷民族"强制推行自己的价值信念并非没有经济的和维护支配性地位的全球战略的考虑，但这不是我们现在考量的重点。此外，我们也不必然认为，它们以强制的方式推行的价值本身就是不好的。事实上，如前所述，我们在自己的发展中一直在根据自己的发展程度学习那些积极价值。事实上，早在1916年到1919年，提倡人权、科学、民族是中国新文化运动的重要内容。然而，我们不赞成的是一种价值（即使其自身是一种具有潜在普遍性的善的价值）的推行方式。在我们看来，目的的合理性是与手段的合理性不可分割的。面对当前的国际政治现实，我们甚至要说，手段的文明要高于目的的文明。

"对话"就是一种需要高度文明意识的手段，这种手段本身就传递着谦虚、同情、设身处地、与人为善、不谋求宰制他人和"己所不欲，勿施于人"的普遍价值。它们正是单向度的"理性"价值所缺少的。而"冲突"、强制推行，即使是服务于高尚目的，其本身传递的恰恰是一种消极价值：对力量的崇拜、对宰制的迷恋、对公正的败坏、对他人境况的漠视。这些价值是造成当今文明间、国家间猜疑、误解甚至有意误导的主要原因。它们是罗马式帝国主义的价值。

对力量的崇拜使人傲慢，对文化多样性的接受使人谦虚。谦虚是我们中国人崇尚的美德。我们向来奉行一个原则：虚心使人进步，骄傲使人落后。谦虚才能使我们一向抱着向他人学习的态度投入对话。而傲慢是我们中国人一向反对的品质，中国有句成语"好为人师"，批评的就是那种傲慢。事实上，整个世界百余年的现代化历史，用新中国的创始人毛泽东的话说，往往是"老师打学生"的历史。因此，在"教师爷民族"和"学习的民族"分立的世界上，文明对话不可能有基础。文明对话从根本上说只能是"学习的民族"之间的对话。它所期许的未来世界，应当是一个摆脱了陈旧的经济食物链秩序、摆脱了政治—伦理霸权意识的世界，一个在较弱意义上互相宽容，在较强意义上互相学习的世界。

因此，以"塑造学习的民族"为宗旨的中国开放政策决不是权宜之计，我们从自己的历史、从当代国际现实已经认识到，它是一个国家保持健康发展，是国际社会走上健康的全球化之路的唯一出路和保障。我们，并希望通过我们的教育使我们的子孙都秉持一个信念：中国决不作教师爷民族。同时，我们希望向世界所有国家和文明，尤其是那些发达国家推荐这个原则。不断地促进开放，塑造"学习的民族"，应当是各国教育工作者为明天的世界肩负起的重要使命。

第二编 当代外国文化政策管窥

发达国家当代文化政策一瞥*

当前的文化体制改革不仅是我国经济体制改革在文化领域中的全面推进，也是为积极应对发达国家文化产业发展和扩张态势，从而逐步缩小和改善在文化生产和传播领域中现存的"西强我弱"格局。无论从经验借鉴还是对策需要上看，我们都需要关注国外的尤其是发达国家的文化政策。

所谓"文化政策"一般是指"指导某一社会共同体处理文化事务的价值和原则"①。它既可以是国家的官方政策，也可以是某一教育部门和企业等社会实体所奉行部门准则，还可以是在人们处理文化事务的日常行为中体现出来的"事实上的政策"（de facto cultural policy）。本文关注的主要是诉诸正式文本的国家文化政策。

体现着国家意志的文化政策并非当代才有。《法国文化政策》开篇指出，其渊源可以上溯到200多年前王室对文化活动的庇护政策。那些历史较长的国家如英国、俄罗斯和瑞典也都如此。甚至像美国这样年轻的国家，其文化管理的基本准则也可以追溯到18世纪末出现的宪法第一修正案。然而，本文主要关注的发达国家在上世纪80至90年代以后相继出台的当代文化政策，它们是这些国家为因应新的时代变局而对其文化发展战略进行自觉调整的产物。

---

* 本文刊载于《2004年：中国文化产业发展报告》，社科文献出版社，2004年2月版。

① 范中汇：《英国文化》，文化艺术出版社，2003年，第27页。

一、以"创意"姿态面向未来——发达国家文化政策的主旋律

上世纪80至90年代有两类值得关注的重要现象。首先从国际背景看，1982年联合国教科文组织（UNESCO）在墨西哥城召开"世界文化政策大会"。会议明确把人文—文化发展纳入全球经济、政治和社会的一体化进程，并把推动文化发展当作各国政府面临新世纪所应当作出的承诺。15年后的1997年，联合国教科文组织又出台《联合国世界文化发展10年（1988—1997）》，明确提出，要提高对全球人类共同体的人文—文化关怀，进一步促进经济—政治—文化的融合。1998年3月，联合国文化与发展委员会在斯德哥尔摩举行主题为"促进发展的文化政策"（Cultural Police for Development）的政府间会议，并同时出版两年一度的《世界文化发展报告》。斯德哥尔摩会议的行动方案（Action Plan）敦促世界各国"设计和出台文化政策或更新已有的文化政策，将它们当作可持续性发展中的一项重要内容"[1]。

在这个大背景下，英国率先将面向新时代的文化战略调整提到议事日程上来。早在1990年，英国文化委员会就接受政府委托，会同英国电影协会和手工艺委员等从事英国文化发展战略的起草工作。经过两年的调研、研讨和论证，在1992年形成"国家文化艺术发展战略"讨论稿。1993年以《创意的未来》（The Future of Creativity）为题正式公布，"这是英国有史以来首次以官方文件的方式颁布的国家文化政策"[2]。这里的"创意"（creativity）一词是"文化生产"的代名词，因为它是文化生产的精义所在。在英国之后，以"创意"为主题来制定文化政策的做

---

[1] Culture & Unesco: Cultural Policy Recources. www.unesco.org/culture/policy.

[2] 范中汇：《英国文化》，文化艺术出版社，2003，第26页。

法便沿着两条线索在发达国家展开了。

首先,"创意"成为英联邦发达国家确定自己文化政策的基本母题。1994年,澳大利亚也"在历史上第一次推出"自己的文化政策,其标题是《创意国家:澳大利亚联邦文化政策》。同年,加拿大政府和它的几个省也以"创意"为题推出了自己的文化政策文件。

然而,"创意"主题在发达国家的全面展开是在1998年。这一年,欧盟理事会文化指导委员会(The Steering Committee for Culture of the Council of Europe)确定,将建设"创意欧洲"(Creative Europe)当作自己的战略目标。为此,它在欧洲文化政策比较研究中心(ERICarts)的学术支持下推出了欧盟文化政策的框架模式。该框架包括八大部分,并在每一主题下包括确定数量的子题。这八大部分是:(1)历史回顾:文化政策和手段;(2)立法、决策和行政机制;(3)制定文化政策的一般目标和原则;(4)文化政策发展方面的问题争论;(5)文化领域的主要法律条款;(6)文化资助;(7)文化体制和新的合作关系;(8)对创意和参与性的扶持。

依照这一框架,欧洲各国在1998年后相继推出自己的官方的、半官方的文化政策。它们通常由各国负责文化、艺术或遗产的政府部门委托,由自治性的文化委员会中的专家集团来起草。所颁布的文件每隔一段时期还会进行修改和更新。目前,出台文化政策的欧洲国家已达27个,其中不仅包括英法德这样的发达国家,还有俄罗斯、波罗的海三国和匈牙利等原苏联东欧地区的国家;此外,希腊、爱尔兰、马其顿、塞尔维亚—黑山共和国、斯洛伐克和乌克兰也将在近期颁布自己的文化政策。有趣的是,连加拿大这个传统上属于英联邦、地理上属于北美的国家也接受了欧盟的这种文件框架,从而加入到"创意欧洲"的行列。

加拿大的选择有鲜明的象征意义。虽然它无疑属于"发达国家",但在文化生产领域中与美国完全不是一个数量级。2003年版的《加拿大文化政策》在谈到自己国情时不仅提到"地广人稀",而且还提到"与美利坚合众国——当今世界最庞大的文化超级大国——毗邻"[1]。美国的存在对加拿大维护自己的文化特性和文化多样性是一个巨大的压力。加拿大之所以认同欧洲国家，不仅出于其历史上的渊源，而且因为欧洲与它有着同样的压抑感。事实上欧洲国家文化政策的一个潜在动机就是为了应对美国在文化生产和输出方面的强大压力。所有这些都表明，发达国家在文化发展实力和战略利益上并非铁板一块，如果说美国在文化发展方面是"超级大国"，那么欧洲、加拿大和澳大利亚、日本与韩国等则构成了所谓"第二集团"[2]。

美国在文化生产方面确实无可匹敌，即使在文化政策制定方面也显得与众不同——它至今也没有一个正式的官方文化政策文件！这体现着它的独特国情。实际上，人们公认美国是第一个进行文化立法的国家。1791年的美国宪法第一修正案指出："国会不得制定法律剥夺人民的言论和出版自由。"显然，这是一个最大限度约束政府权力和最大限度开拓文化生活空间的原则，它使行政和立法机构在文化政策干预方面变得十分谨慎。美国学者认为联邦机构"一向因循"（always, already）的文化政策就是"无为而治"（non-activity, non-regulation）。这个传统与欧洲国家形成鲜明对照。法、德等国一向具有国家扶持文化发展的传统。但美国一些学者强调，这种传统过于强调文化的"先锋或精英"（avant-garde）特性，对它在社会中的自然形成、在市场中的壮大并不有利[3]。

虽然没有官方正式文件，但我们还是可以看到美国"全国州立法会议"2002年公布的"文化政策工作组报告"：《文化投资：州的政策创新》（Investing in Culture—Innovation of States' Policy）。所谓"州

---

[1] 参见 Cultural Policy of Canada, 第一部分，"历史回顾"。
[2] 日本和韩国是东亚发达国家，对我国的文化产品出口十分强劲。但本文不拟对它们的文化政策进行讨论。
[3] 端木义万：《美国传媒文化》，北京大学出版社，2001年，第56页。

立法会议"是由十余位民主党和共和党成员组成的常设咨询机构，旨在为美国各州决策者们所关心的议题提供研究和讨论机会。2002年，该立法会议委托一个工作组起草上述文化政策报告，工作组成员包括6个州的众议员以及文化管理方面的专家。因此，这个报告不是欧盟各国文化政策那样的官方指导性文件。

值得注意的是，该报告的主旨与欧盟文件无二，依然是鼓吹要大力培养人们的创意能力，扶持创意产业。为此，它郑重推荐美国最发达的新英格兰地区发展创意产业的做法："2000年，新英格兰委员会发表了有关创意经济的初步报告，考察了艺术和文化在新英格兰地区经济生活中所处的地位。该报告试图将创意经济视为一个整体，并着重关注其中的三个关键部分：1.创意产业群，指那些直接或间接生产文化产品的企业和个人；……2.创意阶层，指那些接受过专业文化与艺术技能培训的思想家和实业家；……3.创意社区，指那些创意工作者、企业和文化单位集中的地区。[①]"

当"创意"被提升到人类生产和生活的中心位置时，文化自然就显示出空前未有的重要意义。2000年，英国负责文化、传媒和体育事务的国务秘书C.史密斯指出："21世纪最成功的经济和社会将是创意性的。创造力可以改变面貌——它可以使企业达到竞争的极限，使社会找到解决难题的全新途径从而改善生活质量。[②]"

二、"文化—产业"还是"文化产业"？

标题中的两个语词具有完全对立的含义。"文化—产业"意味着将文化与产业两分对立起来。谈到文化（＝艺术），必定是一个远离市场

[①] Investing in Culture: Innovation of States' Policy, II.
[②] Forward of Creative Industries Mapping Documents (2000), by Chris Smith.

的主题；谈到市场，必定是一个反文化的话题。显然，这是传统的文化观，这种文化观视野中的文化和艺术也具有生产、传播和接受功能，但那主要是在市场之外、借助超经济的政治和文化权力而进行的。而"文化产业"却是全然相反的一个词，它使文化生产和消费与市场链接起来，又对市场提出了趣味性、精致性的文化要求。一个是割裂，一个是链接。源于不同传统的国家往往对文化与市场的关系持有不同的态度。

按照《资本主义反对资本主义》一书作者的看法，发达国家一般来说具有同质的经济、政治和社会制度框架。但这依然不妨碍它们会分为所谓"莱茵河模式资本主义"和"美国模式资本主义"。应该说，这一点它们对"文化"与"市场"关系的理解上表现得非常明显。《芬兰文化政策》第五部分对此概括说："美国偏重于经济的可开发方面，而欧洲国家则较偏重保护艺术及表演的创造力。"

前已述及，美国坚持一种"无为而治"的文化政策。在行政体制上，它也不像其他国家的政府那样，通常设有"文化部"（法国）、"文化、新闻和体育部"（英国）、"遗产部"（加拿大）或"艺术与通信部"（澳大利亚）。美国没有文化部！这几乎是一个不同的人可以给出全然不同解释的象征性现实。一种说法是，这意味着美国没有文化。而另一些人则认为，这恰恰意味着美国人最先领悟使一个文化资源小国变成文化产业大国，并使文化服务于其全球战略的真谛[①]。在这里，如果一般地说，实践是检验真理的标准，那么在文化产业领域中，市场份额就是检验其文化政策（无论它是书面的、还是事实性的）的唯一标准。

《投资文化：州的政策创新》明确指出"文化通过发展创意产业并创造竞争优势来帮助州实现经济发展目标。……文化自身就是一个巨大产业，而且是国家最健康的产业之一。商业化的创意产业包括出版，音像，

---

① 张晓明等《自己坐进自己怀里！——看信息产业与文化产业的汇流》，《21世纪经济论坛》，2001年2月19日和2月26日。

音乐唱片以及娱乐行业中的艺术家与创意人才的产品,这是国家最主要的出口项目。"正是基于这种意识,20世纪90年代以来文化生产成为美国最富于活力并带来巨大经济收益的产业。据统计,2001年美国各类图书(不包括教材)年生产50000种,销售额253.8亿美元;期刊11000多种,90年代中期年销售额突破300亿美元;大型报业集团130余家,英文报纸1480余种,90年代中期广告年销售额近400亿美元;广播电台12000座(其中商业调频台5000个),90年代中期广告年收入120亿美元;电视台近14000家,其中1300余家商业电视台(900家属于三大电视网),12500家有线电视台,1996年电视广告年收入首次超过报纸,达到425亿美元;电影2000年的票房收入为77亿美元;在互联网交易方面,2002年美国占全球3330亿美元网上交易总额的64%;音像制品,美国音乐制品占全球音乐市场份额的1/3强,海外年销售额达到600亿美元;在电子游戏方面,美国2002年的游戏出产量占全球的40%。需要指出的是,这些统计尚不包括作为美国第三大零售业的旅游业,以及教育和会展产业[①]。

与美国采取完全不同文化姿态的发达国家是法国。它在文化发展方面不太信赖市场的作用,而更相信国家扶持和庇护的神通。这一方面出于法国对其历史传统的骄傲,另一方面也出于其对自己在文化竞争中处于守势这一现实的无奈。这种无奈感在1994年法国的《杜邦法》中得到明确体现,该法要求在新闻传媒和互联网上捍卫法语的地位,而它所针对的显然就是以美国为代表的英语文化侵蚀。正因为这样《法国文化政策》几乎没有谈到"文化产业"。相反,它更多是提到法国政府从王室时代就十分关注文化发展,强调文化与法国"国家形象"密切相

---

① 以上资料分别引自:Jairo:"Latin America's New Cultural Industries Still Play Old Games",《美国传媒文化》《投资文化:州的政策创新》。

关①，并确定在国内加强政府对文化发展的扶持力度，在国外则由法国外交部和其他涉外机构推进文化交流，加强法国文化的对外影响。

与法国相比，《德国文化政策》不太避讳"文化产业"这一用语，但它提到，对于这个概念，即对于是否应当以产业的或市场的方式来发展文化，德国国内至今还有争论②。熟悉德国思想史的人都知道，这类争论应当是20世纪30至40年代的德国法兰克福文化批判理论的余波。在霍克海默和阿多尔诺等人的思想中，"文化批判"实际上就是"文化产业批判"。因为"文化产业"是一个定义中的矛盾。文化追求独特性，产业追求均质性和平庸性，文化追求的是卓越，产业追求大众趣味。文化天生反市场、市场必定是非文化。文化与市场的链接意味着文化趣味、人的合目的性生存状态的沦落。

法兰克福对"文化产业"的批判，的确使人们看到自己负有看护文化趣味的义务。但随着时代发展，人们也意识到那种批判也包含着对大众文化消费权利的漠视、一种前市场时代流传下来的贵族精英主义的"文化—产业"观念，它对市场往往采取一种魔化态度。当然，当代德国人已不再信守法兰克福学派的这种文化信念。因此，《德国文化政策》在强调国家对外扶持作用时，也强调应当充分发挥私人部门和企业对文化发展的推动作用。可以说，德国处于从"文化—产业"到"文化产业"的中间道路。

有趣的是，英国虽然是一个素来以尊重传统为传统的君主制国家，但在对文化发展的态度上却采取了一种全新的态度。它不仅在1993年将"创意"概念引入文化政策文件，而且在1998年出台的《英国创意产业路径文件》中更明确地提出了"创意产业"（creative industries）这个概念："所谓'创意产业'是指那些从个体的、个体技艺和才能中

---

① Cultural Policy of France (2002), I.
② Cultural Policy of Germany (2002), III.

获取发展动力的企业以及那些通过对知识产权的开发可创造潜在财富和就业机会的活动。它通常包括广告、建筑、艺术和古玩市场、工艺品、时尚设计、电影和音像、互动性休闲软件、音乐、表演艺术、出版业、软件和计算机服务、电视和电台，等等。此外，还包括旅游、博物馆和美术馆、遗产和体育等。[1]"在这里，我们关注的不是英国对所谓"创意产业"有什么独特的界定，因为它与人们对"文化产业"的一般界定没有什么区别。我们更关注的是，这个关于"创意产业"的文件实际上是1993年英国文化政策的实施文件，它要求政府"为支持创意产业而在从业人员的技艺培训、企业财政扶持、知识产权保护、文化产品出口方面"作出积极努力。

与英国类似，芬兰、荷兰、澳大利亚和加拿大等国的文化政策对文化与产业的链接均采取相当积极的态度。如《创意国家：澳大利亚联邦文化政策》指出："这个文化政策还是一个经济政策。文化创造财富。……此外，文化增加价值。它对我们的创新、市场营销和广告作出了巨大贡献。文化是我国工业的品牌。它本身就是一个重要的出口产品，是其他出口产品的重要附加物。它对我们的经济腾飞是不可或缺的。[2]"芬兰在出台自己文化政策的同时，还由芬兰文化产业委员会在1999年出台了一个关于文化产业问题的"最终报告"。该文件明确提出，所谓"内容产业"即"文化内容产业"，其基本特征是将文化艺术方面的生产与市场链接起来，为的是顺应"文化市场化"和"市场文化化"的发展趋势。为此，人们需要同时转变对"文化"和"市场"的传统看法，用我们的说法是，应当摒弃"文化—产业"观念，而代之以"文化产业"[3]。

在以上巡礼中，我们分别看到"文化产业"（cultural industries）、"创

---

[1] Creative Industries Mapping Documents, "Background".
[2] Forward, Creative Nation: Cultural Policy of Commonwealth of Australia.
[3] The Final Report of Committee of Cultural Industries (1999), Finland.

意产业"（creative industries）和"内容产业"（content industries）等不同表述，它们同指而异名，其用法视语境不同而定。如文化产业一词中的"文化"刻画的是文化的"非物质"（immaterial）属性，以同传统的物质生产作出区别；而创意产业的说法多少消解了一些"文化"与"产业"对立的意味，从产业研发（即R&D）的角度来强调文化的重要意义；而"内容产业"更是为应对信息技术革命而提出的概念。值得指出的是，芬兰对这个概念情有独钟，因为它是世界上信息产业最发达的国家之一。2001年，芬兰被瑞士世界经济论坛和洛桑国际管理学院分别评为世界第一和第三最具国际竞争力国家。竞争力主要来自信息产业。其互联网和移动电话普及率均居欧洲第一和世界前列；信息技术及产品出口占工业出口总额近30%，已超过传统的森林和金属工业。现代信息产业的高度发展大规模促进了芬兰经济和文化的融合。正是根据传媒技术负载文化内容的特征，芬兰信息发展协会才在《2000—2004年内容创意启动方案》（SISU）中强调要大力发展以市场运为依托、以现代传媒技术为平台的文化内容生产，把芬兰文化、由芬兰文化符号包装的物质产品推向世界。

总括起来，文化产业不仅具有以上提到的诸多别名，而且还具有狭义和广义两种用法，这两种用法分别代表着现代意义的文化观念和现代意义的经济、产业或市场观念。狭义的"文化产业"主要是指以产业化的、市场的方式来发展以往那种远离市场的艺术和文化产品，也就是所谓"文化市场化"。在信息革命时代，这尤其是指那些以复制技术为基础的文化产品的生产、经营和消费。

广义的"文化产业"则是指"市场文化化"这一趋势，它要求提高产品的文化附加值，要求大力发展"以文化为基础的产业"（arts-based economy），而这恰恰是"以知识为基础的产业"的一个相当重要的组成部分。上个世纪70年代初，发达国家相继出现关于"后工业化""后现代"或"再次现代化"的讨论①。到了90年代,所谓"后现代"不再是一个空泛的广告语词,它获得了一个具体的经济学意义的指标,即在这个时代,一个国家和地区国民生产总值的50%以上应当来自知识经济。知识经济是一种"创新型经济"(innovative economy),而以"创意性"为真髓的文化产业或文化内容产业当然也就是这种经济的题中应有之义。

不过,发展文化产业不仅是一种姿态,而且需要相关国家在行政体制、法律环境、投融资机制等方面制定出比较具体的措施。这正是各国文化政策所关注的具体内容。

三、"分权化"与"一臂间隔"——国家在发展文化方面的身份转变

在西方发展的历史上,上世纪90年代是一个重要历史刻度。法国思想家M.阿尔贝尔提到:西方世界"在过去整整两个世纪之内,即1791年—1991年期间,切实经历了三个不同阶段":即1791年开始的"反对国家的资本主义阶段";1891年开始的"由国家规范的资本主义阶段"和从1991年开始的"取代了国家的资本主义阶段"。阿尔贝尔指出:"我们今天正不知不觉地进入第三个阶段。②"

在阿尔贝尔的描述中,市场经济规则的"看不见的手"似乎始终起着、而且越来越起着重要的作用,而政府干预的"看得见的手"则受到越来越多的约束。在经济全球化过程中,国家的身份在发生变化,它日益从

---

① Denial Bell 在20世纪70年代初出版的 Post-Industrial Society 一书是谈论"后工业化""后现代"问题的标志性著作。1998年,中国学者还提出了所谓"第二次现代化"的表述。

② 米歇尔·阿尔贝尔:《资本主义反对资本主义》,社会科学文献出版社,1999。

市场的直接操控干预者、一个经常的"越位者"和"错位者",变成一个安分守己的"守夜人"。也正是从这个所谓"取代了国家的第三个阶段"开始的时候,即20世纪90年代,我们看到发达国家纷纷出台文化政策。初看起来这一举动似乎表明国家正在加强对文化的干预控制——这一态势似乎与阿尔贝尔前面描述的趋势恰好相反,但进一步看,我们会发现大多数发达国家文化政策鼎力推荐的恰恰是一些旨在给文化发展松绑的所谓"分权化"方案。

"分权化"一词的英文是decentralization。在发达国家文化政策的语境下,这个词并不具有改变国家体制的意思。比如英国是在政治体制上属于"中央集权体制"(centralized system),但它同时是文化管理"分权化"观念的倡导者。而德国在政治体制上是联邦体制(federal system),但它在文化管理上曾经一度倾向于一种"集权化"管理。只有在那些原苏联东欧地区,它们在文化管理上对"分权化"原则的接受与其政治体制上的"去集权化"进程是一致的,这些国家包括保加利亚、爱沙尼亚、克罗地亚、匈牙利、拉脱维亚、立陶宛、斯洛文尼亚、摩尔多瓦等国[1]。

在文化政策的通行术语中,"分权化"文化管理观念通常被形象地表述为"一臂间隔"(Arm's length)原则。所谓"一臂间隔"原指人在队列中与其前后左右的伙伴保持相同距离。该原则最先用在经济领域,针对的是一些具有隶属关系的经济组织,如母公司与子公司,厂商和经销商等。根据这个原则,这些组织在策划和实施各自的营销规划、处理利益纠纷乃至纳税义务上都具有平等的法律地位,一方不能取代或支配

---

[1] 根据欧盟cultural policy网中的main features of the cultural policy's system,被列为中央集权体制的发达国家除英国外还包括法国、荷兰、瑞典和葡萄牙等;被列入"去集权化的"(decentralized)联邦体制的发达国家除德国外还包括奥地利、比利时、芬兰、瑞士、意大利等。当然,我们知道美国、加拿大、澳大利亚和新西兰也属于联邦制国家。而原苏联和东欧国家基本上被归入"中央集权体制"或开始向"去集权化体制"过渡的国家。

另一方。

"一臂间隔"原则被挪用到文化政策具有两种主要含义。第一，它多指国家对文化拨款的间接管理模式，第二，这种管理模式要求国家对文化采取响应的分权式的行政管理体制。从对文化的集中管理到分权管理，这是"一臂间隔"原则的基本要义。

《芬兰文化政策》指出，"一臂间隔"原则具有"垂直"和"水平"的两种分权向度。所谓"垂直分权"涉及中央政府与其所属行政部门和各级地方政府的纵向分权关系：即一方面，中央政府将文化政策制定和实施的主要权力以及部分文化拨款的责任交给其所属的文化相关部门（如芬兰的文化和教育部、英国的文化、新闻和体育部、澳大利亚的艺术和通信部等等），另一方面，它还要求各级地方政府行使相应的权力或承担相关的责任。譬如，英国90年代中央政府对文化领域的年平均预算为10亿英镑，而同期英格兰、苏格兰、威尔士和北爱尔兰这四个大行政区对文化的年资助额超过了10亿英镑。在芬兰2000年的公共预算中，中央政府对广义文化产业的财政支持占支出总额的58.6%，地方政府文化财政支出占41.4%。而从对狭义艺术生产的资助来说，中央政府和地方政府各占一半。澳大利亚、日本的情况也大体如此①。

"水平分权"是指各级政府与文化方面的非政府公共组织（non-department public bodies）的横向分权关系。这类组织是介乎政府与具体文化单位之间的一级中介机构。它有两个基本特性：其一，这类组织通常接受政府委托，为政府提供文化政策咨询，甚至向政府提供文化政策设计，并策划具体的文化政策实施方案；同时，它还负责把政府的部分文化拨款落实到具体文化单位。就此而言，它是代理政府具体管理文化的准政府组织。其二，这类组织往往由艺术方面和文化产业方面的中立

---

① 参见 Cultural Policy of the Netherlands。此外，关于欧洲各国地方政府文化拨款与中央文化拨款比例的数字，可参见欧盟 cultural policy 网中的表格，Share of Total Public Cultural Expenditure Broken Down by Level of Government。

专家组成，它虽然接受政府委托，但却独立履行其职能，从而尽可能使文化发展保持自身连续性，避免过多受到政府行政干预，受到各种党派纷争的影响。因此，它具有非政府、超党派的含义[①]。与不同级别的政府相对应的非政府组织之间通常不具有隶属关系。

2003年的《芬兰文化政策》自称，芬兰"是'一臂间隔'原则的最早实践者"，这是不确切的。2000年成立的"国际艺术理事会和文化机构联盟"（IFACCA）在2002年5月公布的文件中指出："成立于1945年的大不列颠艺术理事会是全球第一个体现一臂间隔原则的中介组织。[②]"

英国率先设立国家艺术理事会有其历史原因。作为老牌自由市场经济国家，它在20世纪30年代以前对文化艺术基本上放任不管。中央政府既无相关管理部门，也无相应政策。在这期间，民间出现了许多维护行业利益的组织，如英国皇家合唱协会（1871年）、英国出版商协会（1896年）、英国出版权协会（1921年）、英国民间歌舞协会（1932年）和英国全国音乐协会联合会（1935年）等。二次大战前夕，由于意识到文化对国民精神的鼓舞作用，英国政府开始考虑把文化管理纳入国家的管理体制。不过，它不愿像其他具有古老帝国传统的法国、德国和俄国那样对文化采取"一竿子插到底"的国家庇护管理模式，因此便致力于创造一种既能强有力地推动文化，又可以防范国家、党派对文化的直接干预、"不能不管，也不能多管"的模式。1939年，经议会批准和皇家特许，英国建立了英国音乐艺术促进委员会和国家娱乐服务联合会这两个半官方文化管理机构。1945年6月，英国音乐艺术促进委员会转变为大不列颠艺术理事会，成为实现政府文化政策的重要机构。随着不断改造，英国逐渐形成了三级文化管理体制：

[①] 范中汇：《英国文化》，文化艺术出版社，2003，第95页。
[②] 参见IFACCA网站主页。

（1）政府：包括中央政府和地方政府及所属文化行政管理部门；

（2）与各级政府对应的、作为准自治非政府公共组织的艺术理事会；

（3）各种行业性的文化联合组织，如电影协会、旅游委员会、广播标准理事会、体育理事会和博物馆/美术馆委员会等38个机构。

英国艺术理事会由各文化行业内的专家组成，理事会成员由政府任命，任职后获得独立的法律地位。艺术理事会的任务包括：

（1）向政府提供文化政策建议咨询。当政策通过立法程序以后，他们还要制定各种实施方案。值得说明的是，英国注重调动专家资源参与决策过程。除艺术理事会外，还有8个非政府政策咨询机构。

（2）对艺术成果进行"同行评议"（peer evaluation），对艺术创作和文化发展状况进行专业性的常规评估。

（3）依据专业评估，部分代理政府对文化优先项目的财政拨款。同时，对拨款效果进行监督和评估。如果被扶持文化单位的状况不能得到改善，艺术理事会将给出18个月的警告期，以决定是否取消扶持。

随着时间的推移，英国艺术理事会在文化政策咨询方面的作用得到进一步加强。前面提到的英国在1993年出台的第一个官方文化政策文件就是它的手笔。

体现着"分权化"内涵的"一臂间隔"原则得到了发达国家的广泛接受。"国际艺术理事会和文化机构联盟"的文件指出："目前在世界各地，无论穷国还是富国，也不论英语国家还是非英语国家，都普遍建立了对文化艺术进行资助的准政府国家机构。"这项制度得到了联合国教科文组织的大力支持。相关的国际会议进行了多次，相关国际组织也发展起来。在发达国家的文化政策中，加拿大、澳大利亚、英国、奥地利、比利时、芬兰、瑞典、瑞士等国明确声称采用这一文化管理原则。比如，1993年出台的澳大利亚文化政策《创意国家》指出："澳大利亚理事会是这个国家最重要的文化资源之一。在它成立的21年中，艺术活动和文化产业有了长足发展，一般来说，这是对联邦政策的成功证明，具体而言，则是对澳大利亚理事会的成就的证明。……澳大利亚理事会需要把越来越多的资源用于发展视听众、与广播技术领域建立各种联系、开拓市场、鼓励赞助商和拓展对外出口等领域。"为鼓励对文化产业开发，澳大利亚理事会专门设立"主要文化组织董事会"，董事会成员来自那些对国家具有重要意义的、经营状况较好的文化企业。其任务是监督和处理重要文化企业的财政状况，以避免它们沦落到向政府寻求援助的地步。

然而德国和法国对"一臂间隔"的原则抱消极态度。《德国文化政策》表明，该国对文化的管理权主要还集中在各级政府及其所属行政部门。艺术理事会则是表达、协调各具体文化单位或行业协会利益的论坛性机构。例如，德国文化体制主要是由政府机构与以自我管理权为基础的具体文化组织这两级组成。1998年，联邦政府扩大了自己对文化事务的管理权限，建立了自己的文化事务和媒体专门委员会，联邦文化基金会也由政府直接管理。同时联邦议会也建立了自己的文化事务委员会。然而，艺术理事会的中介性作用并不明显，仅限于对职业艺术家组织的保护和扶持提供一些专业咨询意见。2002年《德国文化政策》指出："一般来说，在联邦政府和非政府活动者组成的多样化组织之间尚没有形成有组织的文化活动合作和协调机制。"在这个文化政策中，对艺术理事会的功能没有任何专门讨论，这与前面提到的澳大利亚文化政策形成鲜明对照。在这个背景下，如何转变在文化管理体制上有效贯彻分权原则、削减政府对文化发展的直接义务和管理责任，动员各种社会资源发展文化，成为德国国内正在争论的问题。

除德国外，法国文化体制中根本没有给"一臂间隔"性质的艺术理事会留下一席之地。《法国文化政策》开宗明义指出："法国文化政策的历史可上溯到16世纪的皇室庇护传统，从那时直到今天，法国文化政策一直具有这种皇室扶持特征，即提高文化知识和文化艺术，逐步完善国家文化行政管理结构和文化预算。"在这个文化政策的"组织机构"部分，对艺术理事会没有任何描述，这在当代发达国家的文化政策文件中是十分独特的。

  从前面的论述我们已经可以理解，德国和法国在文化管理上的上述姿态与其独特历史传统有关。"文化"对这两个国家向来具有重要地位。《德国文化政策》宣称要建立"文化国家"，而《法国文化政策》也宣称"文化是国家形象的重要因素"，法国要成为具有鲜明特点的"典型国家"。这些国家对文化的关注力度和资金投入力度向来很大。目前，由于财政负担加剧，文化产品在世界市场中激烈竞争的前景日益明朗，这两个国家也都在考虑对文化管理实施分权，吸引各种社会力量发展文化。它们是否会最终大力实施"一臂间隔"原则还难作定论。

  值得注意的是，除发达国家外，原苏联东欧国家大部分都在文化政策中申明接受旨在"去集权化"的"一臂间隔"原则。然而，实践上的困难以及德国、法国的示范作用使这些国家一直在讨论：应当借鉴源于英国的"一臂间隔"原则来强化艺术理事会制度，还是要参照德法的经验来加强国家对文化的宏观管理？2000年欧盟理事会出版的文化政策论文集刊载了匈牙利学者西蒙·蒙迪的文章《对文化的一臂间隔资助：为什么或为什么"不"？》，从这个题目可以看出，是否接受"一臂间隔"原则并强化作为中介组织的艺术理事会，是这些国家面临的政策选择。这种选择的基础在于，如何理解在知识经济背景下出现的国际文化产业发展态势？如何认识自己的国情？如何在此基础上确立自己的文化发展目标和文化体制？

让自己坐进自己的怀里！
——传媒技术革命与文化内容产业的汇流 *

说起信息产业，人们马上会想起网络，而说到网络，人们又无不注意到它面临的最大问题——内容贫困。几年来网站建了一拨儿又一拨儿，但其中究竟有几个足以极视听之娱的网站能让你难忘和迷恋？如今我们有了日益松快的带宽和广大的信息平台，那么带宽上走的和平台上放的该是什么？一句话，当众人尽情欢呼信息技术产业正在把我们带入美妙的"应许之地"时，我们可有谁在那块土地上看到了期待中的大片葡萄园——文化产业——呢？

一、SiSu: 芬兰构筑的文化防线

北欧的芬兰只有几百万人口，但那满世界打着"技术以人为本"广告的"诺基亚"却是国际信息技术领域中的翘楚。诺基亚的技术让芬兰人骄傲，但其巨大网络所承载的内容却让他们觉得丢不起那人——那上面一水儿的美国文化产品，至少也是被美国人包装过的本地文化产品！要知道，在西北欧的传统语汇中，"美国文化"原本就是"没文化"！

说美国文化粗鄙，那还只是个口味问题。但若说到美国文化产品充斥本国文化市场，那就是个关乎一个民族精神家园的"生存还是毁灭"的大问题了。为此，芬兰政府在1997年公布了一个文化产业研究项目，它有一个特别便于记忆的芬兰名字——"内容创作启动计划"。该计划

---

* 本文为笔者与文化中心王艳芳合作执笔，刊载于《21世纪经济论坛》，2001年2月19日和2月26日。

由"文化产业委员会"主持，它是一个由多政府部门组成的超级委员会。在他们提交的"最终报告"里，从文化产业国际发展趋势研究、芬兰文化产业政策设计到具体的示范项目策划，一应俱全。凭借这个计划，芬兰人不仅想大大提升文化产业在芬兰国民经济中的比重，而且想在国际市场上与美国人一争高下。

在发达世界的第二集团中，芬兰还不是动作最早的。早在1992年，法国、澳大利亚和加拿大等国就制订了国家文化产业发展计划。然而芬兰人的危机感似乎更强，并且最能唤起欧洲人的普遍共鸣。如今，SiSu已不再是芬兰人一家的计划，它已成为欧盟成员国的"框架性合作项目"，成为美国之外的许多西方发达国家的便帖。它帖在网络上，帖在报刊上，帖在每个国家的年度发展报告里。这些文字中只跃动着一个主题：拯救文化——通过发展本国的文化产业来拯救自己的文化。说他们是没落贵族的心理也好，酸葡萄心理也罢，总之他们已经感到巨大的危机：可口可乐已经漫过了他们的躯干，现在美国的娱乐产品终于要淹没他们的头脑。要想逃过这种命运，不仅要有"诺基亚"，还要在它的网络上放上打着印记的文化产品。文化，在这里被重新摆上醒目的位置。

不难看出，在欧洲、大洋洲和北美的加拿大，"文化产业"首先是作为一种针对美国的对策和防范意识出现的。这是发达国家对最发达国家的抵抗和防范！在那些欧洲人眼里，民族文化像是一只易碎的玻璃杯，欧盟的人们要保护这只承载着他们的生命之水的杯子，才煞费苦心去搞SiSu，想方设法举高那只杯子，让它不至于被挤碎。

二、美国没有文化部

美国人不搞 SiSu。美国文化是只大塑料杯，不怕挤，极易复制，批量生产出来，大杯大杯地装着可口可乐流到全世界。美国没有文化部，他们的媒体也不提文化产业，这倒不是因为他们"没文化"，而是因为他们一开始就关注着文化的产业化、市场化,让文化坐在市场的怀里。结果,市场坐大,文化生产能力也被随之做大——可口可乐、好莱坞、迪士尼的卡通世界、宝丽莱音像,这一切带来的不仅是那些可供人们欢悦一时的视听比萨,也不仅是一些光怪陆离的时尚,而是世界上多数国家中的多数人对于20世纪的基本记忆。一句话,20世纪市场的高度决定了美国文化产品制造业的居高临下位势,这一切恐怕不能简单地以文化殖民主义的动机来加以诠释。

我们由此发现:决定文化内容生产水平的因素不仅是信息技术手段,如昂贵的摄像机、录音棚或通道宽大的光纤缆,更重要的是尊重消费者需求、充满竞争活力、规范严格透明的市场。在这个市场中,文化产品的生产者不是消极等待着顾客订货,顾客要什么才生产什么,他们的活力在于在创造产品的同时也创造着顾客的需求、品味和时尚。这种生产和营销本身就与艺术创造相似,他们导演着顾客,导演着文化消费世界。它们最后嬗变为一种文化权利或权力!

这个市场的活力我们已经感受到了:互联网上有60%的内容来自美国;许多发展中国家的电视台沦落为美国视听产品的转播台;美国传媒娱乐业产品已超过波音公司的飞机,成为第一大出口行业。2000年初,美国在线与美国华纳公司实现组合,人们在关注高科技与高文化这两大要素的强劲联合时,更把目光聚焦到了纳斯达克市场。是那里,不断向美国的文化制造业和信息产品业发出一个个脉冲信号,控制着那个庞大的巨人。

市场领先,技术领先,文化内容的制作、传播和影响当然也就领先。在这个以文化生产企业为主体的环境里,大谈特谈"文化产业",或设立一个专司文化事务的管理部门,反倒显得多余。反过来说,"文化发展战略"或"文化管理部门"的存在恰恰表明,我们不能指望通过"无形的手"来解决在文化生产、传播或影响过程中出现的问题。借"政府之手"来干预,这固然是补救,但也多少是出于无奈。

在很多人心目中，技术、市场与文化的品格毫不相容，老派的欧洲人如此，我们的老派学者也多如此。深刻的人爱把美国产品称为"垃圾"，无非是说它充满了市场味或能令人联想起市场的气味，如汉堡包中的香料气味、可口可乐中令人上瘾的口味还有迪士尼或好莱坞中那或虚拟或现实的卡通味，他们特别能让人上瘾，所以很俗，很糟践文化。但反过来想一想，难道不正是这些味道，才使文化消费区别于单纯的食物吞咽或精神灌输吗？对比我国那些把美德诠释得面目可憎的黑猫警长一类的娱乐产品，迪士尼动画这类在市场中长大的产品似乎更合乎人性：它们做的也是人类共通的纯真美德和智慧，但却诉诸节奏、趣味和想象，注重人的视觉、听觉和口味的全面需求。它们不仅以关怀人性为目的，而且本身就体现着对人性的关注。面对这样的产品，孩子们是全无抵抗力的，即使是那些特有文化的成年人，不也充满一种爱恨交织的情结吗？成熟的市场告诉我们，消费者不是士兵，他们的偏好是无法强制的。所以，塑料杯越来越多，而玻璃杯越来越成为收藏品。

信息时代的知识经济是一种人文经济，是高科技负载着的高文化，是人文技术与现代经济生活在本质上的互渗。

三、金牛道与迪士尼版的《木兰》

中国文化到目前为止尚未形成完全意义上的文化产业理念，尤其是信息时代的文化产业理念。这也难怪，我们的市场经济才有几年？能让人们习惯文化产品上那股子市场味和卡通味已属不易，如今又遭遇上了信息时代，于是文化产业更成为对我们的挑战。

其实，信息时代对我们的第一个挑战恰恰是：如何理解信息时代？许多人，尤其是许多管理者相信，信息时代无非是信息技术时代。基于这种理解，几年来，中国信息产业虽然发展得热火朝天，但热的只是硬件技术和设施而已，它基本无助于改变99%的信息内容全由英文主宰的局面，也没有改变我国文化产品制作全面低能的状况。面对这种重技术、轻内容的发展思路，我们不得不说，在信息时代，修建信息高速公路，铺设硬件设施，至多只是一些铺路修桥的"粗活"，更重要的是那里"上载""负载"或"下载"的是何种产品、谁的内容。从这个意义上说，没有文化产业的信息时代是不完整的。

说到"内容下载"，不由令人想起"金牛道"的故事。相传战国时，秦惠王欲吞蜀，苦于无路进蜀，听说蜀王贪财，便谎称欲赠五头能拉金子的牛和五美女给蜀王。蜀王信以为真，派五丁力士劈山开道，入秦迎美女，运金牛。谁知"金牛道"一开，却引来秦国大军，导致国家灭亡。与这个故事相反，当初中国的印刷术传入欧洲时曾遭遇另外一种命运：一些欧洲王室规定不许用纸张印刷替代羊皮书写，唯恐这种纸介传播手段会打破贵族对知识的垄断。

两个故事告诉我们，只要这个世界上的民族国家的经济利益、政治利益和文化观念仍然千丝万缕地纠缠在一起，外来物——尤其是外来文化产品——的"下载"就是一个非同小可的问题。因此，我们在大力兴建信息高速公路的同时，同样应大力发展现代文化产业，栽培文化产品的制作、传播能力。否则，就会面对"我们的高科技搭台，别人的高文化唱戏"的尴尬局面。

"下载"是个问题，"上载"的问题也同样不容忽视。对我国各文化部门来说，这个问题具体表现为，上载什么或以什么形态上载？

我们知道，发达国家的文化遗产正在大规模地转换成数字化形态（他们将这称为"介质转移"），而我国各种文化资源的数据化水平还相当落后。在这个背景下，一些拥有大量文化资源的单位，如图书馆、博物院或文化遗址保护单位便忙不迭地引进外来资金和技术，使自己的内容多媒体化、虚拟化。从技术观点来看，这是一种"文明的跃升"，但从市场和文化的观点来看，我们更关注的是，经过别人的"数字化改造"，这些内容是否还是我们的资源？

上述问题的关键在于，经过这样一番数字化上载处理，我们的文化究竟打上了谁的标签？我们虽仍守着文化资源的富矿，但开发权究竟会落到谁的手里？对于花高价购买别人用我们的资源生产的产品，我们从来不乏体验。君不见正是那日本女孩模样的美国"木兰"又让我国的《木兰辞》火了一把；宝丽莱公司抢滩大陆让中国歌手纷纷与世界接轨。这还仅仅是开始。看着大量文化单位热衷于通过引进外资建立数据库，我们担心，不定哪天一觉醒来，我们只能手捧着美国版权的信息文化产品来"弘扬民族文化"。

简言之，在文化遗产数字化和"介质转移"过程的背后，有可能发生"产权转移"和"资源转移"，这是一个与我国经济、政治、社会的未来发展有巨大干系的问题。今天，要发展与信息技术水平相适应的文化产业，就要研究新技术基础上的信息内容，要对其复杂的产权形态有深刻的了解。只有这样，才能避免他人在我们的文化原野上跑马。总之，用我们常听说的一句话，技术与文化、手段与内容不能一手软，一手硬，而是两手都要硬。

2000年10月11日，中共中央召开了十五届五中全会，通过了关于制订国民经济和社会发展第十个五年计划的"建议"，提出了"加快国民经济和社会信息化"的建议，并特别要求要"推动信息产业与有关文化产业结合"，这是一个令人欣喜的开端。

四、北美行业分类系统：信息产业即文化产业

现在要谈一谈美国信息产业的状况了。我们已经看到，美国没有文化部，文化产业却有着骄人的业绩；同样的情况也发生在信息产业领域。美国原本也没有信息产业部，当1997年美国人决定给信息产业一个统一的指标体系的时候，他们把信息产业直接地定义为"信息产品业"，这样一来，就让文化产业直接坐进了自己的怀里。

据说，在美国以往的经济统计指标体系中，没有"信息产业"这一专类。长期以来作为其行业划分、统计标准的"标准工业分类（SIC）"没有对"信息产业"做出定义。这使美国商务部在分析美国信息产业的时候，包括进了硬件、通信设备、软件服务、通信服务等，涉及8个大类、约30多个行业，统计分析十分困难，其结果也不能充分准确地反映信息和通信技术及其产业的真实发展情况。

1997年7月，北美自由贸易区的三国（美国、加拿大、墨西哥）公布了统一的"北美行业分类系统"（MAICS），美国也第一次有了自己对信息产业的统计定义。根据最新定义，信息产业特指将信息转变为商品的行业，它不但包括软件、数据库、各种无线通信服务和在线信息服务，还包括了传统的报纸、书刊、电影和音像产品的出版，而计算机和通信设备等的生产将不再包括在内，被划为制造业下的一个分支。

北美行业分类系统对信息产业定义的出现特别具有象征性意义。它给出了一个强有力的例证，说明信息产业与文化产业是现代社会的两个"超级产业"，确切地说，是现代社会的两个"互为表里的超级产业"。这意味着，在这两个产业之间的对话将完全超出传统的含义，既不是在讲传统意义上的信息产业，也不是在讲传统意义上的文化产业。这两个现代社会的"标志性产业"一出世就是彼此相互定义的，可以说信息产业即文化产业。

2000年2月，美国总统克林顿发表过一个世所瞩目的"网络新政"演说，道出了这个"天机"。这次演说有三个主要之点：一是经济上，全力支持电子商务，在未来六年内暂缓对在网上交易的货物和服务增收额外的赋税；二是在技术上，要保持美国在高科技领域的绝对领先地位；三是在文化上，政府要出钱把美国文化送上网。克林顿的"网络新政"演说生动地说明了，美国人对于信息经济与文化产业的关系怎么看。

五、数字技术的魔力

美国信息产业的如此发展归根结底是数字技术的功劳。文化产业坐进信息产业的怀里实质上是坐进数字技术的怀里。

近年来,"数字"一词具有越来越广泛的意义,与"数字化"相关的各种说法铺天盖地,不断轰击人们的头脑,令人应接不暇,人们似乎觉得,只要在某个名词前边加上"数字化的",就能令其产生某种神奇的力量。

可以肯定地说,"数字化"已经可以用作"信息化"的代用语了,以至于人们可以用"数字化经济"来代替"网络经济"的说法。但是,数字化究竟是什么意思?在现代信息产业中使用的"数字技术"究竟有什么特点?

如果我们说这是一种"个性化的技术",或者干脆说"人性化的技术",肯定会遭到许多人的反对,因为一般认为,技术或标准总是普遍的,但文化内容却总是个别的,或者说,总是要求成为个别的,这里有不可避免的冲突。许多人(例如法兰克福文化批判学家们)因此以为,传媒技术扼杀文化内容的生命力。

实际上,这只是对于传统的信息技术与文化内容的关系的描述。现在人们看到,数字技术对人类经济活动最重要的影响是,使生产活动可以同时具有标准化和个性化两种特征,并且使这两种特征同时发展,互不矛盾。凡是生产过程在很大程度上由计算机控制地方,多样化的费用趋于零,于是,大量生产的规律被颠倒了。在机械化时代,成批生产规模的扩大导致计件成本的下降,而在信息化生产中,少量生产的成本几乎不会比大量生产的相应产品高,适合顾客个人需要的生产甚至往往更加有利。

正是数字化信息技术的这种特征,改变了我们对经济活动,以及经济活动与"文化"的关系前景的全部理解。或者说,从文化从传统的技术手段的束缚中解脱出来。人们现在经常谈论，现代经济越来越成为一种"非物质性"的，趋向于体验"文化意义"的"人文经济"，原因就在于此。

此外，数字技术还蕴涵着社会管理方式的改变。在传统的"大众传媒"居于支配地位的时代，文化内容的生产和发布是从一个中心向边缘单向辐射，纸媒、广播和电视大体因循着单向的、灌输式的和非反馈的信息传播格局。因此，这时的文化内容更像是一种权力而不是商品，文化产品传达的也主要是某种禁忌或信念而不是消费内容。换句话说，只要与文化沾边，那就只有实质上的"发布者"和"受众"，而不可能有真正的生产者和消费者。在这个时代，所谓"文化的个性"就是一个国家、一个共同体的个性，所谓"个性的文化"也不过是一个国家、一个共同体的文化。

因此，前网络时代的传媒技术包含着对个性文化意识或文化活力的普遍压抑，现代数字技术则彻底改变了这个局面。数字技术是这样一种技术：它在实施普遍的、严格的"标准化"的同时，提供了个人之间一对一交流、双向互动的技术可能性。这个变化必然导致那种以国家为区域、以传统文化共同体为内容的传播模式的瓦解，使真正适合个人特点的文化产业产生，并为生产、传播和消费具有个性的文化内容提供了最广大的空间。我们已经开始领略数字化技术的巨大魅力：它在广度上造成全球化，在深度上同时又带来了前所未有的个性化。

简言之，传统的传媒技术生成了"权力"，使用它的是国家机构，或者如宗教教团之类的文化共同体，保护、但是同时也压抑了个人；现代的数字化传媒技术生成了"权利"，它是专为个人发明的工具。

六、传媒汇流：信息产业的新定义

数字技术造成的最直接的结果就是所谓"传媒汇流"。近年来，从传播学界到欧洲国家的政治舆论圈子，使用频率极高的一个词就是这个"传媒汇流"。人们用这个词来形容由于数字技术革命而导致的传统传媒业、通讯业、以及新兴的信息产业的大融合趋势。

这一切起源于计算机与因特网的出现，计算机首先使数字技术攻克了模拟技术的传统地位，而因特网启动了一场传媒手段的革命，造成了各类传输技术的全面融合。数字技术具有高精确度和扩增与压缩性能，为传统的模拟技术所无法比拟，极大地提高了信息传输能力。这一技术随着光纤作为全新的信息传输通道的出现而迅速地得到普及，所有的文字、声音、图像都在一种技术的基础上统一了起来，所有这一切加上理所当然的商业成本优势，使"汇流运动"如摧枯拉朽，势不可挡。在竞争原则的作用之下，各种形式的传统传媒不得不或者主动出击，或者被动接受，进入大汇流导致的产业大整合运动。

美国人的新的行业分类系统就是在这个背景下出现的，在这个分类系统中，信息业下分四个行业：出版业、电影和录音业、广播电视和通信行业、信息服务和数据处理服务行业。这就是说，不但传统的新闻出版业，广播电影电视和音像业，而且现代的通讯业和在线信息服务业，全都被囊括进了信息产业。信息产业几乎就是"四种传媒"的统称。

这样一来，所有的信息传播手段，无论曾经多么传统，都被放置在数字化技术基础之上。因此，电讯业、传媒业和信息业这些在传统上分离的部门便很自然地寻求"跨产业"、"跨平台"、甚至是"跨部门"产权合作。这样，传媒汇流对传统媒体起到了一种"解放"作用，不同传媒间传统壁垒的消除，资源的分享，引发了传媒业的全球化竞争。大型传媒巨头就是在这种背景下迅速登上了世界经济的 T 型舞台。

信息产业中的国际传媒巨头充当了汇流的主角。

由于所有的通讯形式都统一为数字方式，传媒产品易于在不同的传媒形式之间转化，这样就出现了"范围经济"效应，文化产业成为制造、传播、消费"文化符号"的巨大现代产业，大大地超出了传统文化产业的范畴。传媒集团日益成为"团块式的"、垂直整合型的、超大型的公司，这些公司具有"范围经济"的优势，也就是说，他们介入了多种产业，一项产品的开发往往得到多重的收入，而一项开发成本可以在多类产品中分摊，因此，总的利润比分别开发某个部分的企业大得多。比如，迪士尼制作一部电影，可以将其在不同的传媒上推广，如在电视网中播出，制作电视节目的副产品，出版有关的书籍，建立主题公园，在连锁零售店中出售与电影相关的时尚物品，等等。

传媒巨头的团块式结构造成了巨大优势，国际化程度不断提高。以时代华纳集团为例，到了2000年，它与美国在线合并其国际市场的收入达到总收入的40%以上。贝塔斯曼公司的国际市场收入已经超过其国内收入。上述发展趋势的结果是，由传媒、电讯、互联网业汇合产生的部门将成为全球经济中的最大的和发展最快的部分。而像芬兰这样区区几百万人口的消费市场，根本不足以支持如此之大的传媒巨头，他们较小的企业由于无法获得范围经济的优势，在与美国企业竞争的时候，就会处于极为不利的地位。

七、内容为王：全球化与非管制化

数字化是现代信息技术的"吸星大法"。它把传统与现代的各种传媒功能以及各种形态的信息资源集于一身。这样一来，信息产业成为"多媒体的""跨（传统）产业的"巨无霸。这个怪物可以轻易地走出物理国界，轻易地把我们的地球玩弄于股掌之间。数字技术是推动全球化的火车头，这一点已不再有人怀疑。

数字技术又是一个被打开了的"潘多拉的盒子"，问题在于，在这种统一的技术基础上和统一的市场环境中，各种独特的文化将会是什么命运？是否会因为这种全球化潮流而完全丧失自己？全球化是否就是全球没文化？

这触及到了我们这个全球化信息社会的根本问题。

数字化技术必然否定传统的管理方式，这一点已经没有疑问。因为数字技术是一个统一的传输通道，所有传统和现代的服务内容都在一个统一的网络上，连接所有的用户设施，这就使传统的管理体制失效。谁要是还想用前网络时代的管制模式管理现代文化产品的生产和传播，制订分行业法规，将信息传播限制在民族国家内，就像是在编织一件件皇帝的新衣。

但是，传统管理体制的解除，必定会使信息产业与文化产业之间手段与内容的不平衡发展矛盾全面展开，民族国家出于政治经济利益，仍然不能不考虑。

所谓手段与内容的不平衡发展，表现出来的是一个国家内部，或者国家与国家之间，在各种信息手段载体的发展与这些手段所负载的内容之间发展的不平衡。传媒汇流所造成的不仅是一个国家内部各种信息手段之间的管制界限与行政壁垒的消解，而且是不同国家信息产品的无限流通。一旦信息产品脱离了民族国家的呵护，汇入全球性的市场，就会开始受到经济规律的无情支配。一些表现地域性文化内容的信息产品可能会由于消费者群体的狭小而失去生存的机会；另一些传播了极为特殊的文化形态的信息产品在某种市场机制的推动下，有也可能获得消费者意外的欢迎。目前在世界上对于全球化与文化发展的关系存在两种看法，一种认为，全球化将导致文化多样性的消失，另一种认为，全球化将导致所谓"全球地方化"的趋势，将促进文化多样性的发展。这两种看法就反映了在市场经济规律的支配下，文化发展的两种可能结果。

正是对出于对在全球性市场中本国文化前景的担忧，才使得欧洲人，特别是芬兰人提出了我们前边所谈到的 SISU 计划。

1999年在芬兰举行的一次欧盟文化部长非正式会议比较好地诠释了欧洲人这时的关注重点。会议指出：商业压力和由此而来的内容贫乏，而不是文化的多样性，是存在于我们这个日益发展的、由数字电视造成的广播时代自身中的固有威胁。可靠而高水平的公共服务应该是欧洲的竞争优势所在。保存欧洲人的文化认同至关重要。如果没有有价值的内容，技术的未来发展是没有意义的，这是新千年的最大挑战。

"头脑国家管思想，肌肉国家干粗活"，我们如今正处在这样一个时代。在这个时代，仅仅注重发展信息技术，尚不足以成为头脑国家。只有振兴内容经济，繁荣文化产业，作头脑国家才不是一个幻想。

文化产业所依托的技术并非最重要，重要的是要具备绵绵不绝的创新动力和源泉，它包括技术创新、内容创新、制度创新。正是在这个意义上，文化产业才被称为内容经济。在信息技术革命提供的平台上，我们正在全面进入"内容为王"的时代！信息产业只有成为文化产业的操作平台，才具有真实的价值。

让自己的文化坐进自己信息技术的怀里，这就是我们走向头脑国家的通行证！

"一臂间隔"原则与艺术理事会 *

国家在管理文化和发展文化产业方面应扮演什么角色？怎样使政府实现从"直接办文化"向"主要管文化"的转变？这不仅是我国文化体制改革中亟待解决的问题，也是其他国家尤其是发达国家面临的普遍问题。20世纪90年代以来，世界许多国家的文化政策程度不同地采纳了"一臂间隔"（或译为"一臂之距"）的国家文化管理体制。对这个观念的讨论不仅有助于我们理解上述相关国家的文化政策，也对我国文化体制改革有一定借鉴作用。

一、"一臂间隔"的含义

"一臂间隔"是英文 Arm's length 的译名。它原指人在队列中与其前后左右的伙伴保持相同距离。"一臂间隔"原则最先用在经济领域，针对的是一些具有隶属关系的经济组织，如母公司与子公司，厂商和经销商等。根据这个原则，这些组织在策划和实施各自的营销规划、处理利益纠纷乃至纳税义务上都具有平等的法律地位，一方不能取代或支配另一方。

"一臂间隔"原则被挪用到文化政策具有两种主要含义。它多是指国家对文化拨款的间接管理模式，但这种管理模式同时要求国家对文化采取一种分权式的行政管理体制。从对文化的集中管理到分权管理，这是"一臂间隔"原则的基本要义。

---

* 本文刊载于张晓明、胡惠林、章建刚主编：《2005年：中国文化产业发展报告》，社科文献出版社，2006。

《芬兰文化政策》指出，"一臂间隔"原则具有"垂直"和"水平"的两种分权向度。所谓"垂直分权"涉及中央政府与其所属行政部门和各级地方政府的纵向分权关系：即一方面，中央政府将文化政策制定和实施的主要权力以及部分文化拨款的责任交给其所属的文化相关部门（如芬兰的文化和教育部、英国的文化、新闻和体育部，法国的文化部、澳大利亚的艺术和通讯部等等），另一方面，它还要求各级地方政府行使相应的权力或承担相关的责任。譬如，英国20世纪90年代中央政府对文化领域的年平均预算为10亿英镑，而同期英格兰、苏格兰、威尔士和北爱尔兰这四个大行政区对文化的年资助额超过了10亿英镑。在芬兰2000年的公共预算中，中央政府对广义文化产业的财政支持占支出总额的58.6%，地方政府文化财政支出占41.4%。而从对狭义艺术生产的资助来说，中央政府和地方政府各占一半。澳大利亚、日本的情况也大体如此。

"水平分权"是指各级政府与文化方面的非政府公共组织（non-department public bodies）的横向分权关系。这类组织是介乎政府与具体文化单位之间的一级中介机构。它有两个基本特性：其一，这类组织通常接受政府委托，为政府提供文化政策咨询，甚至向政府提供文化政策设计，并策划具体的文化政策实施方案；同时，它还负责把政府的部分文化拨款落实到具体文化单位。就此而言，它是代理政府具体管理文化的准政府组织。其二，这类组织往往由艺术方面和文化产业方面的中立专家组成，它虽然接受政府委托，但却独立履行其职能，从而尽可能使文化发展保持自身连续性，避免过多受到政府行政干预，受到各种党派纷争的影响。因此，它具有非政府、超党派的含义。

与不同级别的政府相对应的非政府组织之间通常不具有隶属关系。

在英国，这类非政府文化组织被称为"官歌"（Quango），意为"准自治非政府组织"。其中起主要作用的是各级艺术理事会（arts council，又译为"艺术委员会"）。艺术理事会体制首创于英国。

二、英国艺术理事会

2003年的《芬兰文化政策》自称，芬兰"是'一臂间隔'原则的最早实践者"，这是不确切的。2000年成立的"国际艺术理事会和文化机构联盟"（IFACCA）在2002年5月公布的文件中指出："成立于1945年的大不列颠艺术理事会是全球第一个体现一臂间隔原则的中介组织。"

英国率先设立国家艺术理事会有其历史原因。作为老牌自由市场经济国家，它在20世纪30年代以前对文化艺术基本上放任不管。中央政府既无相关管理部门，也无相应政策。在这期间，民间出现了许多维护行业利益的组织，如英国皇家合唱协会（1871年）、英国出版商协会（1896年）、英国出版权协会（1921年）、英国民间歌舞协会（1932年）和英国全国音乐协会联合会（1935年）等。二次大战前夕，由于意识到文化对国民精神的鼓舞作用，英国政府开始考虑把文化管理纳入国家的管理体制。不过，它不愿像其他具有古老帝国传统的法国、德国和俄国那样对文化采取"一竿子插到底"的国家庇护管理模式，因此便致力于创造一种既能强有力地推动文化，又可以防范国家、党派对文化的直接干预、"不能不管，也不能多管"的模式。1939年，经议会批准和皇家特许，英国建立了英国音乐艺术促进委员会和国家娱乐服务联合会这两个半官方文化管理机构。1945年6月，英国音乐艺术促进委员会转变为大不列颠艺术理事会，成为实现政府文化政策的重要机构。随着不断改造，英国逐渐形成了三级文化管理体制：

（1）政府：包括中央政府和地方政府及所属文化行政管理部门；

（2）与各级政府对应的、作为准自治非政府公共组织的艺术理事会；

（3）各种行业性的文化联合组织，如电影协会、旅游委员会、广播标准理事会、体育理事会和博物馆/美术馆委员会等38个机构。

英国艺术理事会由各文化行业内的专家组成，理事会成员由政府任命，任职后获得独立的法律地位。艺术理事会的任务包括：

（1）向政府提供文化政策建议咨询。当政策通过立法程序以后，他们还要制定各种实施方案。值得说明的是，英国注重调动专家资源参与决策过程。除艺术理事会外，还有8个非政府政策咨询机构。

（2）对艺术成果进行"同行评议"（peer evaluation），对艺术创作和文化发展状况进行专业性的常规评估。

（3）依据专业评估，部分代理政府对文化优先项目的财政拨款。同时，对拨款效果进行监督和评估。如果被扶持文化单位的状况不能得到改善，艺术理事会将给出18个月的警告期，以决定是否取消扶持。

随着时间的推移，英国艺术理事会在文化政策咨询方面的作用得到进一步加强。1990年以后，面对知识经济、文化产业发展的态势，英国艺术理事会会同政府部门召开数以百计的研讨会并组织调查，在1992年5月形成"国家艺术文化发展战略"讨论稿，经政府审批，1993年以《创意的未来》为题公开发表。这是英国第一份以官方身份公布的纲领性文化政策文件。它有力地推动了英国艺术和文化产业的发展。

三、艺术理事会制度在国际上的发展

艺术理事会制度的核心是在管文化的国家与办文化的具体文化单位之间增加了一个专业性的中介组织，它提高了国家管文化的水平，在促进文化创造质量、改善文化发展环境、前瞻性地应对国际文化竞争方面发挥着"旗舰"作用。基于英国的经验，英联邦国家在20世纪50年代后相继采纳艺术理事会体制。1957年加拿大建立了国家艺术理事会；澳大利亚于1968年在联邦总理倡议下建立澳大利亚艺术理事会，1973年，该理事会直接更名为"澳大利亚理事会"，直属内阁管理。

20世纪80年代以来，艺术理事会这类组织在英联邦以外国家普及开来。"国际艺术理事会和文化机构联盟"的文件指出："目前在世界各地，无论穷国还是富国，也不论英语国家还是非英语国家，都普遍建立了对文化艺术进行资助的准政府国家机构。"这项制度得到了联合国教科文组织的大力支持。相关的国际会议进行了多次，相关国际组织也发展起来。

但由于历史的、政治的和经济的原因，各国对"一臂间隔"原则和艺术理事会体制的接受力度是不同的。以英国为参照，大概可分为强意义的和弱意义的艺术理事会体制。

澳大利亚是强意义的艺术理事会体制的代表。该国联邦政府积极提升理事会的规格，特别强调它在政策咨询、文化拨款、开发文化产业和建立文化产品国际营销结构等方面的中介性和主导性作用。1993年出台的澳大利亚文化政策《创意国家》对此进行了专章论述。它指出："澳大利亚理事会是这个国家最重要的文化资源之一。在它成立的21年中，艺术活动和文化产业有了长足发展，一般来说，这是对联邦政策的成功证明，具体而言，则是对澳大利亚理事会的成就的证明。……澳大利亚理事会需要把越来越多的资源用于发展视听众、与广播技术领域建立各种联系、开拓市场、鼓励赞助商和拓展对外出口等领域。"为鼓励对文化产业开发，澳大利亚理事会专门设立"主要文化组织董事会"，董事会成员来自那些对国家具有重要意义的、经营状况较好的文化企业。其任务是监督和处理重要文化企业的财政状况，以避免它们沦落到向政府寻求援助的地步。澳大利亚文化政策专门列出多条款项，以强化该理事会的行政和财政功能。除澳大利亚外，芬兰也对艺术理事会的地位和功能十分重视。

相比之下，弱意义的艺术理事会体制是指一个国家尽管设立了艺术理事会，但其对政府文化政策的制定缺乏实质性影响。国家对文化的管理权主要还是集中在各级政府及其所属行政部门。艺术理事会则是表达、协调各具体文化单位或行业协会利益的论坛性机构。例如，德国文化体制主要是由政府机构与以自我管理权为基础的具体文化组织这两级组成。1998年，联邦政府扩大了自己对文化事务的管理权限，建立了自己的文化事务和媒体专门委员会，联邦文化基金会也由政府直接管理。同时联邦议会也建立了自己的文化事务委员会。然而，艺术理事会的中介性作用并不明显，仅限于对职业艺术家组织的保护和扶持提供一些专业咨询意见。2002年《德国文化政策》指出："一般来说，在联邦政府和非政府活动者组成的多样化组织之间尚没有形成有组织的文化活动合作和协调机制。"在这个文化政策中，对艺术理事会的功能没有任何专门讨论，这与前面提到的澳大利亚文化政策形成鲜明对照。在这个背景下，如何转变在文化管理体制上有效贯彻分权原则、削减政府对文化发展的直接义务和管理责任，动员各种社会资源发展文化，成为德国国内正在争论的问题。

除德国外，法国文化体制中根本没有给"一臂间隔"性质的艺术理事会留下一席之地。《法国文化政策》开宗明义指出："法国文化政策的历史可上溯到16世纪的皇室庇护传统，从那时直到今天，法国文化政策一直具有这种皇室扶持特征：即提高文化知识和文化艺术，逐步完善国家文化行政管理结构和文化预算。"在这个文化政策的"组织机构"部分，对艺术理事会没有任何描述，这在当代发达国家的文化政策文件中是十分独特的。

必须指出，德国和法国的上述管理模式与其独特历史传统有关。"文化"对这两个国家向来具有重要地位。《德国文化政策》宣称要建立"文化国家"，而《法国文化政策》也宣称"文化是国家形象的重要因素"，法国要成为具有鲜明特点的"典型国家"。这些国家对文化的关注力度和资金投入力度向来很大。目前，由于财政负担加剧，文化产品在世界市场中激烈竞争的前景日益明朗，这两个国家也都在考虑对文化管理实施分权，吸引各种社会力量发展文化。它们是否会最终大力实施"一臂间隔"原则还难作定论。

　　由于有德国、法国这样的实践，东欧国家在转型中的一个重要话题就是：应当借鉴源于英国的"一臂间隔"原则来强化艺术理事会制度，还是要参照德法的经验来加强国家对文化的宏观管理？2000年欧盟理事会出版的文化政策论文集刊载了匈牙利学者西蒙·蒙迪的文章《对文化的一臂间隔资助：为什么或为什么"不"？》，从这个题目可以看出，是否接受"一臂间隔"原则并强化作为中介组织的艺术理事会，是这些国家面临的政策选择。这种选择的基础在于，如何理解在知识经济背景下出现的国际文化产业发展态势，如何认识自己的国情，如何在此基础上确立自己的文化发展目标和文化体制。对于这些问题，我们还需要深入研究。

"国外文化政策文件选编"（摘录三篇）

前 言[*]

为服务于我国文化体制改革的研究，中国社会科学院文化研究中心组织专家搜集并翻译了一些有代表性国家的文化政策文献。为满足当前急需，本刊从本期起推出"国外文化政策选编"，陆续刊登一些经过选择的文化政策的简要文本，并加以适当评述，以备参考。

这些文件在一定程度上反映了相关国家为应对知识经济时代而做出的文化战略选择。知识经济标志着全球正在进入"第二次现代化进程"。1982年，联合国教科文组织（UNESCO）在墨西哥城召开"世界文化政策大会"，首次把人文—文化发展纳入全球经济、政治和社会的一体化进程。该会议在1997年出台的报告《联合国世界文化发展10年（1988—1997）》明确提出，要提高对全球人类共同体的人文—文化关怀，推动经济—政治—文化的融合，在尊重文化多样性和原创性的前提下鼓励文化意义内容的国际流通。

本刊所选这些国家的新世纪文化政策，包含了对全球化趋势做出的几种不同类型的回应。如：美国是"全面市场型国家"，其市场经济与文化生产的融合达到了很高的程度，而强调对文化资源的经济开发便成为该国文化政策的鲜明特征；以欧盟、澳大利亚和加拿大为代表的发达国家第二集团，虽然在市场经济、政治制度和社会价值观念上与美国相

---

[*] 2003年下半年，中国社会科学院文化研究中心设立内部刊物《文化政策调研》，主要刊发国外文化政策综述和我国文化发展的政策建议。刊物很快成为国内文化领域唯一的要报系统，2006年停刊。本文是笔者为该刊"国外文化政策文件选编"所写的序言以及几篇综述。

近，但却普遍感到来自美国文化产业的巨大压力，这决定了它们的文化政策，在充分意识到"文化市场化"和"市场文化化"这一趋势的同时，又十分强调文化的民族认同，强调国家对本国文化和文化产业的保护。本期发表的芬兰文件就体现了这一特征；像俄罗斯这样的转型国家，面临着彻底改造原有文化体制的问题，它在按照欧盟框架来构建自己文化政策的同时，也保持着十分鲜明的独立性和试验性。需要指出的是，日本虽然属于发达国家第二集团，却有深厚的亚洲文化传统，因此它的文化政策也特别值得我们注意。

由于我们的水平有限和人手不足，这项工作尚不成熟，欢迎批评指正。

芬兰文化政策综述

《芬兰文化政策》（2003）是芬兰政府管理文化发展的指导性文件。由于芬兰在1995年加入欧盟，它的文化政策又是欧盟文化政策框架文件的一个组成部分，其文本形式与英、德、法等国一样，都包含八个部分。从内容看，它的许多基本原则都力求与欧盟其他成员国保持一致，如中央政府对文化的管理方式采用了其他成员国通行的、体现水平和垂直分权的"一臂间隔"（Arm's length）模式（第三章）；关于文化和文化产业的定义也采用了欧盟的界定方式（第三章第二节）；在文化发展模式上，该文件特别强调欧盟与美国的一个区别，即"美国偏重于文化产品的经济可开发方面，而欧洲国家则较偏重保护艺术及表演的创造力"（第七章第一节）；在电视配额方面，芬兰积极执行欧盟提出的"电视无边界"原则，为欧盟制作的电视节目留足一定黄金播出时间（第六章第一节）；等等。

芬兰文化政策的总目标和基本原则与其他欧盟国家有相当多的共同点，但芬兰的特殊国情也决定了它有自己的侧重点和优先选择，主要是：

（1）芬兰是个小国。从 12 世纪起它就是瑞典王国的一部分，600 年后又被沙俄吞并，直到 1917 年获得独立。这样的历史使芬兰文化表现出很强的多样性特征：它的现行社会和法律制度可以溯源到瑞典统治时期；除芬兰语外，瑞典语是它的第二国语；它还与俄罗斯文化保持着一种血缘联系；等等。但多样性的历史来源又使芬兰具有一种强烈的"民族认同危机意识"。因此在尊重文化多样性的同时，强化自己的民族认同，就成为芬兰文化政策的一个重要特征。

（2）芬兰是发达国家。2001 年它被瑞士世界经济论坛和洛桑国际管理学院分别评为世界第一和第三最具国际竞争力国家。竞争力主要来自信息产业。其互联网和移动电话普及率均居欧洲第一和世界前列；信息技术及产品出口占工业出口总额近 30%，已超过传统的森林和金属工业。现代信息产业的高度发展大规模促进了芬兰经济和文化的融合。针对传媒技术负载文化内容的规律，芬兰在 20 世纪 90 年代大力提倡发展"创意内容生产"，芬兰信息发展协会提出 2000—2004 年"内容创意启动方案"，强调要大力发展以市场运为依托、以现代传媒技术为平台的文化内容生产，从而把芬兰文化、由芬兰文化符号包装的物质产品推向世界，提高芬兰在世界市场"文化化"中的竞争力。

（3）芬兰有长期由政府直接投资艺术、文化设施和大众文化培训的传统。但 20 世纪 90 年代初的福利国家危机使其文化政策发生了一些重要变化，集中表现为一种"去中心化"的取向：要求人们更多地关注那些边缘性和非经典的文化现象，如少数族群文化、女权文化以及大众文化等；提出了"一臂间隔"观念，要求国家把对文化的管理权分散给地方政府、中介性的第三部门（艺术理事会）；要求国家从唯一投资人转向广泛组合包括私人部门在内的各种社会资本；等等。

由于芬兰是个文化资源小国，在民族认同方面存在着强烈的危机感，因此相比于那些文化产业大国，《芬兰文化政策》较多地强调中央政府在促进文化发展方面扮演的重要角色。实际上，芬兰国家更像一个大型文化发展公司，在当今这个强国林立的时代，它更希望借助国家的力量保持自己的民族文化特征，并在此基础上使具有自己文化特色的产品在国际市场上赢得一席之地。

澳大利亚文化政策综述

在西方文化产业政策的历史上，1993年是个重要年代。这一年，英国首先推出其官方文化政策《创意未来》。随后澳大利亚、加拿大等英联邦国家的文化政策相继问世。到20世纪90年代下半期，欧盟各主要国家陆续将文化政策当作其经济、政治和社会发展的基本战略的重要组成部分。

本期摘编的《创意国家：澳大利亚联邦文化政策》是澳大利亚历史上第一个书面官方文化政策文件，它起草于1992年，1994年正式推出。从表面上看，该文件完全承袭着英国文化政策的基本主题，即把塑造文化的"创意"当作其关注核心。但深入观察，它有以下几个基本特点。

首先，该文件特别指出，对现代澳大利亚人来说，培养文化创意能力直接意味着要形成现代澳大利亚的"文化认同意识"。而要形成这种意识，从历史上看，就是要消解那种把澳大利亚文化理解为"不列颠文化的摹本"的传统意识；从现实来看，就是要抵御随着信息技术革命和全球化而出现的外来强势文化的影响（见"序言"）。具有创意的文化必定是独特性的文化。基于这种意识，1994年澳大利亚联邦总理的文化政策实施报告即被命名为"澳大利亚特色的文化"（distinctly Australian）。它强调要加强对澳大利亚土著文化的保护和发掘；要从资金和政策上加强对文化人和文化单位的创意活动的扶持力度；要在视听领域中保证澳大利亚原创作品的播出份额；等等（见"联邦政府对文化的资助"）。总之，追求卓越的文化创造力与塑造现代文化认同意识是澳大利亚文化政策的首要目标。

在现代社会中，形成卓越的文化创造力与独特的文化认同意识常常遇到两方面的挑战：一方面是均质化的市场；另一方面是伴随信息技术革命汹涌而来的外来强势文化的影响。如何将挑战变成机遇，这是澳大利亚文化政策的另一个重要话题："信息革命和全新媒体……可以生成一些使创意机会得以产生的全新领域。我们需要利用这种技术，并给它打上澳大利亚的印记。……通过以新的或发展着的国家制度来保持我们的遗产，让技术服务于这种遗产的保存和传播，通过从艺术、知识增长中创造出新的税收，通过扶持我们的艺术家和作家，我们便能够驾驭全球化浪潮，使之保护并提升我们的民族文化。……因此，澳大利亚文化政策也是一个经济政策。文化创造财富……；此外，文化增加价值。它对我们的创新、市场营销和广告作出了巨大贡献。它是我国工业的品牌。从根本上说，我们的创造力水平决定着对新经济规则的适应能力。它本身就是一个重要的出口产品，是其他出口产品的重要附加物。"（见"序言"）通过市场让艺术家的产品变为大众消费产品，利用全球化的技术手段使民族性的符号产品变为具有国际竞争力的符号产品，使自己的文化战略适应"新经济规则"，这种战略意识在澳大利亚文化政策中贯穿始终（参见"澳大利亚文化委员会"）。

现代文化产业，从目的上来说是要提高大众的"生活舒适度和愉悦度"，从条件上来说需要依赖于大众文化素养的提高。这一切都需要以保证大众的文化权利为前提。为此，澳大利亚文化政策在"导言"中郑重推出"文化权利宪章"："它应当保证所有澳大利亚人获得：（1）接受一种新式教育的权利，该教育旨在培养个人的和欣赏他人创意的能力；（2）接触我们的知识和文化遗产的权利；（3）进行全新的知识和艺术创作的权利；（4）参与共同体的知识和文化生活的权利。"卓越与创意、民主与普遍参与，这是澳大利亚文化政策所标榜的总体发展目标。

不过，上述总体发展目标的实现需要一个既符合文化发展规律、又符合市场经济规律的文化管理体制。过去，西方国家在文化管理大体因循两种模式，一是美国式的"放任或无为而治模式"；一是法国、二战前的德国以及英国等为代表的"政府庇护模式"。随着"文化市场化"趋势的出现，完全的"政府庇护模式"显然已不合时宜，但对那些在文化发展上不具有强势地位的国家来说，完全采取美国模式显然也会失去自主性。因此，如何界定政府在文化发展中的角色，这是许多国家关心的共同问题。澳大利亚文化政策将政府职能纳入以下五个范畴："（1）培育文化创意的卓越性标准；（2）使所有澳大利亚人享受最大程度的文化体验；（3）保存澳大利亚的文化遗产；（4）促进对澳大利亚文化认同（包括其鲜明的文化多样性）的艺术表现；（5）发展活跃的和可持续发展的文化产业，包括那些伴随新技术而出现的文化产业。"显然，上述五点都是政府"管文化"的原则性要求，但并非"办文化"的具体方案。

澳大利亚文化政策认为，在政府"管文化"和具体文化单位"办文化"之间需要一个具有协调功能的中间环节——文化理事会。该文件第四部分全部用来论述"文化理事会"的改革方案，这在其他发达国家的文化政策中是不多见的。该理事会既接受政府委托，又在文化政策的咨询、实施方面与政府保持着"一臂间隔"的距离；它的成员不仅包括文化专家，也包括一些熟悉市场的专才；它不仅承担着对文化创意进行"同行评议"的功能，还代理政府进行文化拨款。总之，它在政府和文化单位之间、文化创意和市场发展之间充当着中立性的和专业性的调节器。

在各发达国家的文化政策中，澳大利亚在1994年推出的这个文件规模最大，内容最详细。由于篇幅所限，本摘编对它的若干章节只保留了标题。即使是这些标题，也可以为我们了解其整体思想提供一些线索。

美国文化政策咨询报告综述

本期摘编的《文化投资：各州的政策创新》（简称"《政策创新》"）是美国"全国州立法会议"2002年公布的"文化政策工作组报告"。所谓"州立法会议"是由民主党和共和党成员组成的常设咨询机构，旨在为美国各州决策者们所关心的议题提供研究和讨论机会。2002年，该立法会议委托一个工作组起草上述文化政策报告，工作组成员包括6个州的众议员以及文化管理方面的专家。因此，这个报告不是欧盟各国文化政策那样的官方指导性文件。

工作组报告主要取材于美国两位学者在2002年提交的报告《政策伙伴：联邦各州的文化投资》。这两人都就职于美国著名的非政府研究组织——"IMC研究公司"，该公司包括90余位具有博士学位的学者和文化管理专家。此外，两个人的工作还得到了美国最有影响的皮尤慈善信托基金会（Pew）为期1年的资助。Pew素以支持文化政策研究著称。近年来它曾为美国加州的兰德公司提供18个月的基金以调查自1966年文化发展对美国社会的影响以及目前全美文化的概况。基金会——专业研究——立法或行政实施，这是美国公共制度产品生产过程的一个缩影。

该报告旨在推动美国州一级的文化政策在文化管理体制和管理观念上的创新。迄今为止，美国尚没有联邦政府级别的文化政策文件，这是美国国情所致。美国是第一个进行文化立法的国家。1791年的美国宪法第一修正案指出："国会不得制定法律剥夺人民的言论和出版自由。"显然，这是一个最大限度约束政府权力和最大限度开拓文化生活空间的原则，它使行政和立法机构在文化政策干预方面变得十分谨慎。美国学者认为联邦机构"一向因循"（always, already）的文化政策就是"无为而治"（non-activity, non-regulation）。

美国的这个传统与欧洲国家形成鲜明对照。法、德等国一向具有国家扶持文化发展的传统。但美国学者强调，这种传统过于强调文化的

"先锋或精英"（avant-garde）特性，对它在社会中的自然形成、在市场中的壮大并不有利。美国文化是在非营利组织、企业、基金会和政府（non-profit, corporation, foundation and government）的多极互动中得到发展的。这显示了美国这个"全方位市场经济国家"不同于所谓"莱茵河模式的资本主义"（指欧洲）的特性。

一般来说，注重对文化发展的专业性研究和咨询，注重对文化发展的法律和政策环境的协调，注重给文化生产和市场提供最大限度的空间，这是美国文化发展的一个"无为而无不为"的原则。其潜在预设是：最大限度的文化生活空间是最大规模的文化市场和产业赖以形成的基础。而文化产业只有做大才能做强。这一点在以下的《政策创新》摘编中得到体现，这也是美国从一个文化资源小国成长为文化产业大国的基本经验。

冷战结束后，美国在国际政治中成为单一超霸，这种局面在世界文化市场中也有所体现。据有关资料，20世纪90年代以后文化生产成为美国最富于活力并带来巨大经济收益的产业：2001年，各类图书（不包括教材）年生产50000种，销售额253.8亿美元；期刊11000多种，90年代中期年销售额突破300亿美元；大型报业集团130余家，英文报纸1480余种，90年代中期广告年销售额近400亿美元；广播电台12000座（其中商业调频台5000个），90年代中期广告年收入120亿美元；电视台近14000千家，其中1300余家商业电视台（900家属于三大电视网），12500家有线电视台，1996年电视广告年收入首次超过报纸，达到425亿美元；电影2000年的票房收入为77亿美元；在互联网交易方面，2002年美国占全球3330亿美元网上交易总额的64%；音像制品，美国音乐制品占全球音乐市场份额的1/3强，海外年销售额达到600亿美元。需要指出的是，这些统计尚不包括作为美国第三大零售业的旅游业（第二章第五节），以及教育和会展产业。

《芬兰文化政策》指出，欧洲文化政策注重文化保护，美国则注重

"对文化的经济开发"。不仅如此，芬兰、澳大利亚和德国的文化政策也均认为美国的私人和社会捐助以及基金会制度尤其值得效法。这两点在以下《政策创新》摘编中都有体现。不仅如此，《政策创新》还特别关注文化作为"新经济"的要素对于形成"创意产业群、创意人群和创意共同体"的意义（第二章第五节）。

回到报告题目《文化投资：各州的政策创新》，"文化投资"和"政策创新"恰是需要关注的两个着眼点：即从经济的角度关注文化，从体制创新的角度来发展文化。了解美国当代文化发展，就是要看它的非营利文化组织、文化企业、基金会与捐赠制度和各级政府是如何形成良性互动的。此外，《政策创新》这个文本的形成过程也展示了美国是如何把人文社会科学的研究转化为公共制度产品的。

英国 BBC：一种"管办分离"的国有公营体制 *

英国广播公司（即 BBC）是当今国际广电传媒领域的一个大户。目前它的国内广播覆盖了 52% 的听众，国际广播以 43 种语言向世界播音；电视台在英国五个基本电视频道中占有两个。在 2000 年千禧年到来之际，BBC 制作的长达 28 小时的电视节目覆盖了世界 80 余个国家，它新近推出的儿童电视节目 Teletubbies 更以 45 种语言销往 75 个国家。其在世界上的影响不可小视。

BBC 更代表着当代广电传媒界一种典型的管理体制：它既属国有，又有独立的公营身份；既保持着主流媒体的地位，又积极面对强烈的市场竞争。与美国商业色彩浓厚的广电体制和我国的传统广电体制相比较，BBC 体制更侧重于在政府表达与公众舆论、市场运作与超市场运作之间寻求一种动态的平衡。对于正在进行体制改革的我国广电管理体制而言，BBC 的某些特征也许会有一定的启示。为此本刊特就 BBC 的管理体制问题组织了几篇研究报告，陆续刊登。

一、BBC 国有公营体制的成因

今天的 BBC 是国有公营企业，但其诞生之初却属私营性质。将 BBC 从私营企业改造为国有公营企业是 20 世纪 20 年代英国政府的一项重要政策选择。做出这样的选择的重要原因之一在于，伴随着无线通信

---

* 本文于 2004 年 10 月刊载于中国社会科学院文化研究中心主办的刊物《文化政策调研》。

技术而产生的电子传媒，从它进入文化领域的第一天起，就表现出传统纸介传媒难以比拟的优势，刚经历过第一次大战的英国，立刻将它视为与国家利益密切相关的战略资源。

在BBC诞生之前，英国媒体基本上是纸介的报刊一统天下。最老的《泰晤士报》1785年创刊，此后相继问世的报纸包括：《观察家报》（1791年，1993年被《卫报》兼并），《卫报》（1821年），《经济学家》（1843年），《每日电讯报》（1955年），《金融时报》（1888年），等等。这些报刊有两个相关特点：（一）作为纸介新闻媒体，它们既不能进行实时传播，其发行也受到地域性限制；（二）它们基本上是私营的，其办刊宗旨总是反映着特定商业集团或政治集团的利益。如《泰晤士报》和《每日电讯报》一贯表现出保守的立场；《每日镜报》（1903年）和《卫报》则在观点上倾向于左派或温和派立场，等等。由于纸介媒体的私营性、非实时性和地域性等特征，决定了信息传播的多元和多层次性。

与之不同，BBC是伴随一种全新的传媒手段——无线传播技术——而诞生的。1922年10月，马可尼（Guglielmo Marconi）和其他5位无线电器材商组建了英国广播公司（British Broadcasting Company）。这位马可尼是英国、美国现代无线广播业的开山祖。早在1895年，他就发明了无线电通信技术，由于该发明在他的母国意大利未获得关注，他就前往当时信息革命的重镇英国并在1897年成立了"马可尼无线电报公司"。在将这项技术陆续应用于航运、皇家空军通讯之后，马可尼在1920年首次尝试以无线通信方式播出歌剧明星D.Melba在切尔姆斯福德（Chelmsford）的演出。这是无线通信技术与文化内容的第一次联姻，因而是20世纪文化产业的一个划时代的事件。

马可尼等人进行文化传播实验以及组建BBC的初衷是为了推销无线电器材。而将该公司改造为现代传媒实体的是BBC第一任总裁、年轻的苏格兰工程师瑞斯（John Reith）。他敏锐地意识到，无线传媒的"实时"传播能力在文化传播方面具有广阔的空间,因此 BBC 不仅应当向消费者提供先进的无线电器材,而且可以直接利用这项技术在教育、新闻和娱乐方面提供广泛的服务。

面对来自 BBC 的"实时传播"威胁,英国传统报刊界一开始就为保卫自己的权威性进行抗争。当时的英国政府也曾规定,BBC 只能在每天晚上 7 点以后播报新闻社的新闻简报。然而新技术的应用立即表现出具有即时性和广泛覆盖性的传媒优势,电子传媒的发展势不可挡。虽然 BBC 直到 1922 年才在切尔姆斯福德和伦敦设立了两个实验电台 2MT 和 2LO,但到了 1925 年,它就已覆盖了英国全境。这样,除了"实时传播"优势之外,以 BBC 为代表的电子传媒又表现出跨地域的"广泛覆盖性"优势。这预示着,以电子技术负载的文化内容生产具有形成"天然垄断"的强大潜力。由于意识到了这一点,时任财政大臣的温斯顿·丘吉尔曾建议政府接管 BBC,但在瑞斯的说服下暂时作罢。

1926 年的报界大罢工为 BBC 提供了机会,英国政要们一时只能通过广播来获知新闻讯息。这个事件促使英国政府最后下决心收买 BBC 的全部股份,将其收归国有。1926 年 12 月 26 日,英皇乔治五世第一次向 BBC 颁布皇家特许状(Royal Charter of BBC,或译为"BBC 章程"),确定它为国有公营企业。1927 年,瑞斯也因其卓越贡献被封为勋爵。

BBC 从私营到国有公营的身份转变蕴涵着几个基本提示:

其一,电子传媒对文化内容的传播显示出纸介传媒所无法比拟的优势,这促使英国政府对电子传媒与报刊采取了不同的政策和制度安排。这种将广播电视与报刊区别对待的意识直到今天还产生着影响。

其二,不同制度安排的核心表现在国家对传媒的关系上:报刊基本是私营的、党派性的;尤其在 1955 年英国商业电视出现之前,英国广播电视领域(BBC 于 1936 年开通了全球第一家高分辨率电视台)完全采用的是国有公营体制。即使在商业广播电视已占有半壁江山的今天,BBC 的身份依然没有改变,并一直维持着主流媒体的地位(关于 BBC

与英国商业广播电视的竞争问题，将另文撰述）。

其三，英国对电子传媒的制度安排有典型的代表性（如欧洲许多国家和日本 NHK 大都采用相近模式），但不具有普遍性。例如由于特殊的文化地缘和传统因素，美国自 20 世纪 20 年代对电子传媒采取的是完全商业管理的模式。

二、BBC 国有公营体制的内涵：管办分离

直到今天，国内学者对 BBC 企业的性质仍存有争议：几乎所有论者都承认它是"公营机构"，但是对于其"国有"的"公营"性质及其特殊的构成模式就不甚了然。BBC 事实上是一种产权意义上的"国有"与管理体制意义上的"公营"相兼容的模式，其核心特征是：国家所有、委托经营、管办分离。

BBC 的国有性质主要体现在两个方面：一，国家是 BBC 的产权所有人；二，BBC 的运作经费由政府拨付。这些经费实际上来自收取广播电视收视许可费（自 1971 年起免收广播收听费），但在程序上，许可费先要上缴国家财政，然后经议会批准，再由政府相关管理部门以分期方式拨付给 BBC 公司。

在国有前提下，国家通过契约与 BBC 形成委托关系，这种委托关系是 BBC 获得公营身份的法理依据。自 1926 年 12 月 26 日英国皇室第一次向 BBC 颁布皇家特许状以后，每过若干年该特许状就要更新一次。1981 年的特许状有效期为 15 年（截至 1996 年底），目前的特许状的有效期为 10 年（截至 2006 年底）。特许状详细规定了 BBC 的工作目标、经营许可范围、组织机构等等，它是 BBC 确定其发展战略和服务项目的基本依据。

在颁发特许状的同时，政府相关管理部门与 BBC 的协议随之生效。由于 BBC 的业务同时涉及媒体技术和文化内容，涉及国内外市场，所

以英国政府对该公司采取"多头管理"的方式。目前,对BBC进行直接管理的政府部门是英国国家遗产部(1992年之前是英国内政部)。该部大臣在皇家特许状生效的同时与BBC签署全面协议,协议对BBC的公营身份以及相关的义务和权利进行确认。此外,英国贸工部授予BBC在英国境内使用和新建无线电和电视通信设施的执照;外交部授予BBC在海外开办台站和播音的执照。

显然,国家对BBC的委托关系是实施"管办分离"的制度基础,在此基础上国家从BBC的日常运作中退出。这使BBC具有独立自主的运营权利。尽管在历史上曾有一些政府官员对BBC进行干预,但无论在协议中还是在舆论上,国家在总体上都尽量避免以"干预者"的形象出现。

"管办分离"不仅体现在政府各部门对BBC的关系中,而且体现在BBC内部的组织机制上。BBC的最高管理机构是理事会(Board of Governers),通常由12名成员组成。这些人通常是财政、教育、文化、外交、社会工会各方面的专家,由政府提名,皇家批准,任期5年。根据皇家特许状的规定,理事会成员是公共利益的受托人,他们不对股东负责,而是对议会和视听付费者负责。理事会成员不属于BBC的专业人员,其主要任务是"监管性"的,即确定BBC办台的大政方针,监管其节目内容和经营活动,并出版每年的年度报告。

承担BBC日常运作的机构是理事会下设立的BBC执行委员会(Executive Board)。该委员会首脑为BBC总裁,由理事会任命。理事会与总裁协商产生副总裁。执委会其他人选(目前为16人)都是BBC各部门的负责人。所有成员的任期也是5年。近年来,BBC经过多次调整,现除人事、财务等部门外,中心业务部门合并精简为6大中心:广播中心、制作中心、新闻中心、环球中心、资源中心和管理中心,分别负责节目编排、制作、新闻采编、国际广播及对国内外的商业活动、技术设备、相关部门发展战略等的制定与实施,等等。

以上表明，BBC"国有—公营"体制的核心是在"国有"与"政府所有"之间划出界限。这种划界的背景是：英国是个多党制国家。如果国有意味着政府所有，特定政府又体现着特定党派的利益，那么，BBC就只能沦为特定党派的工具。为此，BBC要尽量公正、客观和全面地表达国家利益和全国公众的意志，完成对各党派和政府的监督功能，就必须坚持以超党派和超政府为宗旨的"独立性"原则。这使它在接受政府的委托后又与政府保持一定距离。正因为这样，BBC在历史中曾几次与政府发生冲突。如最近也是最严重的一次危机是2003年的"凯利事件"，其后果导致BBC董事会主席和执委会总裁相继辞职。但新任董事会主席上任伊始便再度申明BBC的"独立性"原则。

三、几点结论

（一）从BBC可以看到，在英国公众与政府，政府与公共传媒之间，有一个责任的链条，一个双重委托代理关系，也称连环委托代理关系。第一重委托代理关系是，公众将提供公共传媒产品的事务委托给政府，希望满足自身的消费需求；第二重委托代理关系是政府将生产公共传媒产品的事务委托给一家公共传媒机构，希望这家机构向公众提供这种产品。如果假定第一重委托关系已经形成，问题就存在于第二重委托关系如何有效建立并实施，即如何对公共传媒进行激励与约束，保证受众能得到数量、质量和成本都合意的公共文化产品和服务，同时防止公共媒介采取投机行为谋取自身利益。应该说，这一重关系在一般经济学意义上，与国家与国有企业的关系是一样的。

（二）至于为什么要用这种方式来向公众提供传媒文化产品，特别是为什么报刊出版可以以商业化的方式来管理,而广播电视却要实行"国有"？从BBC的发展历史看，一方面是由于相对于印刷媒介，电子媒介显然具有天然的垄断性，打破了市场的平衡。另一方面更重要的是，被电子媒介所负载的文化内容具有超出印刷媒介大得多的影响。如果说商业化的印刷媒介还被认为具有扩大公众民主表达权利、对政府进行监督的积极含义的话，电子媒介则可能通过垄断公共舆论造成损害公众利益的后果。因此，英国有学者认为，商业媒介在其不具有垄断性的时候，可以代表一定的特殊利益集团的利益，一旦其具有了垄断性，就必须收归国有，由国家直接兴办，以"代表最广大人民群众根本利益"。

（三）国家兴办并不意味着由国家直接管理，BBC 的"国有公营"方式中，所谓"公营"的含义和实现形式，一个是公众通过国家以契约的方式，赋予 BBC 以经营国有文化资产的权利；另一个是 BBC 通过组成理事会，吸收公众代表，对 BBC 直接行使公共管理权利。这表明，公共性强烈到如 BBC 这样的程度，就不能仅从国家与国有企业的一般关系上对其进行监管，而是必须形成公共监管和问责的社会化形式。实际上，目前即使在许多非文化类的公共公司（如上市公司）中，都已经建立了诸如"独立董事"制度，代表社会公众对公共公司实行直接监督，文化类的公共公司就更需要采取这种形式了。

英国BBC：基于市场的分类监管[*]

直到今天，英国广播公司（BBC）一直是英国传媒领域中的翘楚，但这并不意味着英国传媒领域是国有公营体制的一统天下。前文提到，作为英国传统媒体的报刊领域一向是私营企业的跑马场。此外，虽然从1927年到1955年BBC在广播电视传媒领域中一直享有垄断地位，但在1955年英国第一家商业广播电视网出现之后，BBC便进入与商业电视分庭抗礼的时代。这里出现了一系列值得关注的问题：为什么英国政府在广播电视传媒诞生之初要将其收归国有？为什么在BBC占据了近30年的垄断地位后又要引入商业电视这一竞争对手？为什么在商业电视充分发展的环境下还要在制度安排上继续维持BBC的主流媒体地位？这里体现着英国对广电传媒与市场关系的特殊认识，进而言之，这里体现出在英国这样的发达市场经济国家对现代传媒市场实行分类指导和分类监管的思路。

一、英国传媒市场的总体格局：如何从分到统、又从统到分？

在电子媒介出现之前，英国传统的传媒主体是报刊，至今报刊业仍在公众生活中占有十分重要的地位。仅以报刊为例，目前英国报纸的人均销量居发达国家之冠。据2003年的英国年鉴统计，到1999年，英国共有约1350种报纸，7000种周刊和杂志，其主要报刊平均日发行量如

---

[*] 本文于2004年11月刊载于中国社会科学院文化研究中心主办的《文化政策调研》，署名李河、张晓明。

下（单位：万份）：《每日快报》109，《每日邮报》235，《每日镜报》231，《太阳报》373，《每日电讯报》104，《泰晤士报》74，《世界新闻》421，《星期日镜报》198，《星期日邮报》228，《人民报》164，《星期日泰晤士报》137，等等。这些报刊有两大特点：

其一，它们基本上是私营的。目前，全国性报刊主要为7家大公司所拥有，其中最大的四家是"默多克新闻集团"（News International）、"联合新闻"（United News）、"传媒和每日邮报"（Media and Daily Mail）以及"通用信托"（General Trust）。

其二，其中一些报刊具有明显的党派倾向。如《每日电讯报》一向被视为保守党的喉舌；《每日镜报》则支持工党的政治立场；《卫报》在观点上倾向于自由党和工党，等等。

显然，在传统印刷媒介时代，英国的传媒市场是以"分"为主要特点，政府将传媒视同于商业企业，自主经营，自律管理。然而，英国对报刊的商业色彩和政治态度一向采取的宽容态度在BBC诞生之后发生基本转变，英国传媒市场的格局也由此走向"分统并存"（纸介媒体的"分"和电子媒体的"统"）的格局。

上一期研究已经谈到，今天的BBC是国有公营企业，但其诞生之初却属私营性质。将BBC从私营企业改造为国有公营企业是20世纪20年代英国政府的一项重要政策选择。做出这样的选择的重要原因之一在于，伴随着无线通信技术而产生的电子传媒，从它进入文化领域的第一天起，就表现出传统纸介传媒难以比拟的优势，刚经历过第一次大战的英国，立刻将它视为与国家利益密切相关的战略资源。

然而，BBC的垄断地位从一开始就显现出内容古板、效率低下的特点。此外，20世纪50年代初，欧洲各国要求开放广电媒体的呼声日益高涨。在此背景下，1954年英国议会经过辩论通过了旨在引入商业电视、结束BBC公天下的《电视法》，由此开启了电子媒介商业化的浪潮。1955年，冠名为"独立电视网"（ITV）的商业电视频道出现。

这里的"独立"就是指"独立于BBC"。以此为起点，英国相继出现了三次商业电视浪潮：第一浪潮在50年代末，其主要代表：覆盖西北英格兰的格拉纳达电视台（Granada TV，1956）；覆盖中部苏格兰的苏格兰电视台（1957）；等等。第二浪潮在60年代末，其主要代表：覆盖威尔士和西英格兰的Harlech电视台（HTV。1968）；覆盖北英格兰的约克郡电视台（YTV，1968）；覆盖伦敦地区的伦敦周末电视台（LWTV，1968）；等等。第三浪潮在80年代初，其代表为覆盖英格兰中部地区的中部独立电视台（CITV）；等等。这些商业电视多为地方性的私营企业，其收入主要来源于广告。

独立电视频道建立伊始，便以贴近观众口味的大量娱乐节目和强大的商家支持从BBC那里夺取了大量受众。到1957年，BBC电视的收视率曾降低到27%这一历史最低点。为应对这种局面，BBC不得不进行内部改革。1964年，BBC第2频道出现，相对于BBC1那种以新闻和严肃文化内容为主体的风格，第2频道主要播出轻松娱乐的节目内容。在它出现后，独立电视频道被称为第3频道。

尤其值得注意的是，在80年代初撒切尔政府鼓励私有化的背景下，英国也在尝试建立一种不同于BBC模式的公营电视台。1982年"第4频道公司"（Channel 4 Television Corporation）问世。它像BBC一样是非营利性机构，但其收入来源于广告而非收视许可费。从某种意义上，我们可以将它的出现视为英国旨在取消BBC模式的实验。但后来的历史证明，这一实验不太成功。

到了上世纪90年代，英国广播电视业出现了卫星电视、有线电视和数字电视的新竞争，商业电视也开始新一轮盘整，以应对来自美国的商业电视压力，1990年英国议会通过新的《广播法》，其主要内容是鼓励商业电视公司的竞争、兼并和规模性发展。在这个背景下，英国传媒市场再次洗牌，最终形成今天的格局。

经过多年发展，英国目前形成了5个基本广播频道，构成了电子传媒市场的基本格局。在这里，对比一下几个频道收视率的消长关系是十分有趣的。1981年，英国电视年度收视率统计中，BBC1、2两个台分别占39%、12%，独立电视台ITV占49%，其他如数字电视或卫视等仅占2%。10年后的1991年，BBC两个台的收视率分别降到34%、10%，独立电视台略微增加到52%，而数字电视和卫视则小幅攀升到4%。但到了2001年，BBC两个台总计占38%，独立电视台也下降到41%，数字电视和卫视则猛增到20%左右。

从上述统计可见，从上世纪80年代到21世纪初，BBC在英国广电领域从拥有半壁江山变成三足鼎立的一极，其主流媒体的地位虽有削弱，但还是稳固的。近来英国公众和私营公司对BBC的收视许可费特权提出异议，有论者因此猜测BBC将寿终正寝。但就英国对广播电视的基本看法而言，就第4频道的实验而言，我们认为BBC的国有公营身份近期内不会有根本变化。

二、分类监管：动机和手段

从基本业态来看，英国传媒市场总体上是由公共传媒和商业传媒两种类型构成的。公共传媒以电子广播为主，主要是BBC，而商业传媒以纸质媒介和商业性电子媒介构成，后来又有数字媒介的出现。

从运作模式来看，公共传媒和商业传媒有所交叉。BBC分为BBC1台和BBC2台，在内容上有所区别，但都是公共广播，资金来源于收视费。BBC4台是公营商业化的试点，收入来源于广告。ITV台是商业电视台，资金来源于广告；第五频道是由地方台合并而成，资金来源于广告。英国电子传媒市场已经形成了公共广播和商业广播双轨并行、彼此交叉、整体均衡发展的态势。

为适应于传媒市场分化和多元化的局面，英国传媒监管体制也经历了从分到统的发展过程。BBC成立之初英国对电子传媒整体上采取了不同于对报刊的直接监管体制。1926年12月26日英皇第一次向BBC颁布皇家特许状，在此基础上，政府相关管理部门与BBC签订协议，它赋予国家对BBC实施直接监管的权力。而在1955年商业电视台出现后，英国形成了一套对商业电视台的间接管理体系，它与国家对BBC的监管并行。从1955年到1991年，管理商业电视台的机构为独立广播局（Independent Broadcasting Authority），它是根据1954年英国议会批准的《广播法》而成立的机构，负责监管除BBC以外的所有英国电视机构，向进入独立电视网（第3频道）的商业电视颁发执照。在80年代第4频道出现后，它通过自己下属的"第4频道电视有限公司"（Channel Four Television Company Limited.）对其进行直接经营。1991年，根据1990年议会批准的《广播法》，该局将权力移交给"独立电视委员会"（ITC），其管理范围扩展到新出现的第5频道。

值得注意的是，2003年是英国广电监管体制"从分到统"的重要年代。这一年，管理商业电视的"独立电视委员会"由英国电讯署（Ofcom）取代。不仅如此，该署的管理范围还扩展到BBC和数字性网络。这一举措表明，随着传媒市场发展的日益成熟，英国的传媒监管从开始的不同部门"分别监管"走向了在统一体制环境下的"分类监管"。

英国电子传媒业从BBC"公天下"的独家垄断局面，走向统一市场体制环境下的分类监管，其制度创设的动机和实现手段值得研究。

首先，将BBC从私营转为公营，显示出20世纪上半叶英国历届政府的一个基本判断，即广播电视因其对受众的快速、直接和强大影响力，应当与报刊区别对待。后者可以私营并表达特定商业集团或政治党派的立场，但广播电视则应代表公共利益，既独立于政府又独立于一切利益集团。BBC自1927年成为国有公营传媒之后，一向秉持的宗旨是"最大限度地满足视听众的公共利益"（public interest）。该宗旨的确使BBC与按照纯粹商业化模式操作的美国传媒企业有较大区别。美国新闻界素以满足公众猎奇心态为目标，其新闻报道追求戏剧性效果，因而有"坏消息就是好新闻"（bad news is good news）的说法。而BBC则一向推崇严肃性的节目：在新闻方面，它一向注重新闻背景分析；在娱乐节目方面，它一向注重严肃艺术或以严肃的方式谈论艺术。但是我们这里关注的是BBC的制度创设逻辑：以最大限度地满足公共利益为目的，并且以独家垄断的公营企业作为实现这一目的的唯一形式。

但是，在后来的发展过程中，人们发现最大限度满足视听众公共利益并不构成对BBC采取国有公营管理体制的充足必要条件。或者说，这里出现了一个新的制度创设逻辑：最大限度地满足公共利益，但是在开放的市场环境中，以公营和私营多种形式来实现。以下情况应该是这一制度创设逻辑出现的原因：

首先，经过数十年运转，公共广播的垄断体制确实暴露出了机构庞大、效率不高、内容古板、听众年龄老化等问题。1977年，著名的"安娜委员会报告"出台，批评BBC节目制作效率低下，经营不善。开放商业广播电视使公共广播有了危机感、紧迫感，从而开始想办法减人增效、提高节目质量、降低办台成本，对长期处于垄断地位的公共广播是一个巨大的推动。

其次，商业传媒也不能"什么赚钱就播什么"，也要秉承社会伦理和公共利益原则，有时候甚至要受到更为严厉的制约。这说明，对电子媒体也有可能像平面媒体一样，通过市场进行监管，既发挥市场竞争的积极作用，又更好地服务于公共利益。比如说，英国广播法对商业电视施加了多种限制，如它们不能具有强烈的政治色彩，不能播出对儿童有害的节目，独立电视网中的公司在该网中的收视份额不能超过20%，等等。又如，同为公共广播重镇的日本NHK与日本民间广播、电视联盟共同制定的《广播电视伦理基本纲领》对公营广播电视媒体和民营广播电视媒体都有约束力。其中就规定了"保护国民的知情权、言论和表达自由的权利"，以及"通过健康有益的编播对社会发挥正面影响的作用"等原则。

再者，多媒体的发展使社会进入了一个"传媒过剩"的时代，公共广播在客观上也失去了垄断的条件。前几年，英国《每日电讯报》曾经发表过一份民意调查表明："2/3 的英国人已开始对英国广播公司每年对每台电视征收执照费的做法表示强烈不满。在 2055 名被调查对象中，有 57% 的人表示，英国早已进入多媒体时代，公众可以通过卫星和有线电视收看到 300 多个频道的节目，所以 BBC 至今仍通过法律手段强制人们交费的做法显然是不合理的。"另有报道说，英国保守党文化发言人抱怨说，10 年前，拥有电视而不收看 BBC 是不可思议的，而现在越来越多的人却必须为一个几乎不收看的频道每年支付很多英镑。

显然，现代公共广播的制度安排的出发点，已经从国家亲自动手办一个公营广播，转向了国家采取各种方法，保证人民能等到数量、质量和成本都合意的公共文化产品和服务。

在统一的市场体制环境下实行分类监管，监管手段是一个重要的问题。因为市场经济环境中监管手段首先是基于市场的，是针对企业的市场行为的，监管手段也应是市场化的。英国法律规定，报业或广电公司不得只受控于单一个人或少数私营机构。任何个人或私营公司所控报纸的日发行量如果超过了五十万份，如无政府许可，该个人或公司将不再拥有该报纸的所有权；任何一家商业电视台的观众如果超过了受众总人数的 15%，如无政府许可，该个人或公司都被禁止拥有该电视台的许可证。1990 年的《广播法》即对格拉纳达（Granada）和卡尔顿（Carlton）两家商业电视公司在这方面的违规行为进行警告。由此可见，英国是根据媒体的规模或影响力而对其采取不同的管理方式：规模或影响力较小的媒体可以获得较大的市场化程度；而规模或影响力较大的媒体则是国家监管的重点对象。

对于 BBC 和电视 4 台这样与公共利益有重大相关的公共传媒，英国也采取了不同形式的"国有公营"。一种是建立在"执照费"基础上的公营体制，另一种是建立在广告费基础上的公营体制。而且在执照费基础上的公营体制也分为两个严肃和的轻松的两种形式。在国家与公营企业之间形成"委托—代理"关系，并根据这一关系性质，设计专门的监管体制。关于这一点，已经有上文分析，不再说明。

三、几点结论

（一）英国是世界广播的一个典型形态。英国的广播已经形成了公共广播和私人广播的"双轨制"基本业态。公共广播也被称为"公营广播"，它不是我们所理解的"国营广播"，其主要特征是：第一，资金来源是公众缴纳的收视费或者电视机牌照税。第二，负有普遍服务义务。第三，由一个代表公众利益的独立机构负责经营和管理。私人广播则是由私人资本构成，依靠广告收入或者订户费运转，以营利为目的。还有一种目前世界上存在的广播形态是英国没有的，这就是国营广播。一般认为，国营广播是政府机构的组成部分（隶属于政府），接受行政领导；主管官员由政府任命；员工是政府工作人员；运行在政府严格管理之下；而且一般被视为是政府的宣传工具。英国没有国营广播这种形态的广播。

（二）总的来说，公共广播与商业广播的经济性质截然不同，不可混淆。但是在发展过程中人们已经发现，公共广播完全不考虑市场会导致内容陈旧，质量退化，而商业广播不针对其内容进行监管（如，对商业目的的自律性约束）也将导致各种社会问题，因此两种基本业态也已经有所交叉。英国公共频道商业化的试点（第四频道）就是最明显的例子。关于公共广播商业化的争论一直没有止息，今后还将继续下去。但是，一种区别于传统独家垄断式的公营广播体制的，多元化的新体制的出现是必然的，公共广播必然要日益融入市场，走上商业化的道路。世界各国的传媒政策趋向必定是越来越关注传媒市场的健康和繁荣，使受众能够得到越来越充分的公共文化产品和服务的供给，而不是政府自己直接来生产这种产品。

（三）联系我国的实际，值得我们关注的问题实际上并不是公共广播的商业化问题，而是国营广播的商业化问题。国际上一般认为，由于国营广播直接隶属于政府，承担着政党宣传工具的特殊使命，是一种最不应该商业化的广播形态。我国计划经济时期所形成的广播体制就是"国营广播"，改革开放以来实行的"四级办台"仍然在体制上延续"国营"和"官办"的性质。为克服在有限经费条件下发展事业的困难，多年来，我国的国营广播已经相当彻底地实现了"商业化"，以至于目前整个广电业的收入几乎90%以上依靠广告收入。这种将国营与商业化结合在一起的体制是造成种种问题的根源。我们现在的确应该研究，直截了当地将国营传媒商业化，对于向公众提供良好的公共广播内容有什么影响，特别是对于我们一向坚持的宣传导向有什么影响。

美国：商业化广电体制和公共利益＊

在以前对英国广播公司（BBC）个案的讨论中，我们介绍了英国对广播电视采取的政策选择模式：坚持BBC的公营性质以最大限度地体现和保障社会公共利益；鼓励私营电视竞争以推动广电业的规模性发展。由此提出一个问题：某一社会的公共利益是否只能通过媒体机构的公营甚至国营体制才能得到保障？在这方面，美国广电业的状况提供了一些值得思考的问题。

与英国所代表的公营—私营双轨体制不同，美国广电主体是私营的或商业化的。一般认为，私营商业台由于以追逐利润为基本动机，从不顾及公共利益，但这只是表面现象。从效果史的角度来看，美国广电业与表现为美国国家利益的公共利益形成了以下联系：就其国内而言，渗透在公众日常经济、政治和文化生活中的美国广电塑造着美国人的精神世界，成为促进该社会超稳定结构的重要力量；从国际上说，美国广电以其强大扩张力被称为"媒体帝国主义"，它是作为"新帝国"的美国的一个重要文化符号；尽管广电传媒不时与政府机构发生摩擦，但在相当多的时间中，作为广电传媒重要信息提供者的政府总是与重要媒体保持着一种共谋联系，这在"9·11事件"以后表现得十分明显。

显然，美国广电传媒提供了一个把媒体的私营化或商业化与公共利益嫁接起来的模式，也可以说，美国的公共利益是以私有化或商业化为其主要实现途径的。它诠释着亚当·斯密的一个论断：每个个体在追逐各自利益的同时，促进着该共同体公共利益的最大化实现。应当怎样理

＊本文2005年初刊载于中国社会科学院文化研究中心主办的《文化政策调研》。

解这个看似矛盾的现实呢？这种与商业化媒体联姻的公共利益究竟有哪些利弊呢？这是本文的关注主题。

一、美国广电的商业化模式：从竞争到垄断

今天美国广电业的主流是高度商业化、垄断化和国际化。商业化特征：1600家注册的传统电视台中有1300家私营商业台；垄断化特征：这1300家商业台中有800余家分属于4大电视网，即全国广播公司（NBC）、哥伦比亚广播公司（CBS）、美国广播公司（ABC）和福克斯广播公司（FOX）；国际化特征：许多国家或者直接接收美国电视台的节目（如许多欧洲国家直接接收CNN的新闻节目），或者播出来自美国的电视剧或卡通片，或者直接接受美国的商业电视模式来改造本国的广电市场。综观美国广电历史，商业化、垄断化和国际化特征之间具有一种因果联系——美国广电业的国际化是服务于美国的公共利益的；这种国际化是其媒体高度垄断化的后果；而这种高度垄断化又是商业化竞争的结果。

美国广电业的商业化模式可以追溯到其襁褓时期。它一开始就是在国际竞争和国内竞争中塑造成型的。在谈到BBC的起家时，我们曾提到其创始人之一、无线通信技术发明家马可尼。实际上，他也是美国无线电企业的奠基人之一。20世纪初，马可尼在美国创办了他的子公司，并迅速控制了美国的无线电领域。1912年4月，该公司21岁的无线电报务员大卫·萨尔诺夫因在值班时首先接受并发布了泰坦尼克号不幸沉没的消息而声名大振，这无意中成为美国无线电与新闻首次联姻的划时代事件。1915年，马可尼公司取得了真空电子管和其他无线电元件的专利权。

与马可尼开辟"殖民地"的努力同时，美国本土的类似公司也相继建立。1901年，美国无线电技术创始人之一李·德·弗斯特（Lee de

Forster)创办了美国第一家无线电公司。1906年,弗斯特发明了提高声音传真度的真空三极管,并创立了第一家实验广播台。此后,老牌的美国通用电气公司和美国电报电话公司也相继介入了无线电通讯领域。

为把马可尼这家英属子公司从美国市场淘汰出局,1919年,美国通用电气公司和美国电报电话公司支持马可尼公司的前雇员萨尔诺夫成立了以经营无线电收音机和国际通讯为主业的美国无线电公司(RCA)。此后,这家美国无线电公司及其主要股东美国通用电气公司又借助美国政府的干预买下了马可尼美国公司。从而使美国无线电市场掌握在清一色的美国公司手中。

进入20年代,美国无线电台开始广泛进入新闻和娱乐领域。1920年,西屋电气公司(Westinghouse)在商业部注册了美国第一家正式广播电台KDKA。它的首播新闻是报道共和党人哈定击败民主党人柯克斯当选美国总统,这似乎预示了广播新闻与美国政治的紧密联系。此后两年,注册电台总数近600家,无线电接收机购买量超出50万台。激烈的竞争促成了广播业的网络化趋势。1926年11月,萨尔诺夫掌舵的美国无线电公司与通用电气公司、西屋公司一道组成了"全国广播公司"。它的旗下设有两大广播网,即播送娱乐节目为主的红色网(Red Networks)和播送新闻和文化节目为主的蓝色网(Blue Networks)。此后不久,即1927年9月,威廉·S.佩里创立"哥伦比亚广播公司"成立。美国广电传媒由此进入规模发展时期。1930年,美国收音机拥有量为1250万台,1940年上升到4400万台,覆盖约90%的家庭。

在广播业开始崛起的20年代,美国国内就应当如何组织电子媒体的服务、应当由谁为广播出资的问题展开了讨论。一种意见认为,广播频道是公共资源,政府应强化对广播的直接控制,至少应在所有波段中为联邦广播网或州、市电台留出相当比例。公共电台经费由税收或执照费来支付。而另一种由美国无线电公司总裁萨尔诺夫为代表的意见则强烈推荐由广告费而非执照费来支持广播的方案。他建议建立6个由商业基金会支持的、具有较高垄断程度的、覆盖美国全境的商业电视台。

前一种意见显然就是英国政府在1926年采取的对BBC的管理模式，而美国却采取了后一种建议，即"让市场作出决定"。1925年，第一家由广告商购买播出时间的WEAF电台（1922年注册）得到了美国商业部的支持，获得了一个最清晰的波段，这种做法受到新闻界的诟病。而时任美国商业部长的H.胡佛一方面在公开场合批评商业电台，鼓吹"让以太（电子）媒体服务于公共利益"，同时又在其例行的广播会议上通过了允许波段和电台自由买卖的决议，为美国商业电台的发展扫清了障碍。

总之，在20世纪20年代美国已形成了电子媒体商业化的基本模式，其核心要素大体包括：（1）在私营资本基础上实行股份制运作；（2）靠广告费或订户费维持日常运转，以赢利为目的；（3）在区域性覆盖的前提下进行联网运营。30年代初出现的、二次大战以后得到长足发展的美国电视业也大体采用了这种模式。

竞争造成垄断。到30年代末和40年代初，美国NBC和CBS两大广播网已经控制了全美半数以上的电台。为此，1941年联邦电讯委员会（FCC）制定了反垄断的"广播联营法案"，根据该法案，1943年NBC向百万富翁诺布尔出售了它的蓝色广播网，该网在1945年被改名为"美国广播公司"（ABC），它迅速成为与NBC和CBS鼎足而立的"第三广播网"。与此同时，美国还有一个"第四广播网"，这就是A.B.杜蒙（Dumont）创立的"杜蒙电视网"。但在NBC和CBS的压力下，ABC和杜蒙电视网的地位一度岌岌可危，当时的地方电台都不愿接受它们的节目而成为其附属台。1955年，杜蒙电视网彻底解体，但ABC却因为在1953年与派拉蒙影院公司结盟而幸存下来。这样，从50年代到80年代，NBC、CBS和ABC在美国广播电视领域中形成了三分天下的局面，它们以所谓"共同垄断"（shared monopoly）的方式控制了90%以上的广电市场。

到 80 年代，上述三分天下的格局发生了重大变化。1980 年，CNN 成立，它拥有两套电视节目，通过 5 个卫星以及电缆向美国和全球用户 24 小时播出世界新闻。CNN 强调对重大新闻进行独家和现场报道，这就使它迅速成为全球新闻的主要来源之一，由此成为美国三大电视网的强劲对手。与此同时，国际传媒巨头默多克在 1986 年 10 月购买了 6 家美国电视台，创办了"福克斯广播公司"（Fox）。1987 年，它又购买了 12 家附属于三大电视网的城市电视台，由此，该公司成为当今美国"第四广播网"。1997 年，福克斯公司收购了美国第 11 大电视公司——新世界广播公司，其收视率覆盖 34.8%，在美国电视公司排行榜上名列第一。

NBC、CBS、ABC、FOX 这四大网连同 CNN 成为当代美国广电业的主力军。

二、美国广电监管的基本使命：鼓励广电传媒商业化

美国对广电业的监管经历了一个从政府直接包揽到国会委托一个独立于政府的部门进行体制性监管的过程。这既明确了广电总体作为公共资源的地位，又为广电本身的商业发展创造了有利条件。

由于注意到电子媒体的强大影响力对公共利益的可能影响，早在无线通信尚未进入新闻娱乐领域的 1904 年，泰奥多·罗斯福政府就界定了政府部门对它的管理权限：劳工和商业部监督商用无线电发射台；陆军部负责军用通讯台；海军部负责管理海岸电台。1912 年，美国国会通过无线电法，在军用、商用和政府电台之间分配无线电频率，并规定商业部长有权规定电台的波段和使用时限，为各种电台发放许可证。1919 年，美国公司借助政府的干预购买了马可尼美国公司，从而使无线电成为美国独有的国家资源。在新闻娱乐广播出现之后，1927 年，美国国会通过了一项内容全面的广播法案，明确界定了商业部的管理权

限，并设立了临时联邦广播委员会。直到1934年，国会通过了较为成熟的美国电信法案。该法案有两点特别值得关注的内容：

（1）为鼓励充分竞争，让公众听到多种声音，法案在"反垄断"方面作出了一些明确规定：任何私营集团或个人不得拥有7个以上调幅和调频电台或电视台；不得在同一地区拥有电台、电视台、报刊和有线电视中的任何两项。这一规定与英国对报刊和商业电视的相关限制大体相似。此外，"反垄断"成为80年代以前美国对广电业进行监管的基本精神。正是根据这一方案的精神，40年代初NBC才被一分为二，才有了ABC的问世。

（2）将1927年成立的临时联邦广播委员会变为常设的、对广播、电视和电信进行统一管理的美国联邦电讯委员会（Federal Communication Commission，简称FCC）。它接管了原来商业部的大部分职能。

FCC是直接对议会负责的独立管理部门，其管辖权覆盖美国50个州和国际传媒领域。FCC由一个5人委员会和16个主要职能部门构成。5人委员会由总统任命、参议院批准，每一任期为5年。委员会成员不得在任何与FCC有关的企业中有商业利益。委员会的职能是监督其下属各职能部门的行政活动。

委员会下辖6个署（Bureaus）和10个局（Offices），其职员主要是广播、电视、电信和法律领域中的专家，其主要职能包括：（1）颁发或续签许可证；（2）受理投诉；（3）对相关行业进行调查分析；（4）制定和监督实施各类广播或通信法案；（5）组织听证会；（6）监督国际广播、电视或通讯活动。

值得注意的是，FCC在80年代前的管理重点是防止广电媒体的垄断性倾向，以保障公共言论空间不致被少数私人媒体垄断。但在80年代后，为应对卫视、有线电视和互联网等新传媒技术的发展以及随之而来的传媒汇流趋势，为应对新闻和娱乐内容的国际竞争，FCC日益倾向于鼓励传媒企业进行横向（horizontal）或纵向（vertical）兼并。在此背景下，美国首都广播公司（Cap Cities）于 1985 年购买了 ABC。1995 年，娱乐业巨头迪士尼公司又以近 190 亿美元的天价购买了首都/ABC 公司。1989 年，美国时代公司与华纳公司合并为时代华纳公司（Time-Warner），新公司成为全美有线电视的第二大经营者。1995 年，美国西屋公司兼并 CBS 组成西屋—哥伦比亚广播公司（Westinghouse Columbia Corp.），而仅仅在 4 年后的 1999 年，该公司又被美国维亚通讯公司（Via-Com）兼并。

FCC 的这种政策有助于美国传媒业形成规模效应。如果说以前欧洲人断言"美国化就是商业化"还带有一种批评性意味的话，今天欧洲人在谈到"商业化就是美国化"则是出于某种无奈。因为他们切实感受到，一旦开放广电市场，就会面临美国媒体在内容上的强大压力。换句话说，FCC 的政策客观上是服务于美国在政治上的"一国独大"诉求的。

三、公共利益和美国广电监管的干预特征

商业化媒体是否必然会损害公共利益，尤其是作为国家利益的公共利益？从美国广电业发展我们得出以下两个印象：

首先，从战略角度来，有利的商业化环境有助于美国广电业做大做强，而强大的广电传媒影响又有助于塑造美国的超稳定性社会结构。就此而言，美国广电从总体上是服务于其作为国家利益的社会公共利益的。这一点已经由美国广电业发展的效果史给出了证明。

其次，就现实发展状态而言，由于商业化广电传媒以追求视听市场的覆盖率为目的，它的言论倾向和节目内容往往会与社会公共利益相抵触，这时就需要相关监管部门进行监督和干预。

一般而言，媒体所涉及的"公共利益"主要包含两大内容：其一是国家利益方面的，它包括主流意识形态和国家安全；其二是道德教化方

面的,它包括对公众(尤其是儿童)的精神塑造。就此而言,世界各国没有太大差别。作为美国广电业的常设管理机构,FCC 是美国媒体"公共利益"的权威解释者和仲裁者。它除了为美国广电业制定政策,而且也担负着干预功能,其干预方式大约具有以下三个特征。

(1)反常干预。反常干预主要是指对广电传媒内容的干预,在这方面存在着一些著名案例。1928 年,当时的美国联邦广播委员会对美国社会党设在纽约的电台提出警告,指责它所表达的立场不符合"公共利益"。1929 年,该委员会驳回了芝加哥劳动联盟拥有的 WEVD 电台关于增加播出频率和时间的申请,理由是它仅仅表达了部分劳工的利益。1938 年,墨丘利剧院(The Mercury Theater)播出了"火星人入侵"的广播剧,在数百万听众中引起恐慌,美国联邦通讯委员会立刻进行强行干预,禁播该剧。这些都是内容干预的实例。但是,从总体上看,直接干预播出内容的情况在美国监管史中仅是反常事例,而且越来越少。

(2)程序监管。除了在很特殊的情况下,美国广电监管一向秉持一个原则,即要求对相关媒体的监管程序化。从其近百年的历史来看,它的仲裁方式有一个基本特征,就是内容监管弱于规则监管。

对对象进行程序监管主要是靠出台各种广播法或电信法来实现的。这些法案旨在协调广电业的游戏规则。而一个法案的出台在 FCC 那里要经历起草、公示、听证和国会批准等程序。

此外,当某一媒体被投诉后,FCC 便扮演仲裁者角色。然而仲裁依然是程序化行为,它需要经历调查、听证会和裁决过程。如果当事者对裁决有异议,还可以诉诸司法程序。

(3)最大限度地保护被诉主体的权利。无论是 FCC 的仲裁还是法院的裁决,大多倾向于最大限度地保护被诉言论主体的权利。这与英国的情况形成鲜明对照。在那里,判决被诉言论主体犯有"诽谤罪"的案例很多,但美国这种判例则很少成功。这与 1791 年出台的美国宪法修正案第一条密切相关:"国会不得制定任何法律剥夺公众的言论自由。"

有学者对此解释说，这一原则实际是在政府和个人之间确立了一种"不平衡关系"：政府只能做宪法所规定要做的事，而个人可以做宪法所不禁止的任何事。因此，一旦社会普遍认同的"公共利益"与某种基于"私人利益"的言论发生冲突，FCC在对被诉言论主体的处罚上必须采取慎重态度。现在的问题是，这种对被诉言论主体的倾斜是否会构成对社会"公共利益"的伤害？换句话说，追逐商业利益的广电传媒如何可能与社会公共利益在博弈实现最大限度的共谋，这是我们需要进一步观察和分析的问题。

四、从"社会技术"角度看传媒商业利益与社会公共利益的关系

我们习惯于从原则高度看待传媒的性质和功能。这就会形成以下两个相关的思路：第一，将追逐商业利益的广电传媒与社会公共利益对峙起来；第二，认为最大限度地保护广电传媒的表达权利就可能对社会公共利益造成最大限度的伤害。这两个看法都有简单化的缺陷。

美国是个具有强烈实用主义传统的国家。它崇尚实验主义和博弈对策理论，这就使它可以把原则性理念转变成一种复杂性程度较高的"社会技术"。从"社会技术"角度观察美国的社会管理方式可以使我们突破意识形态的间隔，获取一些可以为我所用的有益内容。从社会技术角度观察美国广电发展，可以让我们清晰地看到，美国是如何在广电媒体、社会各阶层的博弈中来塑造公共利益的。

第一，广电传媒所体现的"公共利益原则"

从1791年出台的美国宪法第一修正案，到美国监管制度对"被诉主体权利的保护倾向"，都体现了这样一个观念：即所谓"公共利益"并不必然地与个体的或商业的广电传媒利益水火不容。相反，FCC在1949年发布的报告指出，它所说的"公共利益"包含着一个最基本的

原则，那就是对私人、特定团体和特定阶层的言论表达权保护。这是所谓"至上的公共利益"（public interest of all public interests）。广播电视媒体的重要意义在于，无论消费者的经济权利还是公民的政治权利都只有通过在公共领域中的言论表达才能得到体现、确认并获得利益最大化。换句话说，没有表达就是没有权利。这成为美国广电业的生存基础。从这一意义来看，最大限度地向基于"私人利益"的表达倾斜，就是在保护"至上的公共利益"。

第二，媒体剧场化

由于广电媒体的生存取决于它的市场份额，媒体的市场份额取决于它对公众言论领域的覆盖率，而对受众的覆盖率又决定于媒体表演的吸引力，因此，剧场化效应已成为美国广电传媒的一个重要特征。就广电媒体内部而言，这种剧场化效应在美国新闻节目中的"独立主持人"（Anchor）制度那里得到了集中表现。这项制度产生于20世纪50年代。所谓"独立主持人"是媒体声音的表现者，让媒体以个人的声音说话。与此不同的是，英国的主播人一向被称为Presenter，其字面意思是"照本宣科的播音员"。美国的主持人在广电媒体竞争中具有举足轻重的作用。此外，就受众而言，它的"言论代理人"通常是一些以学者、专家和律师身份出现的"嘉宾"。在面对任何重大的经济、政治或文化事件时，广电媒体都会邀请代表不同利益观点的嘉宾出场辩论。近年来，一些电视媒体甚至聘用两个观点对立的"主持人"来主持言论节目。"独立主持人"和"嘉宾"制度不仅使美国各阶层的声音得到表达，而且极大地影响了美国的政治生活领域。它使现代政治家都出现了"演员化"趋势。

第三，媒体与受众的实时互动

在"代言人"进行观点博弈的基础上，实时民意测验成为美国社会各阶层实现"公共利益"共谋的典型方式。无论是美国大选、伊拉克战争、让在校生高唱含有"上帝保佑美国"这一宗教内容的国歌是否违宪

（美国宪法规定学校不允许传播宗教内容）、还是同性恋等等问题，广电媒体在对相关主题进行激烈辩论后往往会迅速推出相关的民意调查，从而使媒体、公众、政府或国会形成各自的选择。在这里，公共利益的表达实际上意味着公共利益的塑造，而公共利益的塑造是通过各种表达的博弈来实现的。

第四，媒体的宣泄功能与受众关注疲劳

为获得市场份额，吸引受众的注意力，美国广电媒体总是最大限度的"在宪法所不禁止的"范围内发掘和触及敏感话题，尤其是丑闻，由此而有"坏消息就是好新闻"（Bad news is good news）的说法。按照通常的印象，对敏感话题的触及和丑闻的揭露很容易破坏社会的稳定从而威胁社会的"公共利益"，但美国广电传媒的实践提供了另外一种可能性：由于经常性地触及敏感话题或揭露丑闻，广电媒体同时扮演着纠错功能和社会心理能量的宣泄功能。作为纠错机制，它尽量使社会的阴暗面曝光，从而客观上起到了公众监督作用。作为社会心理能量的宣泄机制，它在触及各种敏感话题的同时，可以使各阶层的社会心理得到经常性的释放。当然，这样做的后果会引起一定的社会震荡，但如果这种震荡是经常性的，其震荡效应就会短期化、弱减化。事实上，近年来，诸如自2000年美国大选、安容公司丑闻、伊拉克战争合法性、虐俘事件等轰动性新闻不绝于耳，这在客观上造成公众频繁的"视点转移"和"关注疲劳"，因而它们不但不影响该社会的稳定，反而成为塑造该社会超稳定结构的重要因素。而对敏感话题的触及又与广电媒体的商业动机协调一致，它使社会重大新闻的连续播报像一台无休止的连续剧。这是前面谈到的"媒体剧场化"的效应之一。

第五，广电媒体发展的"代价论"

追逐商业利益的媒体也会带来一些负面的内容，如美国部分传媒中充斥着暴力节目、低级趣味节目和虚假新闻。然而在这里需要意识到两点：其一，那些对社会生活产生实质破坏性影响的节目可以根据一定投诉和监管程序得到限制。其二，但从另一方面说，一些学者也对此进行一种"代价论"的解释：要给广电媒体和公众言论创造最大限度的宽松空间，就一定要允许在法律许可的范围内付出一定的代价。如果为避免这些代价，总是对媒体实行高度控制，使非程序的反常干预正常化，这从长远来说不利于传媒的总体发展。

以上我们简单刻画了美国商业化广电媒体的技术性特征。这并不意味着我们应当照搬美国广电媒体的模式来进行我国的文化体制改革。它只是要表明，如果增强"社会技术"意识，广电媒体的商业化模式与社会公共利益可以和谐起来。

《文化多样性公约》的国际政治意涵*

2005年10月，联合国教科文组织第33次大会审议通过了《保护和促进文化表现形式多样性公约》（简称《文化多样性公约》），它与《保护世界文化和自然遗产公约》（1972年通过，简称《世遗公约》）和《保护非物质文化遗产世界公约》（2003年通过，简称《非遗公约》）一道，并称为"世界三大文化公约"，因而其问世无疑是个重大国际文化事件。值得关注的是，这个事件背后还隐伏着若干重要的国际政治线索：其一，公约从酝酿到出台，一直贯穿着以法国、加拿大为代表的西方国家第二集团与美国这个文化巨无霸的博弈，有学者称这是冷战后西方国家内部第一次出现的文化对抗；[①] 其二，公约是西方国家第二集团与多数发展中国家在国际文化政策上的"合纵"之举；其三，从公约的问世以及之后的运作，可以观察到法国是如何将其一己的文化诉求转变为国际政策的。本文拟围绕着这三个方面进行说明。

一、《文化多样性公约》问世：西方国家第二集团与美国的首次文化对决

有必要先澄清一下"西方"概念。从冷战时期到今天，"西方"与

---

* 2005年《文化多样性公约》通过，2007年开始设立"文化多样性国际基金"，在2009年12月9日联合国教科文组织《文化多样性公约》政府间委员会上，笔者被提名为公约基金项目评审的首届"六人专家组"成员，参加了自2010年到2013年中的4年评审工作。

① Divina Frau-Meigs 在其文章 "Cultural Exception', National Policies and Globalization"（《"文化例外"、国家政策和全球化"》）（2003）中给出的第一节标题，"The crisis of 1993: the first post-cold war cultural confrontation"（"1993年危机：冷战后首次出现的文化对抗"）。

其说是个地缘概念，不如说是对相似的经济、政治和文化发展方式的命名。职是之故，澳大利亚、新西兰和日本虽在地理上远不"西方"，却常被堂而皇之地归入"西方国家"。此外，在一般用法上，"西方国家"大体等值于"发达国家"，但也有例外：冷战时期的超级大国苏联就被认为是西方之外的发达国家。可以想像，随着世界经济地图的改变，"发达国家"的外延一定会越来越多地溢出于"西方国家"的范围[①]，这样，提到"西方国家"，人们便日渐偏重于其政治制度和文化政策的相似性。就文化而言，一致的价值观，相似的文化诉求，这构成了我们关于"西方国家"的基本印象。

但一些具体的观察告诉我们，一致的价值观或许有之，相同的文化诉求却未必然。正如西方国家在对外贸易中常有摩擦一样，其文化冲突亦时有发生。这类冲突当然有历史、语言和传统差异的根源，但也是西方内部的发展程度差异使然。借用沃勒斯坦"中心—边缘说"的说法，美国是全球的中心国家，也是西方世界的中心国家；而其他西方国家——如紧邻美国的加拿大和作为欧盟领头羊之一的法国，虽相对于发展中国家来说是处于世界的"中心"，但与美国相比却处于"非中心"地位，这正是我们称之为"西方国家第二集团"的理由。进而言之，以"中心国家"姿态面对发展中国家，以"边缘国家"姿态应对美国的强势，这构成了西方国家第二集团在文化政策上的双重角色。据此可以判断，西方国家第二集团与美国的冲突，尤其是文化冲突，不是暂时期内

[①] "发达国家"是个复杂的概念，它不仅是个科技、经济和社会发展程度指标体系，也是个以制度或核心价值划线的指标体系，故而上世纪1961年美国和欧共体共同成立的OECD（经济合作与发展组织）一直被视为世界上首个、也一直是主要的"发达国家"国际组织。当时的苏联不在该组织内，但其科技、教育和社会文明程度，一向被认为是"发达的"。今天，OECD组织开始向一些非西方的发展中国家开放，如墨西哥、智利者。由此来看，"发达国家"概念的所指总是多多少少地溢出于"西方国家"的范围，可以想像，这种溢出效应今后会日益明显。

可轻松化解的，它会长期存在，有时会带来重大后果。《文化多样性公约》的审议通过情况就是明证。

先看公约出台的情况。就程序而言，《文化多样性公约》的问世相当顺利。2005年的公约审议大会共有154个国家和地区参与投票，结果赞成票高达148席，弃权票4席，反对票仅区区2席。此外，根据缔约程序，公约在投票通过后，尚需经过一定数量的国家完成批约方能正式生效。此前，《世遗公约》从通过到生效用了37个月，《非遗公约》用了30个月，对比之下，《文化多样性公约》从大会通过到正式生效只用了17个月，而且生效时的批约国也多达56个[①]。到2013年8月，批约国总数更跃升为133个，也就是说，在2005年大会上为公约投赞成票的国家90%完成了批约。时任教科文组织总干事对此评价说，这种缔约速度史无前例。

然而，占压倒性优势的赞成票不能掩盖另一个事实，即在2005年大会上反对公约的国家虽然极少，但却不可小觑——它们是美国和以色列。不仅如此，日本、俄罗斯、伊朗等文化大国虽在大会上对公约投了赞成票，却在本国立法程序中对公约说NO。这足以表明，以世界公约姿态出现的《文化多样性公约》并不真正是"世界性的"。

撇开俄罗斯与伊朗等国不论，《文化多样性公约》的诞生凸显了西方国家第二集团、美国、发展中国家这三大势力的复杂关系，这种复杂关系可以概括如下：

（1）西方国家第二集团虽然与美国同属于意识形态意义上的"我们"，却在文化政策上与美国形成了"我—他"对立关系。

（2）西方国家第二集团虽然与多数发展中国家在基本价值观上处于"我—他"对立关系，但却在文化政策上形成了"我们"。

---

① Holly Ayllet, "An International Instrument for International Cultural Policy"（一项为国际文化政策定制的国际工具）（2010），p3.

由此可说,《文化多样性公约》在相当程度上体现了一种超越意识形态对立的文化之争,这是十分值得我们关注的。

二、"文化 VS. 贸易":西方国家第二集团与美国文化冲突的历史缘由

西方国家第二集团与美国围绕《文化多样性公约》形成的冲突,构成了多年来国际学界的重要话题,相关文献不胜枚举,笔者所见的代表性论文包括:弗劳-麦格斯的《文化例外、民族国家政策和全球化》(2003)、司各特·加尔特的《"文化例外"在多边贸易体系中的生、死与再生》(2004)、比特·格雷伯的《教科文关于文化多样性的新公约:一种对世贸组织的反制》(2006)、塔尼亚·冯恩的《教科文组织和世贸组织:一种文化冲突?》(2006)、霍利·艾雷特的《一项为国际文化政策定制的国家性工具》(2010)、米拉·穆里的《贸易 VS. 文化:文化例外政策与世界贸易组织》(2012)[1],等等,它们从不同侧面勾勒了这场文化冲突的背景和由来。

梳理"文化多样性"从观念到政策的进程,我们往往会看到两条叙事线路:一条是教科文组织的官方叙事,其谈论方式比较宏观中立;还有一条非官方的叙事线索,其笔锋会迅速指向西方国家内部在文化多样性问题上的尖锐对立。

比特·格雷伯曾从教科文组织的立场对"文化多样性"从观念到政策的演化过程作过概括。在他笔下,"文化多样性"是个与教科文组织共生的"结构性概念(structuring concept)",其发展大概经历以下四个阶段。

第一阶段:1945 年教科文组织成立伊始,就在其宪章第一条第 3

---

[1] 上述文章的英文标题从略。

款申明，"要保障其成员国在文化、教育和科学事务上的独立性和自主性"，这里便蕴含着"文化多样性"观念；

第二阶段：上世纪60年代，亚非拉地区的"去殖民化"运动赋予了"文化多样性"以强烈的政治解放含义，刚刚获得独立的国家将民族文化认同当作其独立的重要合法性依据；

第三阶段：上世纪70年代末期，"文化"成为各发展中国家为其"独特的发展道路"进行辩护的重要依据；

第四阶段：上世纪80年代以后，教科文组织日益关注文化与发展之间的联系。1986年联合国大会通过了《世界文化发展十年（1987—1996）》；1991年联合国大会批准教科文组织成立"世界文化与发展委员会"，正是该委员会在1995年推出了划时代的报告《我们的创意多样性》（Our Creative Diversity）。该报告提到，伴随信息技术与贸易全球化而来的一体化进程，正在给各国文化传统和遗产带来前所未有的威胁；为落实该报告的建议，1998年教科文组织在斯德哥尔摩召开大会，题为"旨在促进发展的文化政策"（Cultural Policies for Development）。大会郑重确认，"文化产品及其服务应与其他商品区别对待"；2000年，欧盟理事会宣布正式接受"文化多样性"观念；2001年，教科文组织正式发布《世界文化多样性宣言》，由于该宣言尚不具有正式约束力，2003年底，在由多国文化部长组成的"国际文化政策联盟"（INCP）的强烈建议下，教科文组织总干事着手负责《文化多样性公约》起草事宜，2005年该公约通过[①]。

在上述第四阶段，格雷伯向我们展示了这样一幅图景：文化多样性是全球化的对偶语，它的观念指向在于，在全球化背景下，让各国政府和公民组织高度关注以民族国家为本位的文化传统多样性和文化资源

---

① Christoph Beat Graber, "The New UNESCO Convention on Cultural Diversity: A Counterbalance to the WTO", part B, "Cultural diversity and UNESCO".

多样性，让各国政府在文化政策方面获得国际政策或国际法意义上自主性。这种自主性的一个重要内涵在于，坚持在国际贸易中坚持"文化产品及其服务与其他商品区别对待"的原则，而这个诉求与世界贸易组织（WTO）的规则是抵触的——美国恰恰是世贸组织规则的坚定支持者。

由此，许多国际学者热衷的"冲突叙事"便浮现出来。在《文化多样性公约》问题上出现的冲突双方：法国、加拿大以及欧盟 VS. 美国；冲突双方的政策诉求："文化例外" VS. 文化无例外；冲突双方凭借的国际机构平台：教科文组织 VS. 世界贸易组织；等等。而引发这些冲突第一爆点是：影视、视听和网络产品的贸易与服务问题。

虽然法国学者麦格斯称法国等国与美国在《文化多样性公约》上的争论是冷战后的文化对抗，但另有一些学者将这个对抗追溯到一个世纪以前。米拉·穆里在《贸易 VS. 文化》一文指出，上世纪初叶，随着美国好莱坞工业的崛起和欧洲电影的衰落，欧洲国家相继出台对本国电影的保护措施。1947年，作为世贸组织前身的关贸总协定成立伊始，就在其章程第四条明确约定"国产电影应在所有商业电影放映中占有一定比例"，这无疑是针对美国电影工业的。不过，真正尖锐的对立出现在1986年起的关贸总协定乌拉圭回合谈判。到了这个时期，美国在影视、视听产业以及随后而来的互联网方面取得了一匡天下的优势，麦格斯将这种超强优势形象地概括为"HHMM综合症"（即"哈佛—好莱坞—麦当劳—微软综合症"）[1]。为应对这个一家独大局面，法国、加拿大等国便在乌拉圭回合等谈判中多次祭出"文化例外"或"文化排除"（cultural exception 或 cultural exclusion）的招数，以期维护自己的文化自主性空间（如语言）和文化产业发展空间（如影视业）[2]。然而，在市场经济

---

[1] "HHMM"是"Harvard-Hollywood-McDonald-Microsoft"的缩写，该说法出自 Divina Frau-Meigs, "Cultural Exception, National Policies and Globalization", p2。

[2] 加拿大在1993年与美国进行北美自贸区谈判时也引入了"文化例外"原则。

主导的世界中,"文化例外"听起来总不那么理直气壮,因而1995年1月世贸组织成立伊始便在原则上正式拒绝了这种"例外论"。但也正是在这个时候,教科文组织"世界文化和发展委员会"的报告《我们的创意多样性》闪亮登场,这无疑给法国、加拿大以及欧盟的文化主张提供了新的生机。总之,失之东隅收之桑榆,当"文化例外论"在世贸组织平台上彻底失去合法性依据之后,它又以"文化多样性"的面目在教科文组织这里找到了自己的国际政策和法律平台。在此意义上,1995年可以被视为"文化多样性元年"。

虽然西方国家第二集团在教科文的平台上找到了一块立足之地,但也留下了一个巨大的问题:《文化多样性公约》与世贸组织规则,作为平等的国际法规则,如何能够相互兼容而不是相互冲突?这个问题非同小可,因为截至2012年,教科文组织共195个成员,其中155个成员同时是世贸组织成员国,该问题不解决,文化贸易与文化政策方面的国际冲突就不具备协调基础。

然而,无论怎样,"文化多样性"这个国际政策表述为法加等西方国家第二集团对抗美国的文化贸易优势提供了利器。相比于"文化例外"或"文化排除","文化多样性"给法、加等西方国家第二集团提供了比较富于道义感的理论、政策和法律话语。霍利·艾雷特在谈到这种道义胜利时引述了德国文化部的克里斯汀·默克尔在2007年一次会议上的惊悚说法:《文化多样性公约》是"当代文化政策上的《大宪章》"[1],它的出台表明,"除了经济权利之外,文化权利现在也在一个法律框架内得到了确认,它保障了一个诸民族国家为维护自己的遗产和文化多样性表达而制定各自文化政策的权利"。至此我们看到,"文化多样性"牵扯上了"文化民主"问题。

---

[1] 加拿大在1993年与美国进行北美自贸区谈判时也引入了"文化例外"原则。

三、西方国家第二集团与发展中国家的"合纵"之举：以"文化多样性国际基金"为例

"文化多样性"为西方国家第二集团抗衡美国文化霸主地位提供了道义支持，也让它与多数发展中国家找到了共同话语，这样，《文化多样性公约》有意无意地演化成西方国家第二集团与发展中国家的"合纵"之举。合纵者，"合众弱以御一强"①。就此而言，《文化多样性公约》也是西方国家第二集团将自己的文化诉求转化为国际文化政策的一次成功实践。为说明这一点，我们可以观察一下《文化多样性公约》所设立的"文化多样性国际基金"的操作情况。

《文化多样性公约》序言和正文中表达了一个强烈的意向，该文件将高度关注发展中国家的文化发展权利问题。为此公约第14到17条反复强调要加强西方国家与发展中国家的国际合作，第18条关于设立"文化多样性国际基金"的建议就是落实这种合作的重要举措。根据这个建议，2007年正式成立"文化多样性国际基金"（IFCD），2009年基金项目的评审工作正式启动。主要步骤包括：（1）成立基金项目专家评审组"；（2）由公约秘书处和专家组配合，制作"项目申请表"和"专家评审表"；（3）每年项目申请的截止日期为6月30日，评审从7月下旬开始到9月下旬结束。评审结果提交当年12月召开的"文化多样性公约"政府间委员会。

《世遗公约》和《非遗公约》都有自己的基金，相比之下，"文化多样性国际基金"有两个鲜明的特点：

（1）"基金"的主要捐款国是西方国家第二集团

截至2012年，"文化多样性国际基金"共获捐款540余万（单位：美元，下同）。捐款国是37个国家和2个地区。其中包括14个西方国

---

① 语出《韩非子》，原话为"合众弱以攻一强"。

家及所属2个地区，捐款总额为490万，占总额的90%整。其中捐款大户包括：挪威145万；法国101万；加拿大（包括魁北克）近70万；西班牙55万；芬兰46万，比利时法语区近20万。单是这5个国家和一个地区就达437万，占总额81%。但值得注意的是，捐款国中没有德国、英国、意大利——虽然它们都是缔约国。

相比之下，发展中国家的捐款多以百或千美元计算。比较大的捐款国包括：墨西哥21万；中国为12万（2013年5月猛增为25万）；巴西5万；印度4万5千元。

（2）"基金"把发展中国家界定为唯一的扶持对象

"文化多样性国际基金"的目标明确限定为缔约的发展中国家尤其是欠发达国家。2009年评审工作启动时，在100余个缔约国中有发展中国家50余个。到2013年8月，总缔约国为132国，发展中国家超过90个。

主要由西方国家出钱，把发展中国家作为扶持对象，体现了一个《文化多样性公约》的一个基本政策倾向，即西方国家希望为发展中国家提供文化观念、文化政策方面的能力培训，而这恰恰是"文化多样性国际基金"的基本原则。正是在这一点上，我们看到，"文化多样性"观念已经与我们常识中的理解相去甚远。在日常理解中，一谈到文化多样性我们首先会想到的问题是，如何保持少数民族文化特色？如何维护那些濒临灭绝的宗教信仰？如何保护各种土著语言或方言？等等。但这些问题其实并不是《文化多样性公约》的核心主题。

那么什么才是《文化多样性公约》的核心主题呢？为说明这一点，不妨将它的标题与《世遗公约》与《非遗公约》的标题进行对比。后两大公约在其标题中单纯强调"保护"（protection 或 safeguarding）[①]，而

---

① 文化多样性公约的英文全称：Convention on the Protection and Promotion of the Diversity of Cultural Expressions.

前者标题的全称则是《保护和促进文化表现形式多样性公约》——多了"促进"（promotion）这个关键词，换句话说，以"促进"来"保护"构成了《文化多样性公约》与其他两大公约的不同特征。对此，文化多样性公约秘书处出台的《文化多样性国际基金的使用指南》给出了明确的解读[①]，它高度凸显"促进"的两方面含义：一是推动发展中国家制定有利于文化发展的政策；再一个是推动发展中国家培育由现代传媒和视听技术支撑的文化产业（见下图）。——后面这条非常重要，它说明《文化多样性公约》不是要消极对抗文化生产贸易和服务全球化，而是要在发展中国家逐渐培育起这样的能力[②]。

总体来说，在以发展中国家为扶持对象，"促进"发展中国家提升文化政策和文化产业能力方面，西方国家第二集团找到了自己作为"中心国家"的国际责任，这是以文化为媒介与发展中国家实现联姻的重要途径。当然，这种扶持也是有重点的。在"文化多样性国际基金"项目评审的具体操作中，我们不难发现法国施展着相当大的影响力。

四、从文化多样性基金的受惠国，看法国与法语国家组织的文化影响力

联合国教科文总部在法国，法国是教科文组织的坚定支持者，也是《文化多样性公约》的主要推动者。历史的观察表明，法国在借助教

---

① 《文化多样性国际基金的使用指南》全称"Guidelines on the Use of the Resources of the International Fund for Cultural Diversity"。

② 在国际文化政策中，"促进"（promotion）是与"文化产业"高度相关的语词。如"文化产业促进法"的英文名称通常就是"Promotion Law"。值得一提的是，在《保护和促进文化表现形式多样性公约》通过前9个月撰写的文本草案中，其名称中还没有出现"促进"（promotion）一词。由此可见，"促进"（promotion）一词的选定，让《文化多样性公约》找到了与其他两大文化公约的重大区别。

科文组织实现自己的文化政策诉求方面具有强烈的意志力和卓越的执行力。为此，我们特别需要明确三个事实：

其一，法国在18世纪是个世界性帝国，法语在当时世界的地位相当于今天的英语。从文化影响力角度来说，法国曾是一个"文明型国家"——即一个代表着独特文明类型的国家；

其二，19世纪下半叶到20世纪，法语文明分别经历了来自不列颠帝国和美国的两大冲击。在感受到来自英语世界的压力，1883年法国成立了以推广法语文化为宗旨的"法语联盟"（Alliance Francaise），目前共有1100个机构分布在130个国家；而从20世纪上半叶起，对好莱坞文化冲击的最强大抵抗者也一直是法国。1958年，法国明确将电影划归文化部管辖，从而彻底淡化了它的"文化工业"属性。此后，乌拉圭回合当中提出"文化例外"，以及1994年在国内推出旨在限制英语使用的"杜邦法"，这一切都表明法国在维护自己文明地位方面的不苟且态度。

其三，法国为维护其"文明型国家"地位所作的最重要努力，是在1970年联合其以前的殖民地国家和附庸国，建立"法语国家组织"（International Organization of French Speaking Countries）——这是法国将其负面的殖民主义历史转化为积极的文化遗产的成功举措！该组织总部在巴黎，1986年以后每两年召开一次会议，目前已有56个正式成员国，19个观察国，覆盖9亿人口，其参与国数量大大超过了英联邦组织（53国）。它已经成为法国施展其重要国际影响的重要平台。

值得注意的是，早在上世纪90年代，法语国家联盟就开始将"文化多样性"当作该组织大力推行的重要观念。而这个组织在《文化多样性公约》的通过和生效过程中，也发挥了举足轻重的地位。

鉴于这个背景，我们有必要观察一下《文化多样性公约》所设立的"文化多样性国际基金"对法语国家联盟成员国是否有更多的政策倾斜。

先看一下从2010年到2012年这三年评审的整体情况：公约秘书处

共接受项目申请600多件，经评审通过项目61件。其中，2010年为31件；2011年为17件；2012年为13件。从61件获资助项目的国家分布来看：

2010年：非洲国家19个；拉美国家10个；亚洲国家2个；

2011年：非洲国家8个；拉美国家4个；欧洲国家3个；亚洲国家2个

2012年：非洲国家5个；拉美国家3个；欧洲国家3个；亚洲国家2个

总计非洲国家为32个，占资助项目总数的52.4%；拉美国家17个，占27.8%。这与上面列出的地区项目申请数目比例大体吻合（虽然年代并非严格对应）。

在更进一步的观察发现：在2010年获资助的31个项目，属于法语国家组织成员国和前法属殖民地的国家有19个，其中16个在非洲。2011年获资助的17个项目，属于法语国家的有5个，全在非洲。还有一个加勒比国家以前一度是法国殖民地；2012年13个获资助项目中有3个法语国家，全在非洲。

上述观察表明，在非洲并且属于法语国家组织（56个成员国）的国家，获得资助的项目比重相当大，三年来共24个，占获资助项目总数的40%。尤其是第一年，非洲法语国家获资助的项目总数占比竟高达51.6%！整个受到法国影响的国家为19个，占总数61%。这两年，这个数字在下降，但没有根本改变。

我们还可以再看一下三年里连续多次获得资助的项目的国别分布。

3年内共获得3项资助的国家：

喀麦隆：2010年1项；2012年2项

塞内加尔：2010年2项；2011年1项

肯尼亚：2010年，2项；2011年1项

南非：2010年，1项；2011年，1项；2012年，1项

前2个国家属于法语国家组织成员。

3年内共获得2项资助的国家：

布基纳法索：2010年，2项；

突尼斯：2010年，2项；

科特迪瓦：2010年1项；2012年1项；

马达加斯加：2010年，2项；

多哥：2010年，1项；2011年，1项；

尼日尔：2010年1项；2011年，1项；

乌拉圭：2010年，1项；2011年，1项。

阿根廷：2010年，2项；

前6个国家都是法语国家组织成员。

值得一提的是，3年来亚洲获得资助的项目来自6个国家，即2010年的孟加拉和老挝；2011年的柬埔寨和塔吉克斯坦；2012年的印度尼西亚和蒙古。其中的柬埔寨和老挝也是法语国家组织成员。

以上数据表明，到目前为止，来自法语国家组织成员国的项目申请者是"文化多样性国际基金"的最大受惠群体，这种状况与《文化多样性国际基金应用指南》条款4.5中申明的"区域平等原则"（an equitable distribution of the resources of the fund）是相冲突的。它明确反映了一个现实：即多年来法语国家组织成员国在推行"文化多样性公约"方面是相当积极的。从这个意义来看，《文化多样性公约》不仅是西方国家第二集团与美国进行文化博弈的利器，也不仅是西方国家第二集团与发展中国家联姻的纽带，同时也是法国所代表的"法语国家联盟"与美国及其跟随者的"文明之争"。

五、结语：中国能否在《文化多样性公约》中有所作为？

中国是亚洲第二个批准《文化多样性公约》的缔约国（2007年1月30日。第一个批约的国家是印度，2006年12月15日），也是第一和第二届"政府间委员会"成员国。此外，到2013年6月为止，中国成为发展中国家中捐款最多的国家，总数达25万美元。不过，到目前为止中国没有鼓励国内文化项目参与基金申请。在《文化多样性公约》的落实方面，中国遵循的是低调谨慎务实和不与其他发展中国家争利的原则。在参加《公约》近7年后，我们有必要做以下工作：

（1）我们需要认真评估"文化多样性"观念的理论意义和政策后果？它是否蕴含着新的发展观？它对发展中国家文化发展究竟会产生哪些影响？中国从自己的国情出发，可以在《文化多样性公约》约定的哪些领域有所作为？

（2）然而观察《文化多样性公约》的出台过程，观察法国利用法语国家组织来维护其文明影响力的做法，我们确实需要思考：西方国家第二集团是如何将自己的文化诉求变成国际文化政策的？它们是如何在文化领域"把'我'变成'最大单位的我们'"的？——以此为视角，我们认为目前我国过于偏执"特色论"的做法，是偏狭的，是短视的，不利于我们积极构建我国的对外文化发展战略。

总之，从全球战略考虑，美国占据"一家独大"的文化位势，西方国家第二集团试图通过区域整合实现文化地理的多极化。相比之下，全球性文化发展战略是今日中国的短板。中国需要构建一个明确的、态度积极的对外文化战略。

超越文化民族主义，塑造中韩关系史的"第三期"*

一、史学家的责任与中韩关系史研究的特点

史学家对于"历史的生成"有很大责任。因为"历史"的完整含义是"前人做，后人述"——"述"赋予"做"以重要的认知和教化意义，这正是"孔子作春秋"的意思[①]，也是克罗齐论断"一切历史都是当代史"的意思[②]。

史学家不仅通过讲述而成就历史的认知意义，还凭借讲述而在行为上参与着历史。因为如同斯宾格勒所说，历史不仅是"已经生成"（the become）的过去，更是"正在生成"（becoming）的现在[③]。若借用雅斯贝尔斯的博士论文题目，历史还可能是向将来敞开的"尚未"（not yet）。如何看待和叙述"已经生成"的历史，必将影响和塑造着正在

---

* 2013年6月底，中国韩国首脑达成《充实中韩战略合作伙伴关系行动计划》。作为该计划的部分，2013年12月，中韩各十余名学者在韩国首尔参加两国外交部所属智库举办的第一届"中韩联合战略对话"。对话分为政治安全、经济合作和人文社会三组，笔者参加了人文社会组讨论，主题是"中韩历史：中韩两国的历史认识和对话"，本文是笔者的发言稿。

① 语出《孟子·滕文公下》。"世衰道微，邪说暴行又作。臣弑其君者有之，子弑其父者有之。孔子惧，作《春秋》。《春秋》天子之事也。是故孔子曰，知我者其唯春秋乎，罪我者其唯春秋乎。"……"昔者，禹抑洪水而天下平，周公兼夷狄，驱猛兽而百姓宁，孔子成《春秋》而乱臣贼子惧。"（邦有道礼乐征伐自天子出，邦无道礼乐征伐自诸侯出）。皮锡瑞《中国经学史》引周玄同语，讨论"作春秋"之"作"的含义。

② （意）贝奈戴托·克罗齐，《历史学的理论与实际》，（英）道格拉斯·安利斯英译，商务印书馆，2010。

③ 奥斯瓦尔德·斯宾格勒：《西方的没落》，齐世荣等译，商务印书馆，2001年，第48页。

生成或未来的历史。

一旦考虑到未来，我们在面对"中韩两国的历史认识"这类话题时就会意识到自己的责任。需要说明，在今天的场合，本文想把话题限定在中韩（文化）关系史范围，并以"远观取势"的方式对这个关系史进行宏观扫描。这种宏观扫描与其说是史学的，不如说是哲学的。

中韩关系史属于国别关系史范畴。如果说一国与他国的关系有远有近，那么中韩关系，无论从历史还是从今天来看，对两国来说都属于最近的国别关系之一。由于这个原因，中韩关系史对各自的历史构成都具有重要的意义。

关系近则关联多，梳理和认识这种关联，就是史学家的使命。因为是跨国的史学研究，因此旨在梳理中韩关系史的研究一开始就不会是单一视域的，而一定是交互视域的乃至多视域的。这样的研究若要取得令人信服的成果，必须在两国学者之间进行稳定的充分的交流。从这个意义来看，中韩关系史研究可以为史学民主提供最大的空间，而这种史学民主的最高境界，是把"我"的视域扩展成"最大限度的我们"的视域。

再就对象来看，今日谈论中韩关系史，其基本语境不仅局限于两个国家，而且牵扯到世界性的或全球化的背景。为此，我们需要为中韩关系史讨论先行打造一个全域性的、能够将过去与未来融贯起来的历史理解框架。本文的策略是引入一个稍嫌过时的所谓"现代性"坐标，据此把中韩关系史大致划分为三期，并对相关的基本问题进行刻画：第一期是前现代的中韩关系；第二期是现代性时期的中韩关系；而本文标题所说的第三期就是"未来"或者说"尚未"。

二、前现代的中韩关系及其基本问题：如何认识"中华文明圈"？

任何民族早期历史的分期都有一个共同特征：其时间的下限清晰，

上限模糊。前现代的中韩关系史也是如此。它的下限大体可以确定在19世纪末和20世纪初,在中国这是清末民初时期,在韩国这是李氏朝鲜结束的时期。对于早期历史,源头问题一向是个重要关注点,但由于大量源头线索都湮没在岁月的厚厚积尘,因而钩沉这些历史往事,成为考古学家的责任。近来笔者阅读一个朋友的《韩民族文化源流》一书,该书根据韩国稻作文化和其他比较民族学证据,提出了韩民族南来说观点,读来有趣。

谈到前现代的中韩文化关系,我们熟悉的一个叙述范式是"汉字文化圈"。美国学者亨廷顿在《文明冲突和世界秩序的重建》一书将其表述为"中华文化圈"(Sinic Civilization)。他强调,这个文化圈不仅指"中国本土的文化"(即 Chinese Civilization),而且包括朝鲜、日本、越南、琉球等。值得注意的是,亨廷顿在方法上沿袭的是德国文化史家斯宾格勒和英国史家汤因比的路数,即将超越国家的"文明"作为基本的历史研究单位[1]。他说:"文明大多包含两个或两个以上的国家,它们在语言、历史、宗教、习俗和制度等方面存在密切认同联系。文明是对人的最高的文化归类,是人们文化认同的最大范围。……文明是最大单位的'我们'。在这里,我们在文化上感到安适,因为它使我们区别于所有在它之外的'各种他们'。[2]"概括起来,处于同一文明中的国家大都具有:

● 共同的或有衍生关系的宗教或精神文化源头记忆

---

[1] 汤因比:《历史研究》第一部"绪论","在最近几百年里,尤其是在最近几个世纪里,很想自给自足的民族主权国家的发展引导史学家们选择了以国家作为研究历史的一般范围。但是在欧洲没有一个民族或国家能够独立说明它自己的问题。如果有任何一个国家能够那样的话,那就是英国。……那么单独研究英国的历史能不能了解它的历史呢?……我们发现越是到古代,就越看不到自足自己或孤立的证据。"譬如"封建制度",究竟是英国土壤自有的?还是丹麦人入侵带来的?还是这种入侵刺激而来的?很难孤立回答。……"发生作用的种种力量,并不是来自一个国家,而是来自更宽广的所在。"

[2] (美)塞缪尔·亨廷顿:《文明的冲突与世界秩序的重建》,周琪等译,新华出版社,2002年。

● 共同的或有衍生关系的语言文字和文物典章制度（形成大传统的基础）

● 共同的或彼此高度关联的历史

● 在主流文化或大传统意义的文化上具有一种"我们"的认同感或亲近感

需要澄清的是，亨廷顿谈论"中华文明圈"时，依然把它当作一个当下活着的东西，并在其中文版序言中断言这个文明圈在未来多极化世界上会发挥日益重要的影响。但在笔者看来，这个"文明圈"如果存在，也只存在于东亚的前现代时期。它是一个"过去时的文化圈"。

无论怎样，"汉字文化圈"或"中华文化圈"的范式表明，20世纪以前的漫长岁月中，中韩有相当密切的文化联系。这里的"文化"内涵很大，不仅包含文字，文字所承载的经典和整个书写传统，还包括体现在治理体系、礼仪制度、宗教信仰、主体建筑等方面的符号系统。但从现代的实证主义史学观点来看，用这样的"文明"单位或"中华文明圈"范式来刻画中韩文化关系至少有以下阙失：

● 传统的"中华文明圈"是基于区域不平等观念而形成的，如中国自先秦出现的"华夷之辨"的天下观，自汉唐以后出现的朝贡体系。

● 它过于关注以文字为依托的所谓"大传统"文化，忽略了其他文化源流的存在，忽略了对于形成地区文化特质十分重要的民间"小传统"文化。

● 它没有意识到，一种文化传播到另一个区域有可能形成斯宾格勒所说的"假晶"（false crystal）现象。

总之，基于"文明圈"范式的观念，体现了一种中心主义的意识。

三、现代性时期的中韩关系：文化民族主义的写作

"中华文明圈"范式的历史叙述是粗疏的，现代实证主义史学是对这种叙事的反拨。但在高度评价实证主义史学的唯实精神时，我们还应关注到一个更大的背景，那就是随着现代性时代的到来，国别性的史学研究在相当大程度上介入了包括中韩两国在内的东亚各国民族特质的塑造。在客观上，许多国别史研究多少都具有一种文化民族主义取向。

中韩两国在19世纪后都是被动地走向现代性道路的。甲午战争后的50年，两国的命运都跌入了几百年未有的低谷。痛苦的经历是战后现代性民族国家建构的主要动力，而文化民族主义是这种建构的一个重要手段。

文化民族主义在塑造两国现代性国家特质方面有不同表现：在韩国，它主要表现为致力于塑造韩国文化和历史的自主性，譬如在二战后逐渐用谚文取代汉字，强化国别身份的历史写作，批判历史上的"事大主义"，此外是在野史学中弥漫的民族主义史学情绪，逐渐确立代表韩国自主性的国家级的"文—武"象征人物，等等。这种多层面的文化民族主义运作的一个重点是"去中华中心主义"，它造成"中华文明圈"在大传统层面的终结。

在中国，文化民族主义的一个重要特征是"去根化""反传统"。1905年废除科举制，彻底终结了传统经典的体制性载体；1919年新文化运动，彻底否定了传统经典资源在现代性国家建构中的合法性价值；汉字繁体字简化，则大大削弱了国家与汉字文化圈其他成员的文字关联；而过于强调自己的独特性，则使其陷入文化孤岛的危险。总体来看，百年来中国文化民族主义建构的一个后果是把自己从一个"文明型国家"（civilization state）矮化为一个文化意义稀薄的"民族国家"（nation state）。

应该说，文化民族主义对塑造中韩两国现代民族国家特质具有重要

的意义。然而它也造成了一些副作用，这种副作用在于，由于过度强调民族特质差异，史学研究过于突出国别性，造成对文化共同性或共通性的涂抹，其后果是：两国在文化层面上从某种程度上的"我们"退变为各自的"我"；从充满相当熟悉程度的"邻域"变成了日益陌生的"他域"。它还使两国都忍受着与传统的割裂之痛。

四、超越"远亲近臭"符咒，塑造中韩文化关系的"第三期"

"远亲近臭"是中国土话，它生动刻画了现代大多数东亚国家的国际关系处境，即"邻国远，西方近"。冷战结束后，中韩两国如同东亚各国一样大大加强了经济联系，两国政治关系也日益强化，但对比起来，两国文化联系尚不足以为两国的经济和政治关系提供强大的软支撑——一个能够唤起彼此文化理解、文化亲近到文化默契的软支撑。要解决这个问题，中韩两国必须超越各自的文化民族主义局限，在新的历史平台上寻找或塑造新的文化共同点，并且要为这种寻找和塑造工作提供体制机制保障。第一，以平等的方式重新认识历史，寻找最大限度的文化共同点，如本次论坛关于"儒家思想"的现代性转化讨论就是如此；第二，进一步强化中韩两国史学和其他文化领域的学术对话机制，并形成稳定机制；第三，在作为民族心灵复制机器的教育系统中，容纳关于对方历史文化的信息，甚至可以容纳一些历史争论。

当然，在现有背景下，要想迅速迎来中韩文化关系的"第三期"还有很多困难，但"坐而言，不如起而行"。只有去做，我们才能日益成为"文化上的我们"。

反省历史叙事范式　重塑中韩"可分享价值"*

一、中韩文化认同的内涵和建构路线图

先来看几组非人文领域的数据：2013年，中韩双边贸易总额2742亿，超过韩美、韩日、韩欧贸易总和，接近韩日贸易的2812亿。2013年，中韩各为第一大旅游对象国，中国赴韩游客425万人次，韩国赴华396万人次①。随着中韩自贸区的落地，这些数据还会进一步攀升。有媒体估算，2018年中国赴韩游客将突破1000万人次。

以上数据表明，中韩地缘关系的正面效应正快速显现，中韩关系正进入百年来前所未见的好时期，中国和韩国千年以来头一次作为同时富强的平等政治实体而彼此面对。在此背景下，不少人开始谈论中韩命运共同体的话题，这是必需的。不过国与国之间的命运共同体固然要以经济交往为基础，更要以文化的彼此理解、彼此钦敬乃至彼此认同作为"软支撑"。如果缺少文化认同，不能形成文化意义的"我们"，单纯的经济政治联系就不足以塑造稳定性区域命运共同体。因而，中韩命运共同体同时应该成为中韩文化命运共同体。

如何看待期待中的这个命运共同体呢？这里不宜一概而论。我认为可以依差异化程度把中韩文化关系分为三层：上层是政治的或社会制度的基本价值观；中层是以人文和艺术联系为主体的学术或精英文化交流；下层是以旅游业、文化创意产业（或韩国所说"内容产业"）为支柱的民间文化交流。在这三层关系中，第一层可暂不考虑，第三层现在

---

* 本文是笔者在2014年12月参加第二届"中韩战略联合对话"人文社会组上的发言。

① 国家旅游局：《2013年中国旅游业统计公报》，2013年。

已发展得如火如荼，而我们的人文学领域则尚有很大的开拓空间。这个三层结构图同时可被视为构建中韩文化命运共同体的路线图：其建构方向是从下到上的；其建构的内涵则是要尽可能扩展两国国民、媒体和知识界之间"交叠性的可分享价值"（overlapping sharable values）；而其建构伦理则建基于"善良意志"（good will）。

以上关于中韩文化命运共同体的感想与今天的话题（中韩历史经验认识）高度相关，它赋予我们这个讨论以价值合目的性：即在发掘、梳理和评价两国历史经验时，应具有一种超越狭义历史学学科的大历史观。具体说来，我们今天坐在一起，交流的重点固然包括实证的或经验性的史学资料或考证发现，但更需要交流的是对历史的诠释，对历史的理解。正是在这种诠释和理解的层面，我们需要上面所说的大历史观，其内涵不妨借用中国清代策士陈澹然所说："不谋万世者，不足谋一时；不谋全局者，不足谋一隅。"所谓"谋万世"是说，我们的历史理解不能只局限于过去，还得聚焦于现在并延伸于未来；所谓"谋全局"是说，我们的历史理解应考虑如何在新的历史条件下为塑造东亚文化认同尽到责任。

二、如何看待前现代的东亚文明圈？

去年我在论坛为中韩文化关系划分了三个时期，其中的第一个时期，即所谓前现代时期，涉及所谓"汉字文化圈"。除了这个表述外，类似的指称还很多，如汤因比在《历史研究》中以儒家思想和大乘佛教为依据提出的"中国古代社会"（涵盖韩国、日本），亨廷顿基于儒家文化圈的说法提出的"中华文明圈"[1]，韩国学者全海宗对"中国人的天下观"

---

[1] （英）汤因比：《历史研究》（上），曹未风等译，上海人民出版社1986年，第27页；（美）S. P. Huntington, The Clash of Civilizations and the Remaking of World Order, SIMON & SCHUSTER Inc,1996, p45。

概念的梳理与评论[1],日本学者渡边信一郎在《中国古代的王权与天下秩序》(2003)一书中探讨的"天下秩序"(包括"同一语言圈""同一交通圈"和"同一文化圈")[2],等等,由上述著作基本可解读出所谓"汉字文化圈"的基本特质:

1. 共同的或具有衍生关系的精神文化源头记忆:如宗教或哲学的源头经典。

2. 由共同的或相似的文字和话语系统所负载的历史叙述。

3. 共同的或相似的典章制度或治理方式。

4. 相似的或高度关联的生活形式、建筑象征和艺术传统。

5. 在主流文化或大传统意义的文化上具有一种"我们"的认同感或亲近感。

现在的问题是,应当如何看待和评价这种"汉字文化圈"。一年来,在研读相关文献时,笔者日益意识到,当我们执着于用"汉字文化圈""汉籍文化圈""儒家文化圈"或"中华文化圈"来命名前现代时期东亚区域(无论是狭义东亚,还是包含东南亚和东北亚的广义东亚)的文化状态时,可能会带来以下阙失:

1. 它们或会屏蔽在人类文明曙光初现时,也即所谓"汉字文化圈"尚未出现时,东亚地区早期文明的交汇流动问题,如北方畜牧文明、南方稻作文明的影响;

2. 即使在"汉字文化圈"出现后,这个提法还可能会简化东亚地区(尤其是包含东南亚、东北亚的广义东亚)在历史上受到其他多种文明交叉影响的复杂性,包括印度文明、伊斯兰教文明、1500年西方文明,以及一些次生文明等等。

---

[1] (韩)全海宗:《中韩关系史论集》,全善姬译,中国社会科学出版社,1997年,第25页起。

[2] (日)渡边信一郎:《中国古代的王权与天下秩序》,徐冲译,中华书局,2008年,第70页。

3. "儒家文化圈"或"汉字文化圈"的提法还可能使我们过于关注以汉字或汉籍为载体的所谓"大传统"文化,忽略那些对于形成地区文化特质十分重要的"小传统"文化。这些地域性的传统和生活,也会通过流通参与到整个东亚文化的塑造,尤其是成为今日东亚文化的文化多样性资源。

4. 最后,上述命名,尤其是"天下观念",还存在着现代人普遍不会接受的不平等观念,如所谓"华夷之辨"的思想,并蕴含着全海宗先生所说的"把(天下)理念的东西当作现实的(历史)"的问题[①]。

笔者注意到,除以上各种"文化圈"的提法外,近20年,一些学者加强了对前现代东亚经济圈,尤其是1100—1800年东亚经济圈的研究,其代表性著作包括德国学者弗兰克(Andre Gunder Frank)在《白银资本》(1998)中提到的"以中国为中心的世界经济"(1400—1800),日本学者滨下武志(Takeshi Hamashita)在《中国、东亚与全球经济》中提到的"朝贡体系",此外还有美国华裔学者王国斌1997年的著作《转变中的中国》(China Transformed, Historical Change and the Limits of European Experience),美国学者彭慕兰2000年出版的《大分流》(The Great Divergence: Europe, China and the Making of Modern World Economy),等等。这些著作让我们意识到,在前现代的东亚,不同国家和区域不仅存在着可能的文化联系,而且存在着活跃的、超越简单的"朝贡规制"的贸易联系。这种贸易联系一方面与这些区域之间的文化熟悉性为条件,同时又创造和强化着不同共同体之间的文化熟悉性。

综合上述阅读,笔者认为前现代时期的"东亚文化"或"东亚文明"是比诸如"汉字—汉籍文化圈""中华文化圈"更准确中立的说法。在此基础上,我们还需认识到:

[①] 全海宗:《中韩关系史论集》,全善姬译,中国社会科学出版社,1997年,第41–42页。

1. 由于前现代时期东亚文化在各相关共同体中总是表现为大传统与小传统的复合体、文化和经济贸易生活的复合体，因此可以说，这个文明是东亚各国人民共同创造的产物；

2. 这个具有复杂经济和文化内涵的东亚文明的存在，确证了相关共同体之间存在着彼此丝缠藤绕、你中有我的亲缘联系，确证了在历史上曾经存在着一个"文化上的我们"；

3. 今天如解读这种亲缘联系是个不容忽视的问题。若采用激进文化民族主义的史学叙事，中韩历史上"丝缠藤绕、你中有我"的亲缘联系就可能催化出越来越多的"历史问题"，曾经的亲近就可能成为日益沉重的负担，就可能演变为影响两国未来关系的不和谐因子；如果树立恰当的史学范式，则可能使我们对以往历史亲缘联系的记忆，变成构建当代中韩文化命运共同体的重要历史资源。

三、一些"历史争议"源于对现代国别史范畴的误用

陆续阅读一些涉及中韩历史争议的文章著作[①]，有一个感觉：不加反省地把现代民族国家的话语体制引入古史研究，必然会提出诸如某个古史对象应归属于A国还是归属于B国的问题，由此必然会面临所谓"古史对象的国别归属困境"——不少"中韩历史问题"就是这类困境的实例。

"中韩历史问题"的案例之一，涉及对今天中国东北地区一些古代地方政权的国别归属认定，如地跨鸭绿江南北的高句丽王朝（公元前37年—公元668年）问题。在近年的相关论文中，多数中国学者根据"统一的多民族国家理论"认为，它是当时中国的地方政权；不少韩国学者

[①] 宋成有：《东北亚史研究导论》，世界知识出版社，2011年；韩国东北亚历史财团：《东北工程相关韩国学者论文选》，中国延边大学译，韩国东北亚历史财团出版社，2007年。

根据"一统三韩说"认为，它是韩民族的重要来源，其存在是韩国史的一部分。利用分析史学的语言，以上两种主张可写作：

陈述A：根据历史材料a…n，高句丽内部的各族群（扶余、汉人等）是中国的先民群体，高句丽政权是当时中国的地方政权。

陈述B：根据历史材料a'…n'，高句丽内部的各族群是韩国的先民群体，高句丽政权与今日韩国具有传承关系。

这里，"根据历史材料"一语，讲的是历史证据，主要是考古和文献记载。这些证据是否真切可靠，是实证史学学者的责任。若从分析史学的角度，可以对上面的陈述作出更多讨论。

我们注意到，持B陈述的人认为，中国与高句丽是"国际关系"，即"国与国的关系"，并且在一些时期是"敌国关系"，据此否定A的正当性；而持A观点的人同样认为：由于高句丽存在时"一统三韩"的事件尚未发生，高句丽与新罗同样是"国际关系"，即"国与国的关系"，并且一些时期也是"敌国关系"，据此也否认陈述B的正当性。不仅如此，持A主张的人海认为，正因为一统三韩的事件尚未发生，当高句丽存在的700年中，"韩国"并不是现实的、可以拥有归属资格的主词；等等。

面对争议，一种理智的声音认为，需要史学家更加深入地"发掘材料"或"澄清事实"。但笔者认为，即使A、B双方添加再多材料，也不足以真正解决纷争。因为从归纳逻辑来说，个别经验事例的增加并不足以支持整体上必然的判断。此外，拘泥于寻章摘句、案例搜集，还容易陷入"公说公有理婆说婆有理"的争论困局。在我看来，中韩历史争议现在迫切需要的不是材料质证，而是历史观的讨论和对话。事实上，笔者在阅读相关论文时感到，大量涉及"归属认定"的陈述需要在哲学层面澄清。就以上陈述A和B而言，它们看似尖锐对立，其实却共同拥有一种思想范式：即在谈论类似高句丽政权这样的古史对象时，都使用了"排他性—独占性"的国别归属性语句。

由于使用了"排他性—独占性"的国别归属范式，陈述A与陈述B

必然陷入"非此即彼"的对立。现在需要澄清的是，在面对诸如高句丽这样的古史对象时，引入"排他性—独占性"的国别归属语句究竟是什么意思？显然，它是引入了一种"后人视域本位"，即以现代人的视域为起点来构造古史谱系以及对古史的诠释。但"后人视域本位"只在一种意义上是有效的，即它只是确认这样一个事情：高句丽这个古史对象，当其与当代中国有关时，可以进入中国史；当其与当代韩国有关时，可以进入韩国史。换句话说，它只确认了"中国在古代"与"韩国在古代"这两个基本时态（state-affair）——其正当性只到此为止。进而言之，我们不能因为今日中国与韩国是两个"排他性—独占性"的国际法主体，就因此断定"中国在古代"与"韩国在古代"是两个非此即彼、排他性—独占性的对立概念。事实上，笔者注意到在涉及高句丽的归属问题上，还有第三种陈述存在：

陈述 C：高句丽政权是中国古代的地方政权，可进入今日中国历史叙述；高句丽政权与今日韩国具有传承关系；这两个陈述并不冲突，可以并行不悖。

陈述 C 被概括为"一史两用说"，上世纪 90 年代以前，中韩都有学者坚持这个看法。遗憾的是，这个看法在 2000 年以后渐渐淡化了。笔者坚定地认为，"一史两用说"值得高度关注，因为它不是与陈述 A、陈述 B 并存的第三种意见——如果说前两种对立陈述共同依据着"非此即彼"的史学范式（paradigm），那么"一史两用说"则代表着另外一种彼此兼容的史学范式。

由此反观中韩历史问题，笔者觉得有必要警惕一种错误的史学观：即把当代的国别史范畴和叙事方式误用于古代史的研究，这是一种"范畴误置"。

"国别史"亦称"国别体史书"，其要义是以国家为单位来记叙历史。"国别史"是一种史书体裁，但今日的"国别"却是现代国际政治体系的一个基本单位，它意味着充分主权，包括国家平等、清晰界定的边界、具有外交权和军队指挥权，等等。毫无疑问，这种当代国际政治意义的"国别"概念高度强调国与国的排他性—独占性原则（"互不隶属"），一旦将这种"国别"施用于历史叙事，特别是施用于1900年前的东亚史叙事，无疑会造成古史对象的"国别归属困境"，造成历史理解的扭曲——因为前现代的东亚国际政治秩序与今天民族国家的国际政治秩序具有结构性的差异，今天的"民族国家"（nation-state）与前现代东亚的"国家"（nation 或 nationality）具有不同的政治学内涵。就此而论，在史学研究中采取"后人视域本位"是正当的，但若因此不加反省地将当代国别范畴引入古史对象的研究和断定，就容易陷入民族主义史学的立场。这是我们在反省中韩历史问题时需要不断提醒自己的。

四、结语：如何将历史亲缘关系转化为当代文化和情感资源？

"汉字文明圈"或"中华文化圈"范式的历史叙述是粗疏的，现代实证史学是对这种叙事的反拨。在积极评价实证史学的唯实精神时，我们应注意另一偏向：随着现代性的到来，建立在现代民族国家意识的"国别史写作"在相当程度上介入了东亚诸国民族特质的塑造，这种写作是现代民族国家文化建构的重要组成部分，然而一旦过度，会催生东亚诸国内部的文化民族主义。

需要看到，这种文化民族主义的写作不仅出现在"去中心化"意识强烈的韩国，也出现在中国，它表现为整个20世纪的"去根化"和"反传统"努力，如1905年废除科举制，终结了传统经典的体制化载体和教育传播体制；1919年新文化运动，否定了传统经典资源在现代国家建构中的合法性价值；汉字简化，不仅把汉字变成了"方块的拼音字"，也大大削弱了中国与汉字文化圈其他成员的文字关联；过度强调自己的独特性，则使其面临陷入文化孤岛的危险。总体来看，百年来中国文化民族主义建构的一个后果是把中国从白鲁恂（Lucian Pye）意义的"文明型国家"（civilization state），矮化为一个文化意义稀薄的"民族国家"（nation state）①。

文化民族主义在塑造东亚多国现代文化特质时带来的副作用包括：

空间的负面效果："邻域"变成"他域"——由于过度强调各民族国家文化特质的自主性和差异性，造成对东亚诸国传统文化共同性或共通性的涂抹，从而使各国在文化层面上从某种程度上的"我们"退变为各自隔绝的"我"；从充满相当熟悉程度的"邻域"变成了日益陌生的"他域"。

时间的负面效果："故土"变成"异乡"——东亚诸国"去汉字化"和现代中国很长时间的"改革汉字"努力，造成"集体记忆载体的陌生化"，从而最终造成"本国历史的异国化"。——"故土"变成"异乡"（at home abroad）。

笔者近几年参加了联合国教科文组织"文化多样性公约"国际基金项目评选，在评选过程中我注意到，200年前殖民主义的法国塑造了一个法语文化世界。从反殖民主义的立场来看，这是法国以及相关法语国家的负面历史遗产。但到了1970年，在新的历史条件下，法国与法语国家在平等互利的前提下建立了"法语国家组织"（International Organization of French Speaking Countries），该组织总部在巴黎，1986年以后每两年召开一次会议，目前已有56个正式成员国，19个观察国，覆盖9亿人口，其参与国数量大大超过了英联邦组织（53国），它已经成为具有重要国际影响的区域组织平台，这是法国将其负面的殖民主义历史转化为积极的文化遗产的成功举措。

对于包括中韩在内的东亚国家，在从前现代的东亚文明向当代东亚

---

① Huntington: The Clash of Civilizations and the Remaking of World Order, New York, 1996, p44。

命运共同体转型时，如何最大限度地将以往历史上形成的"你中有我"的亲缘性关系转化为现在的积极文化资源，如何将历史上的负面遗产转化为积极的文化遗产，这是需要我们严肃面对的问题。

改变经典文化交流与大众文化交流的不对称局面*

"人文学"一词在汉语和英语中都有狭义和广义的区别：前者指经典性的研究，载体是文学、历史和哲学；后者则可涵盖大众文化领域。我们前两次论坛主要聚焦于狭义人文学领域，如传统文化和史学研究，而2013年6月中韩两国首脑发布的《充实中韩战略合作伙伴关系行动方案》第三部分"加强人文交流"中所提到的"人文"则是广义的：除人文学术交流外，它还提到大众文化交流领域的十多个项目，如旅游、青少年交流、语言交流、影视交流等。

由这种广义与狭义的区分，反观"中韩相互繁荣的人文学"的话题，我们不难得到两个对比强烈的印象：中韩之间大众文化交流相当繁荣；但中韩经典的人文成果交流却非常薄弱。本文希望以"跨界"方式对两种交流进行对比，它将有益于对两国文化发展的总体态势作出战略性研判。

一、从跨国文化交流的三层次看大众文化交流与经典文化交流的地位

要了解经典文化交流与大众文化交流居于怎样的地位，需要对跨国文化交流的整体轮廓有所刻画。一般而言，跨国文化交流的主旨是扩大国民之间的"可分享价值"（sharable values），而"可分享价值"依其

---

* 这是笔者在2015年12月参加第三届"中韩联合战略对话"人文社会组上的发言。

实现难度至少可分为三层：

第一层：政治或宗教等意识形态通常是国与国之间价值差异性最大、排他性最强的领域。在这个领域中，迅速形成"可分享价值"的空间相对狭小。

第二层：人文和高端艺术对话涉及不同国家的精英文化群体之间的交流，可有效拓展跨国文化精英阶层间的"交叠共识"（overlapping consensus），为不同国家之间的文化理解和文化亲近提供坚实的学术支撑。

第三层：以旅游业、文化内容产业、文化贸易为支柱的民族—民间—民营文化交流，是增进不同国家民众之间的文化亲近感、形成民间层面的"可分享价值"的最广泛和最有效的途径。

以上三个层次，自上而下来看，显示了不同国家"可分享价值"由难到易的差异程度，但反过来看，也是一个按照"先易后难"的方式扩展"可分享价值"的建构路线图：即不同国家可以通过大力发展相互的文化贸易和文化产业合作，积极推进跨国经济政治共同体之间的政策沟通，尽可能扩展相关不同国家文化精英阶层之间"可分享价值"，从而形成"多元共存、价值分享"的文化格局。

中韩经典文化交流属于上述第二个层次，大众文化交流属于第三个层次，两者的现状不仅印证了上述层次的难易差别，还放大了这种效应。略作考察，不难发现两者之间存在着严重的不对称局面，这种状况值得关注。

二、文化产业在大众文化交流中的重要意义

经典人文研究领域的学者对大众文化向来缺乏热情，20世纪法兰克福学派对"大众文化"或"文化产业"的意识形态批判，在很长时间内强化着我们对"大众文化"的负面感受。但现代性进程的一个重要起

点和基础是对"大众"的承认。就国与国之间的关系而言,大众交流实在具有不可忽略的意义。

前两次讨论都提到,中韩之间乃至东亚国家之间的文化亲缘关系在近代被严重撕裂。要重建这种亲缘关系,路径十分重要。由于中韩基本制度不同,历史记忆存在差异,要想直接从核心价值观方面(如宗教的或政治意识形态的)实现重建,难度很大。因为以现代民族国家为本位的叙事非常容易受到文化民族主义的挟持。在那里,文化的差异往往意味着排他性价值(exclusive value),排他性价值往往蕴含着冲突。

相形之下,大众文化交流在突破文化民族主义窠臼方面就具有强大的功能,其中文化产业、文化贸易更显示出巨大的弥合差异和对立的力量。就文化产业来说,无论文化产品和服务负载着怎样的价值内涵,都要以市场交易方式,通过消费者的自由选择而实现,这在跨国文化贸易中表现得最明显。不仅如此,由于文化产业,尤其是诸如影视、视听娱乐或创意设计等核心产业门类,是一种吸引眼球的经济,它在跨国文化交流中会同时带来两种奇妙的效应:

其一,以往不同国家存在过的文化亲缘关系,有可能顺势转化为文化产品的熟悉性效应——所谓"熟悉就是市场份额"。

其二,以往造成国与国冲突的文化差异因素,有可能转变为文化产品的陌生性效应——所谓"差异造成好奇",它使文化差异变成了文化多样性的优势资源。

上述两种效应解开了文化产业作为好感经济的真正秘密。由于中韩两国乃至东亚各国在文化传统中都充斥这种"陌生性效应+熟悉性效应",因而该地区国家之间的文化贸易,势必比东亚与西方国家的文化贸易有更快的发展,这为跨国文化交流奠定了坚实的基础。

三、韩国文化产业的重要经验：用1%的文化贸易撬动99%的一般贸易

韩国是东亚区域内文化市场的积极推动者，换句话说，韩国这些年在跨国大众文化交流方面表现出色。更值得注意的是，韩国在中韩交流中创造了用极小比重的文化贸易撬动两国整体贸易、增进两国文化交流的模式。

其一，中韩文化贸易在双边一般贸易总额中的比重

近年来，中韩贸易取得快速发展。根据中国最新预测，2015年中韩贸易总额将突破3000亿美元，这个数据逼近2014年中日贸易的3074亿。从韩方看，该数字远远超过韩日、韩美、韩欧贸易额总和。

相比之下，中韩文化贸易额的总量不大。根据韩国文化产业振兴院《2014年内容产业统计》，韩国2013年内容产业（包括影视、动漫、游戏、音乐、广告、出版、策划方案等等）贸易总额为56.4亿美元，其中对华贸易18.4亿，占当年中韩贸易总量（2700亿）的不足1%。这无疑说明，中韩文化贸易还有巨大的提升空间。随着中韩自贸区落地，随着中国和韩国更加积极地扶持两国文化贸易，未来双边文化贸易额以及它在一般贸易总额中所占比重会迅速提高[1]。

其二，韩国创造了以核心文化产业带动下游产业链的有效模式

中韩文化贸易占比数据虽然不高，但产生的效应极大。因为文化产业（特别是核心产业门类）的效率衡量具有一个特点：如果说传统产业是"一分钱一分货"，富于创意和影响力的文化产业则通常是"一分钱

---

[1] 2013年韩国文化体育观光部和未来创造科学部联合发表《韩国文化产业对外输出促进方案》，旨在大力推动韩国文化产业在全球范围内的出口和传播，力争到2017年，文化内容出口突破100亿美元；2020年，出口额提高到224亿美元，将韩国文化内容产业出口从2010年全球排名第九位提高到2020年第五位。

几分货"。换句话说，其效率主要不看直接产值，而是看间接产值与直接产值之比——"间接产值/直接产值"，比值越大，效率越高。

韩国多年来自觉采取用文化产业捆绑带动其他产业的方针①。近几年其电视剧出口在1亿~2亿美元（2011年为1.58亿，10年前仅800万美元），在韩国全部内容产业出口中远非大户，但其跨国影响力有目共睹。由韩剧、韩国游戏和韩国游戏掀起的"韩流"产生了巨大的产业带动效应。不少研究者指出，韩国在东亚已成功打造出"影视游戏—旅游业—旅游相关产业"的经济模式。

就旅游而言，这几年中国和韩国彼此互为第一大旅游目的地国。2014年中国赴韩游客612万（赴日游客220万），为韩国最大国外游客群体；而韩国赴华人数400万（日本271万），是中国的第一大外国游客群体。更有媒体预测，2018年赴韩中国游客将达1000万人。

"寻找熟悉的陌生目的地"是旅游的首要动机，而中国游客到韩国，多是受到韩国电视剧、韩国广告的诱导，因而大量游客进入必然带动韩国广告、美容、时装、电子产品、餐饮、商贸零售等关联产业，而这些产业的产值通常是不计入文化贸易的。更为重要的是，中韩游客快速增长，强化了两国国民的文化情感。

四、从中国出版情况看中韩经典文化交流的弱势

以文化产业、旅游为主体的中韩大众文化交流空前繁荣，但其经典文化交流局面却相当冷淡，这在两国文学、历史和哲学等的互译上表现极为明显，这里仅就韩国人文作品登陆中国市场的情况略作审视。笔者

---

① 1998年，韩国提出"文化立国"方针，随后出台《文化产业振兴法》，成立文化产业振兴院。2000年前后，韩国相继成立广播影视产业振兴院、游戏产业振兴院、文化产业中心、软件振兴院、数字产业振兴集团等。2009年，上述机构并入韩国文化产业振兴院，直属韩国文化体育观光部。

通过中国新闻出版广电总局调研了中国几个最负盛名的出版社，结果如下：

●中国历史最久的学术出版机构商务印书馆多年来力推"汉译世界学术名著丛书"，在目前已出版的400种译著中，韩国著作为零，在未来五年的出版计划中也为零。

●在极为重视译介现当代国外学术精品的三联书店出版社最近推出的100余种译著中，只有韩国学者白永瑞的《思想东亚》（2011）榜上有名。在未来两年的选题中，韩国学者吴金国的《国法与社会惯行》和金容沃的《大同世界：儒学、中国与21世纪》通过审读，占选题总数的1%。

●中国第一家进行股份制改革的上海世纪出版集团每年出书3000余种，上亿册，韩国译著出版为零。

以上调研的主要是思想学术类的著作。就文学作品而言，韩国译著在中国图书市场也处于边缘地位。韩国学者林春城在2011年第6期《学术界》上发表的文章《关于韩中文化沟通与跨越的考察》一文指出，截至2007年，韩文图书译作共367种，但仔细审视，其中包括朝鲜的文献、中国朝鲜族文学，再加上推理小说、网络小说和童话漫画等，真正有分量的韩国文学作品少之又少。

不过，近来一些地方出版社开始大力推进韩语翻译作品出版，如2003年世界知识出版社推出了崔仁浩的小说《商道》；2011年韩国20世纪早期诗人金素月诗作《金达莱》由山东友谊出版社推出；此外，湖南人民出版社2012年出版了当代最有影响的作家朴范信的小说《因为痛，所以是爱情》（韩文版名称《银娇》）；江苏文艺出版社和21世纪出版社则陆续推出了韩国优秀女作家孔枝泳的作品：如《熔炉》（江苏文艺，2013），《鲭鱼》（21世纪，2010），《像犀牛独角一样只身前行》（21世纪，2010）和《凤顺姐姐》（21世纪，2010）等。再有就是北京大学出版社2010年出版的《韩国现代文学作品选读》等，这是由北京大学、首尔大学、成均馆大学以及中国一些外语院校专家共同编译的。

虽然近来韩国文学作品译入较有起色,但这些作品在中国依然是数量少,出版社影响力小,这些情况大大落后于日本汉译作品的影响。至于中文经典作品尤其是当代作品在韩国的翻译情况,多数学者称情况要好,但远称不上繁荣①。

应该说,至少在韩国方面,国家和学术单位不少机构力推韩文汉译,但目前效果依然不甚明显。究其原因有几端:(1)韩语翻译人才短缺;(2)中韩读者的阅读时尚存在很大差异;(3)在这个"微信读图时代",传统人文经典读物的传播空间萎缩;等等。除此之外还有一个更深刻的原因,即我们仍深陷于后殖民主义的文化语境。在全球学术语言的等级体系中,中文和韩文同属"小语种","邻国远、西方近"构成了中韩学术互译选择中的基本价值取向。不超越后殖民主义的文化语境,中韩大众文化交流的繁荣就缺乏强大的思想支撑,而"东亚价值"的塑造则遥遥无期。

五、结语

改善中韩经典文化交流与大众文化交流的不对称局面不是一朝一夕的事,它需要一些条件:

其一,通常人们总是把大众文化与经典文化对立起来,但从中韩交流看,大众文化交流不仅与经典文化交流不相抵触,还可以给后者提供强大助力。事实上,不少中国读者正是通过韩国影视才开始关注韩国经

---

① 韩国釜山大学现文室一直致力于"现代中文文学代表作品系列"的出版。从2011年到现在共翻译出版了4辑共20多本。这些作品都是严格挑选过去百年间中国大陆和台湾香港以及世界各地用中文出版而尚未译介到韩国的代表文学作品。

典文化的。上文提到的孔枝泳的作品就是搭乘2011年同名电影《熔炉》进入中国的书店。近来中国网民对壬辰倭乱的兴趣，也得益于类似《鸣梁海战》（金汉珉导演）一类的韩国影片。而朴范信的作品也是借视频网站推出的改编电影《银娇》而引起关注的。可以说，中韩大众文化交流正在化解中韩人文学者"互为他者"的局面。

目的：进行人文学术互译：突破后殖民主义——白永瑞的"二重周边视角"历史观。批判西方主义、自我民族中心主义、文化商业主义。

其二，目前中国和韩国都在政策、资金等层面大力扶持各自的文化产业和人文学术。在中韩自贸区落地的今天，应该考虑在"中韩人文交流委员会"框架下，设立中韩文化产业和文化贸易观察机构、中韩经典人文作品交流促进机构，推动双方的相关数据库建设、市场调研和奖励机制。

让区域文化产业为当代东亚文化圈奠基*

一、文化产业在促进东亚文化亲近感方面有多重要？

张晓明研究员在文章中提出"复兴东亚文化圈",这涉及本论坛第一单元的主题,即建设"21世纪的东亚文明"。在我看来,"东亚文化圈"或"东亚文明"的说法太过僵硬,太多想象的成分,因而使用应谨慎一些。但我理解,它们的意思无非是要利用东亚国家在历史上形成的文化亲缘关系,来促进现在国民之间的文化亲近感,从而为维护东亚区域稳定的经济政治关系提供筑基于情感层面的文化软支撑。

东亚诸国在历史上确实有过文化亲缘关系,但这关系第一并不纯粹(不能完全由汉文化概括),第二是在近现代出现撕裂。这种撕裂导源于1500年代以后,尤其是19世纪后外来现代性进程的冲击;导源于东亚各国百年以来,尤其是二次大战后对其国别文化认同的强力塑造;导源于冷战时期东西方阵营在东亚的角逐。伴随多次历史性的大撕裂,东亚国家的文化亲缘关系几近瓦解——与过去断裂、与邻国断裂,成为东亚多国面对的重大文化难题。

在此背景下,复兴东亚国家间的文化亲近感绝非易事,尤其当人们从社会的基本价值观方面(如宗教的或政治意识形态的),从民族主义文化叙事的角度,来谈论文化,那就更加困难,因为在现实主义国际政治的语境中,文化的差异往往意味着排他性价值(exclusive value),排他性价值往往蕴含着冲突。

---

*本文是笔者2014年11月参加中国社会科学院与韩国经济社会人文研究会对话会上所作的发言评论。

正是在这里，可以发现文化产业在国民文化交往方面的基础性和不可替代性作用。在这里，无论文化产品和服务负载着怎样的价值观内涵，都要以市场交易的方式，通过消费者的自由选择而实现的，这在跨国文化贸易中表现得最明显。我们都知道，文化产业，尤其是那些核心产业门类（如影视、创意设计），是一种吸引眼球的经济。正是这种吸引力设计可以同时带来两种奇妙的效应：

其一，以往可能造成冲突的文化差异因素，有可能转变为文化产品的陌生性效应——所谓"差异造成好奇"，它使文化差异变成了文化多样性的优势资源。

其二，以往曾经存在过的文化亲缘关系，更有可能顺势转化为文化产品的熟悉性效应——所谓"熟悉就是市场份额"。

总之，由于文化产业是促进好感体验的经济，是一种需要以"得民心"为前提的经济，因而它在国民之间的文化交往中会发挥日益重要的功能。进而言之，由于东亚国家尤其是中韩两国的文化产品和文化符号中充斥着以上所说的那种"陌生性效应＋熟悉性效应"，因而两国乃至整个东亚区域的文化贸易应当相较于东亚与西方国家的文化贸易，有更快的发展。

二、韩国在东亚区域文化市场的积极推动作用值得关注

张晓明先生引述了韩国文化贸易进出口的数据，得出结论说："韩国显然是东亚文化圈内区域文化市场的积极推动者。从2012年内容产业各地区的出口额情况来看，韩国的文化贸易主要活跃于周边国家——东亚文化圈内。"这在中国国际文化产业学界中是个新的观察，值得进一步研究。下面我再补充谈几点：

其一，中韩文化贸易在双边贸易总额中的比重

中韩经贸确实处于历史上最好的时期。2013年中韩双边贸易总额

为2742亿美元,从韩方看,该数字超过了韩日、韩美、韩欧贸易额总和(中日:2812亿,韩日803亿美元。数据来源"日本经济产业省")。相比之下,根据韩国文化产业振兴院《2013年内容产业统计(2012年数据)》,中韩2012年内容产业(包括出版、动漫、游戏、音乐、影视、广告、策划方案等等)双边贸易额为13亿9964万美元。虽然这不是一个年度的数据,但从中大体可以看出,文化内容产业在中韩贸易总量中占比很低(1.95%左右),这无疑说明,中韩文化贸易还有巨大的提升空间,或者说中韩贸易在内涵上还有很大提升空间。

其二,韩国创造了以核心文化产业带动下游链产业的有效模式

需要说明,以上的文化贸易占比数据虽然不高,但只是表面现象。事实上,文化产业,特别是核心产业门类,具有强烈的知识经济特征,其效率衡量具有一个鲜明的特点:如果说传统产业是"一分钱一分货",富于创意和影响力的文化产业则通常是"一分钱几分货"。换句话说,其效率主要不看直接产值,而是看间接产值与直接产值之比——"间接产值/直接产值",比值越大,效率越高。

2011年韩国电视剧出口1.58亿美元(10年前仅800万美元),在韩国全部内容产业出口(46亿)中远非大户,但它的跨国影响力是有目共睹的。张晓明先生在文章中提到《来自星星的你》所产生的巨大产业带动效应。不少研究者指出,韩国在东亚已成功打造出"影视剧—旅游业—旅游相关产业"的经济模式。

就旅游而言,根据《2013年中国旅游业统计公报》:2013年中国和韩国彼此成为第一大旅游目的地国——中国赴韩游客425万(韩国法务部数据为392万),为韩国最大国外游客群体,超出日本的270余万人;而韩国赴华人数396万,是中国的第一大外国游客群体,超过作为第二大群体的日本287万人。更有媒体预测,2018年赴韩中国游客将达1000万人,占韩国境外游客53%。

我们知道,寻找"熟悉的陌生目的地"是旅游的首要动机,而中国

游客到韩国，多是受到韩国电视剧、韩国广告的诱导，因而，大量游客进入，必然带动韩国广告、美容、时装、电子产品、餐饮、商贸零售等关联产业，而这些产业的产值通常是不计入文化贸易的。更为重要的是，中韩游客快速增长，强化了两国国民的文化情感——回想一下1992年建交之前，两国直如"咫尺天涯"。

总体来说，韩国文化产业的模式值得我们关注，这个模式最适合东亚地区。

三、中韩文化发展的各自优势

张晓明先生的文章多处提到中韩文化产业方面各自的优势，这些话题值得深入研究。

韩国文化产业的优势在于：

在核心内容产业（如游戏、动漫、影视等方面）具有较强的创意力量（参照韩国文化贸易顺差情况可以了解）；

在文化市场运作上富于经验（参照上面所说的"影视带动下游产业链模式"）；

韩国文化政策制定及时有效。

关于第三点，我需要再说几句。2011年，我们曾来韩国调研文化政策的理论和实践。当时有一个清晰的印象，即韩国在文化发展上是个"言出法随"的国家，其文化政策从讨论、制定到实施，节奏清晰——1994年韩国文化观光部引入文化产业振兴观念，1998年提出"文化立国"，1999年颁布第一版《文化产业振兴基本法》，后经过多次修订；2000年韩国政府成立高规格的"韩国文化产业振兴委员会"，统筹协调财经部、外交部、文化部、通信部以及广电出版影视游戏等各部门；2001年文化观光部成立文化产业振兴院作为政策推行实施机构。这一切对于韩国在短时间内跻身于世界文化产业大国行列起到重要作用。

中国方面的优势：

1. 文化产业政策快速跟进并逐渐明晰（参照张晓明先生文章）；

2. 市场的规模效应优势和在开放性合作中学习的优势；

"随着中国从版权进口国变为版权净出口国，中国文化制成品大规模出超的局面也会为进出口平衡所取代，甚至是转为文化产品和贸易进口国，以大规模文化消费对国际文化市场做出新的贡献。中国的文化产业正在从'创意进口—成品出口'时代走向'创意出口—成品进口'时代。"

3. 资金的优势。

"东亚文化圈的区域文化市场正迅速升级，从文化贸易走向文化投资。随着中国经济全球化速度加快，文化投资也随之而来，中国越来越成为东亚文化圈内文化市场投资的主导方，东亚文化圈内区域文化市场的发展引擎正在转向中国。"

以上观察是否准确，值得引起关注和讨论。

四、结论

我认为，张晓明研究员从中韩文化产业角度，展望中韩乃至东亚文化圈前景，是值得关注的：

"在共同历史资源基础上发展统一的区域文化市场，在区域文化市场基础上构建起全球有影响的区域国际文化产业高地。……以区域文化市场建设打开解决地缘政治问题的新路。……构建以中韩为主要支柱的，地域性文化经济共同体，提升东亚文化圈在全球文化市场中的整体影响力。"

在我看来，唯有中韩乃至东亚地区国家之间密切的文化贸易往来、文化政策和文化产业方面的合作，才是在新的历史条件下构建东亚国家文化亲缘关系的最持久和有效的途径。

促进文化贸易，扩展"可分享价值"，迈向中韩命运共同体*

张晓明研究员在《中韩文化产业市场合作与东亚文化圈之复兴》一文，从"文化贸易—文化投资—文化资源开发"三个环节审视了中韩文化市场互动的现状，提出了改进建议。该文数据丰富，逻辑清晰，观点明确且不乏挑战性，读来很有新意。以下我拟从三个方面对其余意略作发挥。

一、文化贸易对建设中韩命运共同体具有重要意义

近一时期，中韩文化市场和文化贸易成为两国交流中的热点话题。如果情况没有变化的话，那么就在今天，由中国文化部和韩国体育文化观光部主办的"第三届中韩文化产业论坛"，应该正在韩国的首尔举行，论坛主题是"开发全球文化产业的中韩共同发展合作方案"。而在不久前，即5月28日，"中韩影视文化产业论坛"在成都举行，其主题是围绕电影产业、表演产业、电视剧产业。此外，张晓明的文章提到，韩国文化体育观光部3月份访华，与中国文化部、国家新闻出版广电总局等部门为建立中韩文化产业共同发展基金的等事宜进行深入探讨。所有这些事态说明，中韩文化交流正快速的、全方位的展开。

虽然如此，但我们依然要看到一个现实，用张晓明文章的话来说，"相比较中韩总体贸易额而言，文化贸易额占比较低，与中韩两国贸易

---

* 本文是笔者2015年6月参加中国社会科学院与韩国经济社会人文研究会的对话论坛上所作的发言评论。

总量不成比例"。我认为,这个判断值得高度关注。

首先,在当今世界贸易形势普遍低迷的背景下,中韩贸易的爆发性增长无疑是最醒目的亮点。据统计,1992年中韩建交时双边贸易额为60亿美元,但到2012年,这一数字便翻了35倍,达到2150亿美元。而随着中韩自贸区的落地,2015年中韩贸易有望蹿升到3000亿美元,比1992年翻了50倍。3000亿美元,这个规模直逼近几年来始终低迷徘徊的中日贸易总额(2014年为3437亿美元),同时是中俄贸易的3倍多(2014年为952亿美元)。

然而,与一般贸易总额的飞速增长形成鲜明对照的是,自2010年至今,中韩内容产业(包括出版、动漫、游戏、音乐、影视、广告、策划方案等等)的双边贸易额始终在十余亿美元的水平浮动。这个数字不及双方贸易总额的100%!有鉴于此,2014年下半年,韩国政府审议通过的"韩中内容产业共同发展对策"约定,力争在2017年将对华年均内容出口额增至40亿美元。中国方面的规划目前尚不清楚。即使如此,两国内容产业的贸易规模依然很不起眼。

上述对比显示,中韩已各自是贸易大国,快速增长的中韩贸易已经使"中韩经济共同体"呼之欲出。但中韩在文化贸易,尤其是核心内容产品的贸易方面,依然各自都是小国,它同时意味着,中韩结成"区域文化共同体"尚任重道远,而所谓"区域文化共同体",正是张晓明文章中所说的"东亚文化圈"。

我们可以这样来理解中韩文化市场或文化贸易的特殊重要性:一般双边贸易的快速增长至多只能塑造一个"利益共同体",但却很难形成"命运共同体"。

当然,在市场经济时代,利益共同体的形成已属难得,一个利益共同体必定已经负载着最低限度的文化信任。但东方生活世界的古老真理提示我们:"以利相交,利尽则散;以势相交,势去则倾;唯心相交,静行致远。"所谓"以心相交",是形成"命运共同体"的基础,而文化市场、文化贸易，无疑是"以心相交"的一种最世俗和最有效的方式。

二、良好的中韩文化贸易必将有助于扩大两国民众的"可分享价值"

"以心相交"——心即情感，心即理智，心即价值。从情感层面看，"以心相交"的文化交流有助于拉近中韩国民的彼此好感，这种好感是两国形成稳固关系的最深刻基础。从理智来看，"以心相交"意味着强化中韩国民之间的文化理解力，这是形成彼此文化承认和文化尊重的重要条件。从价值来看，"以心相交"意味着要扩大中韩国民的"可分享价值"，而这是建构所谓"区域文化共同体"或"命运共同体"的重要前提。

如果说文化交流是"以心相交"的基本形式，那么，我们还可以根据"可分享价值"（sharable values）生成的难易程度，将国与国之间的文化交流区分为以下三层：

第一层：政治或宗教等意识形态通常是国与国之间价值差异性最大、价值排他性最强的领域。在这个领域中，迅速形成"可分享价值"的空间相对狭小。

第二层：人文和艺术交流涉及不同国家的精英文化群体之间的密切交流，可以有效地拓展不同国家文化精英阶层之间的"交叠共识"（overlapping consensus），从而为不同国家之间的文化理解和文化亲近提供坚实的学术支撑。

第三层：以旅游业、文化内容产业、文化贸易为支柱的民族—民间—民营文化交流，是增进不同国家民众之间的文化亲近感、形成民间层面的"可分享价值"的最广泛和最有效的途径。

显然，以上文化交流的三个层次，自上而下来看，显示了不同国家"可分享价值"由难到易的差异程度。但如果反过来看，我们也可以看到一个按照"先易后难"的方式扩展"可分享价值"的路线图：即不同国家可以通过大力发展相互的文化贸易和对外文化产业，积极推进跨国经济政治共同体之间的政策沟通，尽可能扩展相关不同国家文化精英阶层之间"交叠性的可分享价值"（overlapping sharable values），从而形成"多元共存、价值分享"的文化发展格局。这应当是未来中韩文化共同体、中韩命运共同体，乃至未来包含日本在内的"东亚文化共同体"的基本含义。

三、推进中韩文化贸易，尚有一些基础性的工作需要推进

如何推进中韩文化市场的互动以及文化贸易的快速发展，是中韩两国政府和相关业界十分关心的话题。张晓明的文章从文化贸易、文化投资、文化资源的合作开发这三个方面对未来发展提出了颇具启发性的建议，我尤其感兴趣的建议是：

"进一步建立合作'实验'机制。比如说，由两国文化管理部门联合设立'文化产业集聚区'，在文化产业园区这一实验性平台上，整合两国各自在文化产业领域行之有效的经验，并共同孵化基于东亚文化圈共同文化资源的文化产品和服务。"

我认为这是一个很有建设性、可操作性的设想。建立一个实验平台、孵化平台，有助于中韩两国在文化投融资、文化研发、文化生产和服务等方面探索最大限度符合两国国情的发展经验，它会对更广泛的两国文化市场发展和文化贸易互动产生良好的引导示范意义。

此外，张晓明文章中还提到，"中韩之间在文化资源开发方面尚未形成合作，且存在认识和政策瓶颈。……为此，两国需要破除在文化遗产领域文化民族主义的魔咒。"我以为这是十分有远见的。十来年中，一些媒体不时会围绕"申遗"话题渲染中韩在历史问题上的分歧。对此，一个很好的解决之道就是中韩两国效法2014年中吉哈三国"丝绸之路

联合申遗"的成功案例，共同探索在文化遗产领域中联合申遗的可能性，这是两国摒弃文化民族主义、将历史上"你中有我、我中有你"的历史资源转变为现代文化亲缘关系的有效方式。

除上述两点，我还想补充一点我个人的建议。前面提到，张晓明文章中引述了大量涉及中韩文化贸易、文化投资的数据，但想必大家和我一样注意到了，这些数据或者失之过早（如一些重要数据是2012年的），还有一些数据的口径不尽相同。这个现象透露出一个尴尬的现实，即虽然文化产业、文化贸易近20年来获得了长足发展，已纳入许多国家的发展战略，但从全球来看，文化产业或文化贸易依然缺少一个独立的、普遍可接受的统计指标体系。譬如，韩国的"内容产业"（包括出版、动漫、游戏、音乐、影视、广告、策划方案等等）、美国的"文化艺术产业"（包括广告业〔仅包括创意内容〕、艺术教育业〔仅包括美术学校和美术系〕、有线电视制作和播出业、电影和录像及服务业、独立艺术家和表演艺术业、书籍报刊出版业、电台和电视广播业、设计和建筑服务业）与2012年中国国家统计局颁布的《文化及相关产业分类》（共10个大类）存在很大差异。由于指标体系不同、统计口径不同，跨国文化市场、文化贸易研究就存在着数据引用的不规范性和任意性。为此，我建议：中韩两国有关学者应成立联合团队，就中韩文化产业、文化贸易的测度指标体系进行研究，并发布年度性的研究报告。

加强文化互译，扩大"可分享价值"，走向中缅命运共同体*

中国与缅甸是邻居，山水相连，民族文化具有高度亲缘性，近代历史命运相似。随着东盟10+1自贸区的快速发展，中缅在多领域加深合作。从文化交往看，两国在广电媒体、图书出版、艺术家交流和联合生产电视产品方面较以前有长足发展。但总体看，目前的文化交流还不足以为两国人民的全面了解和互信互赖提供有力的文化软支撑，在这方面我们有大量的工作要做。

一、重温近代中缅文化互译，让两国不再互为"传说的国度"

今年4月，在互联网上拥有1亿粉丝的"中国网络名人代表团"访问缅甸。随后《环球日报》的访问报道使用了一个标题，"真实缅甸超过中国大V的想象"。报道提到，对多数成员来说，缅甸一直是个包含不少误传的"传说中的国度"。

应该说，除在座的专业学者和官员外，"传说中的国度"准确概括了中缅两国包括多数知识分子在内的民众的相互认知水平。对笔者这个住在中国内地的学者来说，缅甸一直是个"熟悉的陌生者"。所谓"熟悉"是说，我们很早就知道缅甸是个佛国；缅甸、中国与印度是1954年和平共处五项原则的共同倡导者；二战时期中国远征军入缅作战诠释着两国的共同命运。在最近两度进行的云南边境少数民族文化调研中，我们对两国同源民族的历史和现在的快速发展的边贸印象深刻；这些认知总

---

* 这是笔者2015年7月下旬参加中缅文化论坛的发言。

体上限于历史、政治和经济层面，大多通过零星的、甚至通过英语转述的媒体报道获得。

以上的"熟悉"，自然蕴含着另一面的"陌生"。笔者的专业是现代西方哲学，对西方原著多所涉猎，但比较而言，我基本没读过缅甸的文学作品，不了解基于互译而存在的近现代中缅文化史。我们不了解早在19世纪末缅甸学者J.A.貌基和蒲甘的一位华侨，就已经把中国古典文学《包公案》和《聊斋志异》中的一些故事从中文译成英文；不了解上世纪二三十年代以后鲁迅、郭沫若的作品通过英文移入缅甸，不了解40年代到70年代老舍、茅盾、曹禺、赵树理、柳青、周立波等人的作品，甚至侯宝林的相声多有译入缅文；不了解80年代以后数百部中国武打小说译作在缅甸登陆；更不了解中国当代文学作品在缅甸的翻译情况。

更为汗颜的是，我们基本不了解20世纪上半叶具有强烈"主人"（Thakin）意识、为缅甸民族独立和民族文化作出巨大贡献的缅甸作家群，不了解缅甸的当代诗圣德钦哥都迈。近来在检索这位诗人的汉译时，我发现相关作品很少（中国社会科学院），其余缅甸作家的作品，也大都停留在专业刊物和缅甸文学史的范围。然而在重温互译的路程中，我意外发现了一个英籍中国女画家和舞蹈家郭南斯（1921—），她在1988年撰写了一本配图长诗集《忆德钦哥都迈大师》。该书用朴拙的诗句记录了1955年德钦哥都迈与郭南斯夫妇的曼德勒、蒲甘之游，刻画了大师的生平，阐释了大师的理想，即"独立—团结—和平"。诗中写到：

你不是狭窄的民族主义者，

你的最终目的，是各国平等互惠，

全世界人民和好，团结一致！

我个人十分敬佩这位女艺术家。接近百岁高龄的她好像依然健在，她的作品在今天依然有传播价值，她与德钦哥都迈的故事应被更多的人知道。

二、文化互译，破解本地区国家"邻国远、西方近"的符咒

笔者近年多次参加中韩文化论坛时注意到，长期以来东亚或东南亚的相邻国家大都显示出一个特点，即"邻国远，西方近"。其原因在于，二战之后，本地区大多数国家先后进入民族国家塑造的现代性进程，各国为塑造其历史传统的自主性，普遍致力于"自我中心化的叙事"。这固然有益于各国塑造其历史文化特质，但也会遮蔽或涂抹邻国之间的文化亲缘关系或文化共通性。长此以往，历史上具有千丝万缕亲缘关系的"邻域"变成了日益陌生化的"他域"。不仅如此，包括中国在内的国家，凡被动或主动地实施开放的，都在经济、科技和文化等各方面不同程度地表现出全方位师法西方的取向。

这种"邻国远，西方近"的现象尤其表现在翻译领域。以中国为例，19世纪下半叶以来，中国开始全方位翻译西方文化。1875年到1910年35年中，中国文学作品2/3来自翻译。20世纪上半叶，中国现代自然科学和哲学社会科学体系的建立基本依赖于翻译。1978年改革开放以来，中国的西方文化翻译进入新的阶段，单是商务印书馆一家就推出了500余部西方名著翻译，而其整个计划囊括近两千种，其他各出版社的学术翻译系列也如火如荼。笔者曾借用丘吉尔在伦敦空战后对皇家空军的赞誉来描绘中国的翻译之功：从来没有如此少的人对如此多的人作出了如此巨大的贡献！此外，笔者也多次说：20世纪的中国学术基本是个靠翻译支撑的学术！

百年的翻译把中国变成了一个"学习的民族"（learning nation）。事实上，笔者一向认为这是中国现代化进程的最伟大成就。在中国经济取得长足发展的今天，笔者认为我们应特别警惕，不要沦为一个不愿学习、好为人师的"教师爷民族"（teaching nation）。

但这些日子对中缅文化互译的学习让笔者忽然意识到，我们这种"学习的民族"尚有不足，在过去100年向西方学习的同时，我们基本忽略

了在文化上向我们的邻人学习,丧失了在文化和心灵上了解邻居的欲望。就此而言,我们依然受到"邻国远,西方近"这一符咒的束缚。

三、拓宽文化互译渠道,扩大可分享价值,走向中缅命运共同体

近年中缅经济合作发展迅速。2010年,中国成为缅甸最大贸易伙伴,2014年两国贸易额达到56亿美元。在中国国内关于"海上丝绸之路"与"缅中孟印经济走廊"的热议中,缅甸多次被提到,它一直是个"缺席的在场者"。

然而多数论者总是从基础设施建设和大项目投资等经济维度关心中缅关系,关于中缅文化互译的话题十分微弱。但微弱的话题或许正是根基性的话题。可以这样来理解中缅文化互译的重要性:经济互利至多只能塑造一个"利益共同体",却很难形成"命运共同体"。当然,在健全的市场经济条件下,一个利益共同体必定已经负载着最低限度的文化信任。但东方生活世界的古老真理提示我们:"以利相交,利尽则散;以势相交,势去则倾;唯心相交,静行致远。"

"唯心相交",心即情感,心即善意,心即价值。对中缅来说,"唯心相交"意味着要扩大中缅国民之间的"可分享价值",而这是建构所谓"命运共同体"的重要前提。

国与国之间的文化交流可以根据"可分享价值"(sharable values)生成的难易程度区分为以下三层:

第一,政治或宗教等意识形态通常是国与国之间价值差异最大、价值排他性最强的领域。这个领域中"可分享价值"的形成相对缓慢。

第二,在人文和艺术层面,不同国家的精英文化群体可以通过密切交流和互译,有效地拓展"交叠共识"(overlapping consensus),从而为国家间的文化理解和文化亲近感提供坚实的学术支撑。

第三，在民间层面，以旅游业、文化创意产业、文化贸易为主体的交流，是增进不同国家民众之间的文化亲近感、形成民间层面的"可分享价值"的最广泛和最有效的途径。

以上三个层次，自上而下来看，显示了国家之间形成"可分享价值"的由难而易的程度差别，但反过来看，也提示着一个以"先易后难"的方式扩展"可分享价值"的路线图：即不同国家可以通过大力发展相互的旅游、文化创意产业，通过积极的精英文化交流，形成"多元共存、价值分享"的局面。在这里，精英层面的文本互译是重要的，但易于为广大受众接受的民间文化互译方式，如大众出版物、影视音像的互译交流更具有活力。

笔者注意到，云南新闻出版广电部门及其所属机构，如云南广电传媒集团公司，还有在文化产业研究、少数民族研究、东南亚研究实力雄厚的云南大学，在中缅文化互译方面做了大量奠基性的、前沿性的工作。云南与曼德勒福庆学校在缅中文化和语言研究、人才培训等方面的工作更给我留下了深刻的印象。

缅甸位于中国、印度和东盟之间的三岔路口，与之有2000多公里边界的云南也位于中国内地、印度和东盟的三岔路口，两者可以利用地利和历史上的亲缘关系做很多事情。就我来看，以下两项工作具有重要意义：

第一，可以会合中缅双方有关机构和学术力量，周期性出台中缅文化交流的调查和评估报告；

第二，可以探讨中缅在文化创意产业方面的项目合作，在条件适合的时候，也不妨推出"中缅文化产业走廊"的合作设想。

笔者所在的中国社会科学院中国文化研究中心愿在上述方面提供支持。

最后，我再引述郭南斯先生《忆德钦哥都迈大师》的一段文字结束本文：

如果你能像孙悟空一样的
化为千万个德钦哥都迈，
再化为更多的德钦哥都迈，
更多的善心，爱心，真心，
这个世界才能从一个
充满尸臭的战场转变为
花香水清人美的乐园！

让我们一起来作使中缅团结—和平的德钦哥都迈！

几个"文明型国家"把历史遗产转化为现代文化资本的案例研究*

"文明型国家"（civilizaitonal state）一说源于哈佛学者白璧德，指"一个国家代表一类文明"，比如中国。在亨廷顿那里，"文明型国家"又被称为"某个文明内的核心国家（core-state）"，比如美国是西方文明里的"核心国家"，俄罗斯是东正教文明的核心国家等。在这里，"文明型国家"不仅指拥有数千年历史的古老国家，也可以指年轻的现代国家。

"文明型国家"如何善用其历史资源提升文化影响力？对这个问题国内文化影响力研究领域长期关注不足。因为提到文化影响力强国，人们往往关注西方发达国家，它们不仅拥有先进的教育体系和工业体系、完善的社会保障体系和持久的科技创新能力，还拥有强大的文化生产能力和领先的传媒技术。但确实有些不够发达的"文明型国家"，它们虽在综合指标上不及发达国家，但却在历史、语言和宗教文化方面拥有强大的文化资本，并通过善用这些资本形成了强大的文化影响力，譬如沙特、伊朗、土耳其或哈萨克斯坦等。

从"文明型国家"的角度研究文化影响力，对我们这个文明古国具有重要参照价值。

---

*本文刊载在《中国发展观察》2019年第22期（总第226期）。

一、一国的文明史资源是塑造其当代文化影响力的重要文化资本

近来，笔者考察了 Y&R 咨询公司和美国宾西法尼亚大学沃顿商学院专家编制的"文化影响力"测度测度指标系统，美国南加州大学外交研究中心联合英国波特兰公关公司共同发布的《全球软实力研究报告》以及我国一些"文化影响力"测量体系研究报告。我的一个观察是，这些对文化影响力进行测量的学者大都具有科技、商业或政治学背景，因此其关注点大多聚焦在如下问题：一国在多大程度上将文化置于其政策优先地位，一国的文化产业（包括时尚产业、娱乐业）的活跃度以及相关文化贸易的活跃度和顺差水平，一国使用政府手段推广其语言文化的力度等等。相比之下，他们较少关注一国的文明史资源对该国提升其现代"文化影响力"的具有怎样重要的影响。

所谓"文明史资源"包括：一国在历史上属于哪个文明圈？它在该文明圈中处于何种地位？等等。亨廷顿在《文明的冲突与世界秩序的重建》指出："文明是最大单位的文化，是把'我'与'他'区别开来的最大文化单位。"其主旨是说，"文明"是超民族国家的文化单位，是一群认同相同或相近文化价值的国家群体。该国家群体共享的文明体系既可以是在文明早期生成的，如德国思想家雅斯贝尔斯所说形成于轴心时代（公元前 6 世纪—公元前 4 世纪）的中国儒家文明、印度文明、古希腊文明等，可以是公元 7 世纪出现的伊斯兰文明和公元 15 世纪强势崛起的俄罗斯东正教文明，也可以是伴随现代化进程而产生的西方文明，如英国、法国的殖民主义文明等。这些文明有些是和平产生的，有些是通过血与火的暴力手段催生的，无论怎样，这些文明都构成了当今世界文明地图的基本板块。任何国家要向世界推广其语言文化，如果不具备这种文明板块地图意识，很难收到事半功倍的成效，更可能在文化推广中遭遇各种形式的文化抵抗。简言之，文明史资源可以构成一个国家展

开其文化影响的首要"文化资本"。与缺乏这种文化资本的国家相比，一个累积了大量文明史资源的国家在推展其现代文化影响时具有一种强大的先天优势。

二、英国法国将负面的殖民遗产转化为强大的现代文化资本

在现代西方文明中，美国无疑是个核心国家。它的文化影响力是凭借强大的现代科技和文化工业实现的。德国学者麦格斯称美国是个"HHMM 国家"，即一个以哈佛大学—好莱坞—麦当劳—微软（Harvard-Hollywood-McDonald-Microsoft）作为其文化标志的国家。这些标志毫无意味都散发着强烈的现代气息。不过，除了高度现代的美国外，西方的亚文明圈里确实还存在着一些历史资源相对丰厚的核心国家，譬如英国和法国。

英国是老牌帝国主义国家，从 17 世纪到 19 世纪，其殖民地遍布全球。它在其他国家留下的大量文化遗产，无论是英语文学、教育体系、政治制度、建筑遗存还是英式的生活方式，无不具有鲜明的殖民主义色彩，从历史正义的角度来看，这种殖民色彩当然是负面的历史遗产。但进入 20 世纪，随着英国实力衰退，旗下的殖民地国家相继独立，如何维持英国与这些前殖民地国家的历史联系就成为重要课题。1931 年，英国国会通过法令，创设"英联邦"，要求其成员国基于共同历史背景，维持彼此独立但自由平等的关系。2013 年 3 月 11 日，英国女王签署英联邦首份阐述其核心价值观的文件——《英联邦宪章》。《宪章》总结阐释了 54 个联邦成员在民主、人权、法治、国际和平与安全、可持续发展等 16 个方面的核心价值观和共同原则，旨在维护联邦成员间的紧密联系、维持英国在联邦的影响力。至此，英国显示出将其历史上的负面历史遗产转化为现代文化资本的姿态。

英国在世界上留下的最重要文明史资源是英语。近几十年来，不少

国家都将向海外推广自己的语言文化当作一项基本国策（详见下节），如德国歌德学院、法国的法语联盟、西班牙的塞万提斯学院、日本的日本文化中心、韩国的世宗学院等，但唯独英国不需要专门提出海外英语培训计划，因为英语在全球高等教育、互联网、国际组织、学术著作等领域，一直是全球通用的"世界语"。今天，英国虽然相对于其他国家国力规模日渐缩小，但凭借英语，它在文化影响力或软实力榜单上始终名列前茅。

随着全球化与互联网的普及，英语独揽了互联网90%以上的信息资源，由此对西方国家另一个亚文明圈的核心国家——法国构成了强大威胁。可以说，20世纪以来法国捍卫自己文化、推广自己的文化的主要动机，是要抗衡来自英语世界（以美国为代表）的日益增长的文化压力。为抗衡这种压力，法国聚集了法语文化圈的多国，形成了具有影响力的区域国际组织，将多项自己的文化政策诉求转化成国际文化政策。其中最成功地案例，就是在法国为首的国家集团推动下，联合国教科文组织在2005年10月以压倒性优势通过了《促进与保护文化表现形式多样性公约》（简称《文化多样性公约》）。

深入观察一个多世纪来的法国不难发现，这个国家善于利用国际社会的平台维护那个以它作为核心国家的亚文明体系，并取得了不俗的成效。这里需要明确以下几个事实：

其一，法国在18世纪是个世界性帝国，法语在当时世界的地位相当于今天的英语。从文化影响力角度来说，法国曾是一个"文明型国家"——即一个代表着独特文明类型的国家。

其二，19世纪下半叶到20世纪，法语文明分别经历了来自不列颠帝国和美国的两大冲击，在此背景下，1883年法国成立了以推广法语文化为宗旨的"法语联盟"（Alliance Francaise），目前共有1100个机构分布在130个国家。而从20世纪上半叶起，法国一直是应对美国好莱坞文化冲击的最强大的抵抗者。1958年，法国明确将电影划归文化部管辖，从而彻底淡化了它的"文化工业"属性。此后，法国在乌拉圭回合当中提出"文化例外"，1994年又在国内推出旨在限制英语使用的"杜邦法"，这一切都表明法国在维护自己文明地位方面的不苟且态度。

其三，法国为维护其"文明型国家"地位所作的最重要努力，是在1970年联合其以前的殖民地国家和附庸国，建立"法语国家组织"（International Organization of French Speaking Countries）——这是法国将其负面的殖民主义历史转化为强大文化资本的成功举措。该组织总部在巴黎，1986年以后每两年召开一次会议，目前已有56个正式成员国，19个观察国，覆盖9亿人口，其参与国数量大大超过了英联邦组织（53国）。它已经成为法国施展其重要国际影响的重要平台。

其四，至少自上世纪90年代起，法国利用联合国教科文总部在巴黎的便利，在法语国家联盟的大力支持下，联合英联邦国家（如加拿大、澳大利亚）和发展中国家（如印度、中国），成功地将用以抵制美国主导的文化全球化进程的"文化多样性"观念，变成了教科文组织政府间委员会缔结的国际公约，从而使其成为国际法律文件。

不仅如此，在《文化多样性公约》实施工程中，法国也发挥了积极的主导作用。笔者2009年到2013年担任教科文组织设立"文化多样性国际基金"（IFCD）六人评审委员会成员。在4年的工作中感受到该基金组织受到某种操控，其基金项目的评审结果明显向法语国家组织成员国倾斜。根据教科文组织"文化多样性公约"秘书处统计的结果，2010年，全球有31个项目获得"文化多样性国际基金"资助，属于法语国家组织成员国和前法属殖民地的国家有19个，其中16个在非洲；2011年获资助的17个项目，属于法语国家的有5个，全在非洲，还有一个加勒比国家以前一度是法国殖民地；2012年13个获资助项目中有3个法语国家，全在非洲。上述观察表明，在非洲并且属于法语国家组织（56个成员国）的国家，获得资助的项目比重相当大，三年来共24个，占获资助项目总数的40%。尤其是第一年，非洲法语国家获资助的项目总数占比竟高达51.6%！整个受到法国影响的国家为19个，占总数61%。

来自法语国家组织成员国的项目申请者成为"文化多样性国际基金"的最大受惠群体，这种状况与《文化多样性国际基金应用指南》条款4.5中申明的"区域平等原则"（an equitable distribution of the resources of the fund）是相冲突的。但无论怎样，法国以其几十年来的文化政策实践告诉世人，要成为有影响力的"文明型国家"，就要具备使"我的道路"成为"我们的道路"，使"我的理想"成为"我们的理想"，使"我的文化诉求"成为"我们的文化诉求"的政策想象力和执行力，而这是一个国家"文化影响力"的至高境界。

三、结语

以上对英联邦、法语国家组织的描述，清晰地展现出相关国家是如何利用种族想象以及语言、宗教和历史记忆资源来重建文明圈，并力争在该文明圈中充当核心国家的角色。与这些国家相比，曾经长期充当儒家文化圈或汉字文化圈核心国家的中国目前境况不甚理想：尽管中国在过去70年来取得了翻天覆地的变化，过去40年的高速发展取得了经济总量世界第二的骄人成就，但由于在过去100多年中，包括中国在内的东亚国家现代化进程同时是儒家文化圈或汉字文化圈彻底解体的时代，中国与周边国家在语言文字、宗教信仰、历史记述等各方面渐行渐远。2004年以来，伴随"文化走出去"的实施，我国孔子学院快速发展，目前有500多所，遍布全球。这应当是我国利用传统文化资源来塑造文化影响力的重要举措。

我们高度关注世界主要国家利用文明史资源构筑相关国际组织，维系、重塑或提升其文化影响力。这是因为，在历史上生成的文明史资源是相关国家群体共享的历史记忆，这种记忆的恢复可以推进相关国家形成彼此高度亲近、高度认同的文化统一体。英联邦、法语国家组织等都是这方面的典范。一旦具有这种资源，相关国家推进其文化影响力就能够到达《老子》所说的"不争而善胜、不言而善应、不召而自来、繟然而善谋"的境地。这也是我们这个曾经的中华文明圈核心国家需要认真加以研究的。

第三编　地方调研：让文化的逻辑彰显

抓住"一带一路"的机遇
开创民族地区文化发展新局面*

这是第三本少数民族文化发展蓝皮书，它将着力展示"十二五"时期以来我国民族地区文化发展的成就和面临的挑战。谈到"十二五"时期，2013年提出的"一带一路"基本构想无疑是值得关注的，[①] 而在这盘的大棋局中，我国民族地区又占据着重要位置。

2015年是"十二五"时期的收官之年，也是"十三五"时期的规划之年。要规划未来5年乃至更长时期我国民族地区发展思路，包括文化发展思路，就要抓住"一带一路"这个主题。为此我们需要思考以下问题："一带一路"倡议与我国世纪初以来大力推进的"西部大开发"战略是什么关系？"一带一路"将给我国民族地区发展提供怎样的机遇？要抓住这个历史机遇，相关的民族地区应在观念和政策上做出怎样的调整？在具体实践中，可能遇到的挑战和解决之道是什么？

一、"一带一路"倡议是"西部大开发"战略的强力升级版

对我国民族地区来说，2000年国家出台的"西部大开发"战略和2013年提出并逐步完善的"一带一路"倡议是相互衔接的两条重磅利好消息。两大战略的相继实施，民族地区无疑是最大受益者，这些地区

---

* 本文是笔者撰写的《文化蓝皮书：中国少数民族文化发展报告》第三辑的总报告，2015年出版，文字略有改动。

① 2013年下半年，习近平总书记提出"一带一路"倡议。2015年3月，国家又颁布《推动共建丝绸之路经济带和21世纪海上丝绸之路的愿景与行动》，对"一带一路"倡议的内涵给予全面阐述。

的经济社会文化获得了前所未有的机遇，其在国内和国际总格局的重要作用日益凸显，这对于全面深化改革和推动现代化进程，全面缩小东西部发展差距，全面构建中国和周边国家地区的良好经济政治和文化生态，具有全局性的意义。

研读"一带一路"的政策文本，不难发现它与"西部大开发"战略存在着明显的历史连贯性，因此我们不妨将"一带一路"称为"西部大开发"的强力升级版。这个升级是改革开放进程的合乎逻辑的延伸，它在给民族地区带来新机遇的同时，必将进一步塑造这一地区的经济文化地理格局，这是在谋划新时期民族地区经济社会和文化发展思路时应优先给予关注的。

（一）"西部大开发"取得重大成就，但依然面临挑战

2000年1月，国务院召开西部地区开发会议，研究加快西部地区发展的基本思路和任务。不久，实施西部大开发、促进地区协调发展被写入国家"'十五'规划"，民族地区由此获得空前未有的发展契机。

在日常印象里，"西部地区"是与"少数民族地区"可以画等号的地理概念和发展程度概念。就地理而言，"西部地区"涵盖了少数民族最集中的十二个省市自治区，即陕西省、甘肃省、青海省、宁夏回族自治区、新疆维吾尔自治区、四川省、重庆市、云南省、贵州省、西藏自治区、内蒙古自治区、广西壮族自治区，另外还有延边、湘西和鄂西三个少数民族自治州，总面积为685万平方公里，占国土面积的71.4%，[①]其55个民族的总人口占全国13亿人口的8.49%（2010年统计）。此外，"西部地区"一词还往往像"老少边穷地区"的提法一样，代表着相对滞后的发展程度。相较于东部沿海地区，西部地区在经济社会教育文化等方面居于弱势。出于以上原因，"西部地区"一语常被等同于

---

① 具体说来，我国5个自治区全部在西部；30个自治州中有27个在西部；120个民族自治区县（旗）中有83个在西部地区。此外，包括五个自治区在内的少数民族自治地方占西部地区总面积的85.89%。

"少数民族地区"。

1978年以来,西部地区在我国改革开放总格局中的地位经历了从下降到不断提升的过程。改革开放头20年,为服从国家的经济非均衡发展战略,西部少数民族地区一直被当作我国的战略资源储备区和保障区,其资源能源在国家宏观计划调控下不断向东部转移,以支持东部沿海地区的迅猛发展。到上世纪末,伴随东部的快速崛起,我国东西部经济社会文化差距迅速拉大,西部地区人均GDP仅为全国平均水平的2/3,不及东部地区的40%,西部地区所累积的各种矛盾也日益凸显,区域发展的公平和正义已成为不可回避的问题。与此同时,东部的传统经济增长模式也到了临界点,如何把东部剩余的经济发展能力用于西部地区,把西部开发纳入全国产业结构和地区经济结构的调整,成为事关国家改革开放大局的大问题。

正是在这个背景下,"西部大开发"的思路在世纪之交应运而生,其基本要义是:依托亚欧大陆桥,长江水系,西南陆路和海上通道,发挥中心城市作用,以线串点、以点带面形成多个跨行政区域的经济带,将东部沿海剩余的经济发展能力转移用来提高西部经济和社会发展水平,建设一个经济繁荣、社会进步、生活安定、民族团结、山川秀美、人民富裕的新西部。

西部大开发十几年,在国家和东部发达地区的大力支持下,西部及少数民族地区在基础设施建设、生态建设与环境保护、产业结构调整、教育科技发展等方面取得长足发展,内外经贸合作快速增长,工业化、城镇化、现代化水平不断提高,区域经济结构得到较大调整改善,宏观经济增长持续领先全国,居民收入快速增加,人民生活水平不断提高。2014年,在中国GDP增长7%的情况下,12个西部省市自治区中,4个增速超过10%,2个超过9%,5个超过了8%。显然,这些过去的发展滞后地区今天成为保障我国经济增速的重要支撑,这一切为西部地区的进一步崛起创造了坚实的发展基础。

西部大开发战略获得了重大成就，但今天看来，与国民经济发展方式转型配套的西部开发战略，十五年来依然走了一条政府主导的发展模式，高度依赖地方政府财政性帮扶、高度依赖国有企业在资源和基础型产业领域投资，市场对资源配置的决定性作用没有充分发挥，导致西部地区内生性发展力量薄弱，可持续发展动力不足，百姓得到实惠不多。到2013年底，西部地区的GDP总量仍然仅占全国的22%，全国贫困和低收入人口的60%以上集中在西部地区。总体看来，今天民族地区面临着"五个并存"的瓶颈期：即改革开放和市场经济带来的机遇和挑战并存；民族地区经济发展的势头加快和发展低水平并存；国家对民族地区支持力度持续加大和民族地区基本公共服务能力建设仍然薄弱并存；各民族交往交融趋势增强和涉及民族因素的矛盾纠纷上升并存；反对民族分裂、宗教极端、暴力恐怖斗争成效显著和局部地区暴力恐怖活动活跃多发并存。在某种意义上说，西部地区的发展遭遇了新的瓶颈。

（二）"一带一路"将"西部大开发"从国内战略提升为国际战略

"西部大开发"任重而道远，仍处于进行时，亟须突破发展瓶颈。"一带一路"将"西部大开发"从国内战略提升为国际战略，是重大的战略突破。

目前，"一带一路"倡议已全面展开，其线路所覆盖的主要国内省区包括：（1）以陕西、甘肃、青海、宁夏、新疆西北五省区为主的西向"丝绸之路经济带"线路；以重庆、四川、云南、广西四地为起点的所谓"南方丝绸之路经济带"；以及以内蒙古和东北三省为起点的"北方草原丝绸之路"经济带[①]。（2）"海上丝绸之路"，其国内主要相关城市包括上海、天津、宁波—舟山、广州、深圳、湛江、汕头、青岛、烟台、

---

① 搭上"一带一路"快车是"十二五"最后一年国内许多省市自治区的头等大事，因而围绕着"丝绸之路"还会出现不少新的说法。

大连、福州、厦门、泉州、海口、三亚①。（3）2014年3月，国家出台"藏羌彝文化产业走廊总体规划"，它被视为"一带"与"一路"之间的联系纽带。至此，"一带一路"倡议几乎覆盖了全国所有民族地区。

然而，"一带一路"不仅是国内战略，它还覆盖着更广阔的国际空间。2014年11月，我国在"加强互联互通伙伴关系对话会"做出的确定表述包括：（1）"一带一路"源于亚洲、依托亚洲、造福亚洲，以亚洲国家为重点方向；（2）"一带一路"统筹陆海两大方向，涵盖面宽，包容性强，辐射作用大，将以经济走廊为依托，建立亚洲互联互通的基本框架；（3）"一带一路"以交通基础设施为突破，优先部署中国同邻国的铁路公路项目；（4）"一带一路"以建设融资平台为抓手，打破亚洲互联互通的瓶颈，中国将出资400亿美元成立丝路基金；（5）"一带一路"以人文交流为纽带，夯实亚洲互联互通的社会文化心理根基。

如果以中国为本位，人们可以将"一带一路"整体空间分为三层：第一层是中国周边的14个陆地邻国，依次是朝鲜、俄罗斯、蒙古、哈萨克斯坦、吉尔吉斯斯坦、塔吉克斯坦、阿富汗、巴基斯坦、印度、尼泊尔、不丹、缅甸、老挝、越南；第二层包括与中国隔海相望的韩国、日本、菲律宾、马来西亚、新加坡、印尼、斯里兰卡以及处于亚欧大陆腹地的中亚、西亚诸国；第三层则指向遥远的欧盟、非洲等地区。目前以上三层区域已涵盖亚非欧国家近70个，而且范围还在扩大。这些国家分属于东北亚经济圈、东南亚经济圈、欧盟经济圈等。为此，"一带一路"被誉为"世界上最长、最具发展潜力的经济大走廊"。

"一带一路"将"西部大开发"从国内战略提升为国际战略，将产生以下3大影响：

首先，"一带一路"为"西部大开发"拓展出了国际空间。"西部

---

① 新华社：《推动共建丝绸之路经济带和21世纪海上丝绸之路的愿景与行动》，2015年3月28日，新华网，http://www.xinhuanet.com/world/2015-03/28/c_1114793986.htm

大开发"战略虽初具国际视野，但整体上看还是个国内战略，其重头戏主要在国内，它与2008年出台的"中部崛起"战略共同塑造了"东部引领—中部崛起—西部开发"的中国整体经济地理空间，而"东部中心、西部边缘"构成了这个整体框架的基本特征。相比之下，"一带一路"是个跨国战略，是个将中国国内发展和中国经济文化"走出去"的举措结合起来的顶层设计。该设计不仅考虑中国国内"东部—中部—西部"的"互联互通"，更关注中国与周边地区、亚欧大陆和亚太地区的"互联互通"。这一战略空间的拓展，体现了中国国内市场的外溢效应，体现了中国改革开放进程的巨大成果。

其次，"一带一路"将民族地区变成了对外开放新前沿。"西部大开发"战略已然在国内设计了多条跨行政区域的"线路"，而"一带一路"则更强调将这些国内线路与多条跨国"经济走廊"结合起来，从而使中国经济文化的对外开放获得更加多元的向度和路径。改革开放头20年，中国对外开放的前沿主要在东部、在沿海，有学者因此称之为"沿海战略"或"蓝海战略"[1]，而"一带一路"倡议则强化了东南西北多条开放路向，尤其是通往中南半岛、亚欧大陆腹地和俄罗斯的开放路向，使得一向被视为封闭边缘的西部变成了对外开放的新前沿。由此，中国对外贸易的道路不仅在海洋上有所拓展，而且也进一步向亚欧大陆腹地延伸，形成中国新时期全方位改革开放的新格局。同时，中国东部地区对外开放的成功经验也将为新形势下民族地区开放体制机制政策创新提供有益借鉴。

（三）"一带一路"倡议势将改变民族地区的经济地理格局

"一带一路"并非专为中国民族地区量身定做的战略，但它确实是把西部民族地区当作其重要的战略依托，因而西部民族地区理应成为这一战略的最大受益者之一。必须看到，占国土面积71%的西部民族地

---

[1] 高柏：《高铁与中国21世纪大战略》，社科文献出版社，2012年。

区虽是一个整体，但其内部发展也不平衡，为此国家在出台针对民族地区的政策时，一向坚持"地区分类，统筹协调"的政策意识。过去，"地区分类"主要以"定边"为主要导向，因而政策、资金大多投向安全问题较大的地区。但"西部大开发"战略以来，国家对西部的政策大大强化了"发展"导向，推出了以交通干线和中心城市为基点，"以线串点、以点带面"的西部开发规划，形成了陇海兰新线、长江上游地区、南（宁）贵（阳）昆（明）等跨区域经济发展带。在这样的思路下，"沿线"成为西部最火热的经济地理概念，"沿线"民族地区的经济社会文化发展条件获得了较大改善。

如前所述，"一带一路"不仅在国内范围继承了"西部大开发"战略的"沿线"思路，而且，由于它高度倡导与周边国家建立多条跨国"经济走廊"，因而在"沿线"之外，还大大提升我国以不同边境口岸为中心的"沿边"概念，提升了"沿边"少数民族地区的战略位势，这样，复合性的"沿线—沿边"或"沿边—沿线"成了如今最火热的经济地理名词。随着"南（宁）新（加坡）经济走廊""大湄公河次区域经济走廊""中缅孟印经济走廊""中巴（基斯坦）经济走廊""中国中亚经济走廊""中蒙俄经济走廊"以及海上丝绸之路的若干线路的落地，那些"沿边—沿线"地区大多将成为"一带一路"倡议中跨国区域的发展高地，这些地区不仅包括东部和东南沿海地区较为发达的青岛、连云港、宁波、泉州、广州等地区，还包括广西的东兴、友谊关，云南的河口、磨憨、畹町、瑞丽，西藏的樟木、普兰、吉隆，新疆的红旗拉普、霍尔果斯，内蒙古和东北地区的满洲里、绥芬河、珲春、丹东等民族地区。进而言之，在"一带一路"倡议落地实施、持续推进的未来几十年内，"沿边—沿线"民族地区能否诞生一些国际性区域中心枢纽城市，形成新的沿边经济战略高地和文化辐射中心将成为检验"一带一路"倡议是否成功的一个重要指标。

沿边战略高地	地缘战略地位	所属文化圈	毗(相)邻国家	主要跨境民族	主要边境中心城市	已有基础
东北、内蒙古	美、日、俄、中四国利益汇交点，我国向东北亚开放的主要通道	中华文化圈、东北亚文化圈（含俄罗斯文化圈）	朝、俄、韩、蒙	蒙古族、俄罗斯族、鄂温克族、鄂伦春等	珲春、绥芬河、黑河、丹东、图们江、满洲里等	东北亚合作机制、环渤海经济区、图们江三角开发地带、环日本海经济区、中蒙俄沿边经济合作地带等次经济合作区等
广西、云南	捍卫我国海洋地缘政治中心区域，中国国家核心利益区域，国家"生命线"，"海上丝绸之路"的战略中段	中华文化圈、东南亚文化圈、南亚文化圈交汇地	缅、老、越、泰	壮、傣、布依、彝、哈尼、拉祜、傈僳、景颇、阿昌、怒、佤、独龙、德昂、布朗、苗、瑶、汉、京族等	南宁、钦州、北海、防城港、玉林、崇左、昆明、玉溪、瑞丽、大理、保山、腾冲等	第三亚欧大陆桥建设、中国—东盟自贸区、泛北部湾经济合作区、西南六省协作区、大湄公河次区域、中越"两廊一圈"、泛珠三角经济区等
新疆、西藏	地处世界亚欧大陆政治中心，中华文明与南亚文明的交界处，亚欧大陆桥"丝绸之路经济带"核心地带	中华文化圈、伊斯兰文化圈、印度文化圈	俄、哈、吉、塔、巴、蒙、印、阿富汗、尼泊尔、不丹	维、哈、回、蒙古、柯、锡伯、塔吉克、乌孜别克、满、达斡尔、塔塔尔、俄罗斯、门巴、珞巴等	伊宁、喀什、塔城、阿图什樟木、普兰、吉隆等	上海合作组织、丝路基金、亚洲基础设施投资银行、中亚区域经济合作组织、中俄哈蒙阿勒泰区域经济合作机制等

表1："一路一带"倡议背景下民族地区经济地理文化格局

随着"一带一路"倡议的实施，中国边境及其少数民族地区将从封闭"边缘"变为开放的、跨国性的"区域高地"或"区域中心"。由此"西部大开发"战略所凸显的"东部引领—中部崛起—西部开发"的国内格局，将被"东部引领—西部高地—邻国洼地"的跨国经济地理新格局所取代，这一新格局令民族地区事实上反过来成为"一带一路"倡议最重要的"中部支撑"。这将是前所未有的历史转变，它势必对中国西部"沿边—沿线"地区提出更高的发展要求。

二、因应"一带一路",民族地区需更新观念和区域发展思路

2013年"一带一路"倡议问世以后,国际社会积极响应,表态参与该规划的国家从最初的20多个迅速增加到近70个,目前该数字还在持续更新中。中国国内不同地区,尤其是西部"沿边—沿线"地区,也焕发出极大热情,细心谋划,积极参与跨区域合作,努力搭上"一带一路"的发展列车。2014年3月,文化部、财政部联合下发《藏羌彝文化产业走廊总体规划》,将地处四川、贵州、云南、西藏、陕西、甘肃、青海等七省(自治区)交汇处的地区纳入国家发展战略,这个区域将以西北五省为骨干的"丝绸之路经济带"相关区域与南贵昆—东南亚—南亚的所谓"南方丝绸之路经济大走廊"勾连为一体,大大拓展了西部"沿线"地区的概念。可以想见,未来一个时期,"沿边—沿线"民族地区会迎来一个"快速的政策调整期"。为此,民族地区需要继续解放思想,更新区域发展思路。

(一)沿边—沿线民族地区应实现"边缘地区"向"区域中心地区"的观念转变

我国西部民族地区的发展证明了一个道理,区域发展的美好前景需要有合宜的战略和政策支撑,而合宜的战略和政策又需要积极有为的主体意识和敏感机遇意识。前已述及,长期以来在人们的意识中,"西部地区"一直与"老少边穷"画上等号。等待国家政策倾斜、等待东部发达地区的外部支持,成为不少地区的行政积习。与此同时,我们在连续4年的中国边境少数民族文化发展状况调研中也发现,国家对西部地区吸引人才和投资缺乏强有力的政策倾斜、"分税制"将西部地区的税源大量截留、大型国企在西部地区自成一体,这些情况都大大削弱了民族

地区的内生性发展动力。

然而，随着"一带一路"倡议的全面实施，随着多个跨国经济走廊规划出台和落地，以及以高铁为骨干的跨国交通设施陆续上马，西部地区尤其是"沿边—沿线"民族地区将结束以往单纯作为国家边缘地区的历史，从而转变为跨国市场的区域高地或中心。譬如，一旦用以支撑"南新经济走廊""大湄公河次区域经济走廊"的泛亚铁路公路和其他交通设施建成，广西南宁、云南昆明势必成为中国西南与中南半岛地区的中心城市，这些地区中那些靠近边境的城市或城镇（如云南的红河、瑞丽等），也有机会上升为跨国区域的次中心城市。与此类似，依托着中巴公路和铁路的"中巴经济走廊"、依托着欧亚铁路的"中国中亚经济走廊"等，也将大大提升乌鲁木齐、喀什、霍尔果斯等城市的区域辐射力。

事实上，在过去"西部大开发"战略推动下，上述区域已经在"西向开放"和"西南向开放"方面做了大量工作，积累了强大的发展实力。如何进一步提高跨国性的区域中心意识，在积极谋划和细化相关经济走廊的同时调整和完善自身的区域发展规划，将成为这些地区"十三五"规划的重要母题。

(二)沿边—沿线民族地区应实现从"封闭意识"向"纽带意识"的转变

"发展是第一要务"，这是中国改革开放实践一再证明了的硬道理，也是西部地区自"西部大开发"战略实施以来一再证明的硬道理。但就经济社会发展条件来看，西部地区尤其是沿边地区的改善幅度明显不如东部。造成这种状况的根本原因在于，沿边地区与其外部周边国家的经济交往、市场建设、文化交流等依然受到不少政策限制。这种限制的根源在于，沿边少数民族地区不仅长期被视为中国的"边缘"，而且长期被打上"前线"的烙印。"前线"是战时状态的用语，意味着建设和发展的权宜性和不稳定性，特别是意味着对立和封闭意识。这种封闭意识根深蒂固，十分强烈，至今仍渗透在一些重大的决策命名上。2010年，云南在国家支持下出台了10年地区发展和对外开放新规划,确定以红河、瑞丽、大理和昆明为开发重点,打造滇中城市经济圈、8个沿边经济区和4个经济走廊,在经济、基础设施等方面向东南亚和南亚全方位开放。该规划的名称是《桥头堡战略》,"桥头堡"这个词依然散发着浓烈的前线意识。

客观地说,在很长时期里,由于西部及沿线少数民族地区与周边国家一向处于"外强我弱"或"外我皆弱"的态势,前线意识对于保证国家安全、地区稳定是非常必要的。但经过近40年的改革开放,尤其是"西部大开发"以来西部及沿边少数民族地区的相对快速的发展,目前我国陆地边境地区与周边国家已经在整体上处于"我强外弱"的态势。"一带一路"倡议的出台,很多西部民族地区一夜之间成为国家对外开放格局中的桥梁、纽带和平台,那种以"桥头堡"为典型形象的封闭意义就过时了。面向新时期,大多数沿边—沿线少数民族地区应在观念上实现从封闭意识向纽带意识的根本转变,从桥头堡意识向桥梁意识的根本转变,从前线意识向开放意识的根本转变,让战时状态的意识让位于和平发展的母题。

(三)沿边—沿线民族地区应实现从传统发展模式向新型发展模式的转变

"一带一路"倡议为民族地区特别是沿边—沿线民族地区提供了全新的对外开放和区域发展机遇,相关地区在今后一段时期内将保持高于国内平均水平的发展速度。但这种区域发展必须避免重复30年前东部地区经济崛起的传统模式,避免成为东部地区那些高消耗、高排放、高污染产业的下游承接地,避免再重走东部地区那种以破坏自然生态、文化生态、人居生态为代价的城市化道路。这是由西部地区的自然和文化生态的脆弱性决定的。

通常所说的"西部"包含两个部分:一个部分以西北五省和内蒙古自治区为代表,其共性是以水资源为核心的自然生态相当脆弱,难以承受过去 30 年东部地区的那种发展模式。我们在调研中发现，如今一些地区为建设"一带一路"上的中心或次中心城市，盲目上马大量高能源、高水耗的旅游设施和城市基础设施，长此以往，有可能造成这些地区未来自然生态的崩溃；另一部分地区以云贵滇川藏为代表，那里是我国水资源、自然景观资源和多样性文化生态资源的最后保留地，一旦重蹈过去 30 年东部发展模式的覆辙，这些宝贵资源将迅速瓦解和贬值，并将产生灾难性后果。

为此，西部地区在确立区域发展、城镇化建设和对外开放规划时，应建立健全国家层面的、以第三方专业机构为主体的评估机制，对这些地区的自然生态环境、文化生态环境、人居生态环境承载力进行评估。在经济发展方式定位上，要以轻型绿色的对外贸易、现代服务业、创意产业和特色文化产业为主体，走出一条既具中国特色又具地方特点、生态环境和文化生态环境得到妥善保护和善用的发展道路。

（四）沿边—沿线民族地区的城镇化思路应实现从国内跨行政区域整合向跨国区域整合的转变

中国正处于城镇化快速发展的时期，不同层级的城市是区域市场网络的重要纽结。西部及少数民族地区城镇化发展的最大特色，就是要在"西部大开发"和"一带一路"倡议指导下，深化和完善新时期的城镇化思路。

首先，相关地区要找准区域内城市和城镇所在的跨行政区域网络，完成两个方向的"跨区域整合"：在跨国区域里，民族地区尤其是沿边—沿线少数民族地区要根据自己在区域市场和城市网络中的地位，来确定其未来的城市功能、产业和市场发展结构、城市基础设施标准、城市公共服务能力建设的标准；而在国内，民族地区要进一步深化"沿边—沿线"地区的跨行政区域整合，跻身于相关城市网络或城市群，避免在城市功能定位上的同构性、同质性规划。

其次，那些承担对外开放的沿边中心城市，要积极承担起将中国东部发达地区的经济发展能力、文化创意能力与周边国家的资源对接的责任，在促进中国与周边国家经济互补化、市场一体化方面发挥更大作用。

最后，实施上述规划的一个重要载体是积极打造周期性跨国、跨省的多层次区域城市发展论坛，交流相关城市的发展信息，确立协同互补的发展路径。此外，国家有关机构还应邀请民族地区以外的城市专家和市场专业人才，形成相对独立的第三方评估体系，对区域内的发展规划及实施情况进行周期性的评估。

（五）沿边—沿线民族地区要加大政策倾斜力度，实现从人才匮乏向人才涌流的机制转变

一个地区又好又快发展的首要条件是人才，基础条件也是人才，这包括科技人才和市场人才，也包括教育人才和行政人才。中国东部地区快速发展的一个重要原因就在于，在过去几十年中吸引和集聚了大量国内外人才。相比之下，民族地区人才匮乏的问题十分突出。我们在对西部少数民族地区的多次调研中了解到，越是靠近沿边地区，经济发展越是滞后，本地人才外流、外来人才留不住的问题越是明显。过去十多年，国家和东部地区为民族地区发展提供了大量人才支持，但这种"候鸟式"的人才机制不能从根本上解决民族地区人才匮乏、流失问题。我们在对中国少数民族地区的多次调研中，每次听到的最强烈呼声就是"人才"。

人才是个大问题，也是个老问题。优惠的人才政策千呼万唤仍不到位，是民族地区长期存在的痼疾。作为中国四书之首的《大学》中说："有人此有土，有土此有财，有财此有用。"在"一带一路"倡议全面铺开的今天，民族地区尤其是沿边少数民族地区要想承担起建设跨国性区域中心的任务，国家和相关地方政府必须要有极具吸引力的人才政策。前面提到，越南为巩固边境地区发展，确定了其边境地区教师和干部的工资高于内地近30%的优惠政策，这是值得我们效法的。往严重点说，民族地区高吸引力的人才政策能否到位，是检验我国"一带一路"倡议是否真诚的试金石。

三、落实"一带一路"倡议,民族地区要高度关注文化发展尤其是特色文化产业发展新机遇

2013年9月和10月,"一带一路"倡议提出之初,学界和媒体的热议大多聚焦于该战略的经济意义,其理由是显而易见的:中国拥有近4万亿美元的外汇储备,因而有能力加大对海外重要经济战略资源的投资;中国是全球第一大能源进口国,因而需要在传统的中东地区之外开辟更多的国外能源产地,需要在传统的海上运输线路(即波斯湾—马六甲海峡—中国东海)之外,开辟更多便捷的"海上+陆地通道"(如波斯湾—瓜达尔港海路+中巴陆路交通、波斯湾—缅甸海路+滇缅陆路交通),以及最为快捷的陆路通道(如中亚—中国陆路通道、俄罗斯—中国陆路通道等);中国作为一个制造业大国,有必要将剩余的制造技术能力转移到国外;等等。然而,近一年来,人们日益意识到,"一带一路"不仅是个经济战略,而且应当是个文化战略。"国之交在民相亲",而"民相亲"的基础就是文化。没有文化向度的"一带一路"倡议虽然可以在短期内使中国与相关国家形成利益共同体,但却很难形成休戚与共、长期稳定的命运共同体。

"丝绸之路,文化先行",这个取向一旦确定,中国民族地区尤其是"一带一路"沿边—沿线民族地区的文化发展,尤其是特色文化产业的发展,就具有举足轻重、不可或缺的战略意义。

(一)民族地区文化尤其是特色文化产业发展迎来空前的政策利好环境

高度关注"一带一路"倡议的文化建设向度,已成为国家和有关管理部门的战略自觉,由此,2014年国家出现了三个值得高度关注的政策动向。

2014年3月14日,国务院印发了《关于推进文化创新和创意设计与相关产业融合的若干意见》,提出要以统筹协调、重点突破、市场主导、

创新驱动、文化传承、科技支撑为基本原则，推动文化创意和设计服务以及装备制造业、消费品工业、建筑业、信息业、旅游业、农业和体育产业等领域的融合发展，为我国经济方式转型提供了明确的政策指导。

2014年5月，文化部提出要加快研究以"文化先行"方式，建设"丝绸之路文化产业带"的总体设计和框架方案，使之成为"丝绸之路经济带"的一项重要配套政策，其要义包括：通过建设"丝绸之路文化产业带"，加强影视、演艺娱乐、动漫游戏、文化旅游、工艺美术、非物质文化遗产、民族文化、工业制造、建筑设计、文化体育等多领域的交流合作，打通文化壁垒，增强国家文化传播力，提升文化软实力，增进不同民族、不同宗教信仰之间的理解和团结，加强国际交流和互信；最终实现产业带各地、各国家互利共赢、和平稳定、繁荣发展。

2014年8月8日，文化部和财政部联合下发《关于推动特色文化产业发展的指导意见》，要求以"传承文化、科学发展；因地制宜、突出特色；创意引领、跨界融合；市场运作、政府扶持"为原则，以"加大财税金融支持、强化人才支撑、建立重点项目库、支持拓展境外市场和建立完善交流合作机制"等为保障，推动我国各地，尤其是西部少数民族地区的特色文化产业快速发展。《意见》特别强调，要按照国家建设"丝绸之路经济带"总体部署，依托丝绸之路沿线丰富的文化资源，调动各方力量，推动丝绸之路文化产业带建设。

如果说国务院《关于推进文化创新和创意设计与相关产业融合的若干意见》，还只是关于我国转变经济增长方式的战略性文件，那么文化部关于"丝绸之路文化产业带"的规划设想和《关于推动特色文化产业发展的指导意见》就是将上述意见落实于丝绸之路建设的行动方案。它们必将给中国西部及少数民族地区的文化发展，尤其是特色文化产业发展，注入强大的政策推动力。

(二)民族地区文化发展的中心任务：使特色文化资源服务于特色城镇化发展和公共文化服务建设，并转化为特色文化产业优势

前已述及，注重文化发展，尤其是加大特色文化产业发展力度，是中国民族地区走出中国特色、地域特点发展模式的必然选择。不仅如此，在"一带一路"倡议逐步推进的背景下，如何将民族地区丰富多样的文化资源转化为新型城镇化建设的景观元素、转化为文化产业特色产品、转化为各族人民共享的独特精神文化内容，这是未来民族区域发展规划中的重要内容。

首先，保护与发展文化多样性应该成为文化政策重点。中国民族地区因为世居少数民族主体众多，现代化进程起步较晚，因而保留着这个国家最丰富的、形态差异最明显的文化多样性资源。湘西、鄂西、贵州、广西、云南、四川等地的少数民族文化类型多姿多彩，西藏、新疆等地少数民族文化的异域特点明显，西北其他几省以及内蒙古的少数民族文化虽然与汉民族文化融合度较高，但依然保持着相对独特的文化特质，这种文化多样性的丰厚程度在世界当今大国中并不多见。然而，随着"一带一路"倡议将"车同轨、书同文"的中国市场经济推向西部腹地，西部民族地区与中部、东部的经济一体化进程会大大提速。如何在快速提升地区经济发展速度、改善民生的同时，继续保持其文化的地域性、民族性、多样性特色，将成为相关区域未来面临的最大问题，这也是各民族地区能否走出一条适合自己特点的现代化道路的重要评价指标。

其次，转变发展方式，善用特色文化资源，应该成为城镇化第一要义。伴随着"一带一路"倡议的推进，民族地区尤其是沿边—沿线地区的城市发展和城镇化建设将会步入快车道，在这个时期，如何尽量避免中国内地城镇化发展的弊端，成为西部相关地区应该高度警惕的头等问题。毋庸讳言，过去近40年里，中国城镇化普遍呈现出千城一面的弊端，东部地区旧城灭毁、新城雷同的问题成为国人心中永远的伤痛。在无锡

地区1000平方公里的土地上,古城镇已完全消失,其区域的历史景观氛围荡然无存。这种情况在民族地区也比较明显,我们对中国西部丝绸之路线路上的城市景观的调研表明,以中国西部边境为界线,境外的丝绸之路沿线古城则大多保持着历史风貌(如乌兹别克斯坦的塔什干市、撒马尔罕市、希瓦市和伊朗的马什哈德、伊斯法罕等),一些旧城被列入"世界遗产名录",但国界以东的古丝绸之路沿线城市却已全部"现代化""东部化",这已经成为中国西部城市发展的突出问题。如何善用本地的特色文化资源,形成具有浓郁地方特色的城市和城镇景观,是西部地区的紧迫任务。

再次,创新公共文化服务体制机制应该成为文化体制改革首要任务。民族地区公共文化服务的重点在基层社区、边远地区和少数民族聚集地。过去几十年,国家大力推进西部地区的公共文化服务建设,尤其是公共文化基础设施的建设,各部门出台了诸如"西新工程""广播电视村村通工程""农家书屋工程",取得了巨大历史成就。相对于全球那些与中国发展程度近似的国家,中国对西部欠发达地区的文化建设投入力度最大、体系最完整、硬件建设水平最高,这是毋庸置疑的。然而,从效果来看,西部地区文化建设的最大瓶颈是,如何实现让文化产品直指人心的问题。在大部分民族地区,尤其是那些年轻人大量外出打工的空巢村落,公共文化服务供给有效性是一个长期没有解决的问题。而在新疆、西藏等地区,除了存在上述问题外,还存在着国家公共文化服务体系与当地历史上沿袭下来的公共生活空间"两张皮"的问题尚未破解。这些问题不解决,就不可能实现持久稳定的民族团结与民族和谐。

最后,发展以创意为基础的文化产业是经济结构调整的重要战略主题。应该看到,"特色"是创意的生命力,是文化产业的生命力,而对民族地区来说,以创意为基础的文化产业先天具有一种独特的"特色"优势,即它拥有发达地区所不具有的文化多样性资源。从这个意义来看,"特色文化产业"是民族地区文化产业的题中应有之义。多年来,西部许多地区的特色文化产业发展取得了长足发展，广西、云南、四川等地已发展成文化大省，并呈现文化强省态势。然而，文化资源的特色是一回事，如何把这个资源转变为高水平的特色产品和特色产业，并使其在国内文化市场和国际文化市场形成基于特色的竞争优势则是另一回事。为实现特色资源优势向特色产业优势的转变，西部地区需要开辟更多的特色产业项目库，吸引国内发达地区和国际上的创意人才、金融人才和市场运营人才参与开发，形成东部优势的创意文化产业能力引进来、西部特色产品走出去的发展模式。

（三）民族地区应成为建设"跨国文化纽带工程"暨"跨国文化产业走廊"的主力军

相比于"西部大开发"战略，"一带一路"倡议的重头戏在国外，尤其是中国周边国家。在当今这个充满国际政治博弈的世界，这个战略走出国门后能否顺利落地，落地后能否长期稳定地运行，不仅要看具体方案能否充分体现"互利双赢"原则，更取决于相关国家从政府到民间是否对中国具有必要的文化理解力和文化亲近感，这就是"国之交在民相亲"这个论断的深层内涵。

值得注意的是，近两年来以高铁为代表的"一带一路"倡议在一些国家尤其是中国周边国家频频遇到挫折，其中一个重要原因是我们国家在这些国家地区欠缺足够的"文化资本"。要解决这个问题，国家应当实施以周边国家为指向的"跨国文化纽带工程"，该工程的一个重要载体，就是配合目前的"经济走廊"规划，推出系列配套的"跨国特色文化产业走廊"规划。在这个跨国文化战略中，西部沿边—沿线少数民族地区无疑会发挥主力军的作用。

首先，我们必须认识到，近代以来的民族国家进程，瓦解了周边国家与中国的历史文化纽带联系。

20世纪80年代以后，不少国外学者相继提出，中国一向是个"文明型国家"①。美国学者亨廷顿在《文明冲突和世界秩序的重建》对此解释说:"文明大多包含两个或两个以上的国家,它们在语言、历史、宗教、习俗和制度等方面存在密切认同联系。文明是对人的最高的文化归类,是人们文化认同的最大范围。……文明是最大单位的'我们'。在这里,我们在文化上感到安适,因为它使我们区别于所有在它之外的'各种他们'。"根据这个界定,亨廷顿提出了"中华文化圈"的概念,该文化圈不仅指中国本土文化,还包括朝鲜、日本、越南、琉球,并辐射中南半岛。相关国家在历史文化上的共同点包括:(1)拥有共同的精神文化源头记忆(如儒家思想);(2)拥有共同的或有衍生关系的语言文字和文物典章制度;(3)拥有共同的或彼此高度关联的历史记载;(4)在主流文化或大传统意义的文化上具有一种"我们"的认同感或亲近感;等等。

但是,满足上述条件的"中华文明圈"只是个过去式的命名。19世纪下半叶,东亚、东南亚地区陆续被动地走向现代化道路,二次大战以后,各国在民族国家主体建构过程中,先后在源头经典、书面文字、历史书写和国家和社会治理体系方面推行以"去中国化"为重要主题的文化民族主义,再加上社会制度的不同,中国与周边国家出现了在文化上渐行渐远的总体态势。不仅如此,由于中国多数周边国家在民族国家建构过程中深受西方国家影响,由此形成"邻国远、西方近"的政治文化现实。

与东亚和东南亚邻国相比,中国自中唐以后就失去了对中亚地区的影响,这个地区的文化与中华文化显示出明显的异质性。上世纪90年

---

① 这个说法最早出现在美国麻省理工学院汉学家白鲁恂在 1988(Lucian Pye)出版的著作《亚洲的权力与政治》(Asian Power and Politics)。哈佛大学学者萨缪尔·亨廷顿(Samuel Huntington 在其 1996 年出版的《文明冲突和世界秩序的重建》一书引述了这个说法。2009 年后,以撰写《当中国统治世界》一书而闻名于世的英国剑桥大学学者马丁·雅克在多次演讲中不断提到这个说法。

代苏联解体之后,获得独立的中亚五国进入了文化认同的摇摆期:是继续认同俄罗斯文化,还是认同突厥文化、伊斯兰文化,乃至认同西方文化,至今仍困扰着这些国家。

中国"一带一路"倡议面临的就是这样一种文化地理态势。如今美国、日本和其他发达国家进一步加大了对这些地区的政治经济和文化运作力度,这必然对"一带一路"倡议的落地与运行带来变数。为此,如何在东亚和东南亚地区唤起历史上曾经存在过的文化亲缘联系,如何在中亚地区培育起基于文化理解的民间情感,如何在中国与周边国家之间构建起强有力的"文化纽带",应当是"一带一路"倡议头等重要的文化战略主题。

其次,应该把少数民族与境外同源民族的历史亲缘关系看作构建中国与周边国家文化纽带的最宝贵资源。

在中国与14个陆地邻国的2万公里边境线上,分布着大量跨境少数民族。56个民族里有跨境民族近40个,包含跨境民族的边境地州旗县130个左右。谈到"跨境少数民族",有两个特别值得关注的地方:

其一,"跨境少数民族"提到的"少数",只是就我国境内民族的人口规模比例而言的。事实上,一些民族虽然在我国境内是"少数",在境外却拥有众多人口。如景颇族在我国只有13万人,但其从属的克钦族在缅甸多达60万人;傣族在我国境内120万人,但与其同族异名的老挝佬族有300万,缅甸掸族有420万。还有些少数民族跨境后变成了邻国的"主体民族"。最典型的是广西东兴的"京族"。它在我国仅2万多人,但在越南却是主体民族越族。哈萨克族在中国境内有150多万,但是作为哈萨克斯坦的主体民族,仅在哈萨克斯坦就有1000多万。

其二,最广义的"跨境民族"是所谓"同源民族"。这是指境内外那些虽已分化为不同族群,但在历史上有着共同源头,在语言、习俗和传统记忆方面保持高度接近的民族。如我国傣族、壮族(包括越南的侬族)、布依族、仡佬族等有着共同的语言来源,它们又与老挝的佬族、泰国的佬族以及主体民族泰族、缅甸掸族和印度阿萨姆邦的阿洪傣等有着明显的同源关系，总人口多达6000万。此外，中国的彝族、佤族、景颇族与缅甸主体民族缅族和一些大的少数民族都属于藏缅语系的不同语支。

"跨境少数民族"的上述特性，使其显示出很高的战略价值。由于我国跨境少数民族在邻国可能是人口规模较大的"少数"，甚至是"多数"乃至"主体"，因此，跨境少数民族的安定与否对我国与邻国的影响就呈现出一种对我相对有利的不对称局面：境外国家对我国的影响通常只局限于我国边境地区；我国对境外的影响则可能超越邻国的边境地区。

必须指出的是，过去几十年中，而不同的生活环境和经济发展水平，也使境内外同源民族的历史亲缘联系日益弱化。而这种亲缘联系，正是今天构建"民相亲"的文化纽带时迫切需要的战略资源。因此，如何善用跨境少数民族与国外同源民族的历史亲缘联系，是沿边—沿线少数民族地区文化建设的重要课题。

第三，充分利用民族地区文化地理优势，将打造跨国特色文化产业作为构建跨国文化纽带的重要手段。

如前所述，中国与周边国家已经在整体上形成了"东部引领—西部高地—邻国洼地"的梯度经济地理格局，其实，这也是一个文化产业的梯度地理格局。根据文化产品遵循的"上善若水，下流甚利"的流通规律，中国东部地区的以创意为基础的文化产业能力可以向西部地区转移，同理，我国沿边—沿线少数民族地区，尤其是那些文化产业大省的所属地区，在文化产业的发展水平上对邻国形成了相对优势。因此，西部特色文化产业发展就具有了一个将中国东部的引领优势与周边国家的特色文化资源对接的"桥梁"作用。换句话说，西部及少数民族地区的特色文化产业走出去，与周边相邻国家共同开发区域的文化市场，是一项十分可行的战略之选。

从具体实施来说，沿边—沿线民族地区可以配合目前酝酿出台的多个"经济走廊"规划,打造配套的"跨国特色文化产业走廊"规划,这不仅会填补"经济走廊"规划的文化短板缺陷,而且可以为编织新时期中国与周边国家的文化纽带奠定最坚实的基础。

四、结论和建议

本报告将"一带一路"作为分析面向"十三五"时期中国民族地区文化发展的切入点。本报告期望,随着"一带一路"倡议的落实和完善,我国民族地区会迎来前所未有的发展机遇。只要抓住这个机遇,我国沿边—沿线少数民族地区就会从以往的边缘地区,转变为向外开放的"开放前沿";从国内发展的"洼地"转变为跨国经济市场和文化市场的"中心"或"高地";在中国与周边国家的经济文化一体化进程中积极扮演起"纽带""桥梁"的作用。为此,沿边—沿线民族地区应善用自己丰富的文化多样性资源,大力发展特色文化产业;善用国内少数民族与境外同源民族和民族在历史上形成的文化亲缘联系,大力开展"跨国文化纽带工程"和"跨国文化产业走廊工程"。为此本报告建议:

(一)建议有关部门和各民族地区地方政府研究规划民族地区"跨国文化纽带工程",内容包括:1.加强对少数民族地区语言文字的保护;2.加强以"传习所"为载体的传统文化培训;3.给边疆少数民族演艺团体和广播、影视译制部门提供特别优惠政策;4.鼓励相关少数民族与境外民族开展全方位文化交流和培训;等等。

(二)国家有关部门和沿边—沿线地方政府以"丝绸之路文化产业带"规划设想为模本,研究出台与我国"跨国经济走廊"规划配套的"跨国文化产业走廊规划",该文化走廊战略可考虑形成"民族地区跨国文化走廊项目库",向国内外发标实施。

(三)国家设立"民族地区文化纽带工程基金",可考虑在"一带一路"倡议的基础设施投资中拿出固定比例的资金投资民族地区文化设施建设、特色文化产业建设和跨国文化产业建设。

（四）建立适用于整个中国边境地区的文化发展状态指标测度体系，为年度性评估边民族地区文化发展状况提供依据。

（五）民族地区应根据其区域发展要求和跨国文化产业发展要求，制定具有较大吸引力的相关人才政策、文化投资政策，吸引国内发达地区的各类人才和资金投入到沿边—沿线地区的文化发展。

探索中国特色西藏特点的现代化模式 *

西藏经过民主改革 50 余年和改革开放 30 余年，在经济、政治和社会发展等方面发生了千年未有的巨变。1959 年西藏的 GDP 总量仅为 1.7 亿元，2010 年达到 506 亿元，按可比价格计算，增加 83.3 倍，平均增速 9.1%。地区经济实力显著提高，人民生活水平明显改善。

2011 年是西藏"十二五规划"的开局之年，是西藏未来 10 年战略机遇期的起点之年，也是对西藏长远发展进行深入反省和相关政策调整的重要时刻。本课题组起草的《西藏自治区 2011—2020 年文化产业发展规划纲要》（简称"规划纲要"），旨在从当今世界经济与文化融合的大背景出发，从区域发展的战略高度出发，对西藏"十二五规划"中与文化发展和文化产业相关的部分进行细化。"规划纲要"将全面总结西藏文化产业的发展成就和面临的挑战，确定西藏未来文化产业发展的宏观目标和分项指标，并在中观层面上刻画西藏文化产业和文化经济的重点领域、空间布局、重点工程、支撑体系和保障措施。

应该看到，与西藏的其他历史时期相比，与全国其他地区相比，文化产业在今天的西藏越来越显示出强烈的超文化意义。

过去 60 年，西藏彻底实现政治和社会制度改革。如何让西藏文化在全新政治和社会条件下实现健康的存续和发展？这不仅仅是个区域文化发展问题，而是与外部世界对中国民族自治政策的评价、与我国的国际形象密切相关的问题。

过去 30 年，全球范围内的文化产业和以文化为基础要素的文化经济方兴未艾。如何使西藏文化转化为优质的产业和经济资源？这同样不

---

* 本文是为 2011 年"西藏'十二五'时期文化产业规划"课题撰写的序言。

仅仅是个单纯的文化发展问题，而是一个能否迅速搭上新经济快车实现跨越式发展的问题。

过去10年，国家倡导经济、政治、文化、社会和生态五位一体、协调发展的科学发展观。2010年，第五次西藏工作会议更加明确指出，西藏应"坚持把生态保护作为生态文明建设的基础，把建设资源节约型、环境友好型的社会放在西藏发展的突出位置"。要使这种科学发展观真正落地于西藏，大力发展特色文化产业和特色文化经济，无疑是西藏最为可行的战略选择。

不过，除以上各点，本课题组认为，西藏文化产业最深远的"超文化"意义在于，它应当是西藏自治区探索"中国特色西藏特点现代化模式"的实践。未来10年应当是西藏探索这个现代化模式的重要战略机遇期。本序言正是要从现代化模式分析的角度，进一步重申西藏探索特色现代化模式的必要性和可能性，强调文化产业在这种特色模式形成中具有的独特意义。

需要说明，本规划纲要中的"两个生态"，是指自然生态与文化生态；"文化产业"，是指2004年国家统计局发布的《文化及相关产业分类》中所涵盖"三层、九大类"内容；而"文化经济"则是特指在"经济文化化"过程中，文化附加值占据较大比重的经济类型。

一、未来10年是西藏实现经济腾飞、民生改善、社会长期稳定的战略机遇期

2010年，西藏人均GDP达到1.78万元人民币（约2600美元）。该数据虽低于全国平均水平（约4360美元），但值得高度关注。根据

国际和国内经验，一个区域人均GDP达到3000美元①，经济发展即开始进入快车道。北京市2000年人均GDP为2700美元，与今日西藏持平。但2010年就达到1.1万多美元，11年增长了四倍多；上海2000年人均GDP突破4000美元，2010年达到1.3万美元，也增长了近四倍。由于历史和地域原因，西藏自治区的发展起点较低。但自1994年以来，西藏GDP总值的年均增速达到12.6%，高于全国同期地区年均增速的平均水平，也高于前述北京和上海等地的年均增速。"十一五"期间，西藏地区国内生产总值连续突破300、400、500亿元大关。按照上述12.6%的增速，西藏到2015年GDP总量将接近1000亿元，2020年将突破1600亿元，比2010年增加3倍。人均GDP也将达到8500美元以上②，达到或接近全国平均水平。

如果以人为本、改善民生的政策能在西藏自治区各项工作的进一步落实，以上宏观数据所描述的经济巨变必将越来越快地造福于西藏的社会发展和民生改善。1978年以来，西藏城镇居民和农牧民可支配收入一直保持10%以上的增长。2010年自治区更是将自治区城镇居民可支配收入的增速上调到13%，是北京和上海等城市的一倍以上。第五次西藏工作会议指出，2020年西藏农牧民可支配收入应接近全国平均水平。其实，不仅是农牧民的收入，若按目前的增速计算，西藏城镇居民可支配收入数据也可能接近甚至超过全国平均水平。数据表明，2010年中

---

① 根据世界银行的统计，2002年人均GDP为3000美元左右的主要国家有巴西（2593美元）、土耳其（2626美元）、阿根廷（2694美元）、博茨瓦纳（3031美元）、牙买加（3062美元）、拉脱维亚（3600美元）、乌拉圭（3645美元）、毛里求斯（3738美元）、委内瑞拉（3760美元）、马来西亚（3915美元）、立陶宛（3969美元）等11个国家。这些国家分布比较广泛，有2个位于亚洲，2个地处非洲，2个来自中东欧地区，还有5个是拉丁美洲和加勒比国家，大体代表全球中等收入国家的发展状况。

② 按年增速12.6%和10%分别计算，2011年2927、2012年3296、2013年3711（3460）、2014年4179（3806）、2015年4706（4152元）；5299元（4567）、5967（5023元）、6718元（5525）、7565元（6077）、2020年8518元（6629）。

国城镇居民可支配收入平均为1.9万余元。按8%的年增速计算，2020年中国城镇居民可支配收入的均值将达到4.1万元。与之对比，西藏2010年城镇居民可支配收入为14980余元。若按增速10%计算，2020年西藏城镇人均可支配收入可达到4万左右。接近或达到全国平均水平。一个城镇人均可支配收入接近8000美元的西藏，不仅在名义货币方面靠近世界发达国家收入门槛，更享有着这个世界上独一无二的优质自然环境和富于魅力的文化生态。再加上国家继续大力推进西藏道路交通、通信设施、广播电视等公共基础设施建设。可以想见，10年后的西藏将成为越来越多的外部人群憧憬向往的地区。

必须看到，未来10年西藏的经济腾飞和民生巨变，对于西藏的长治久安具有不可估量的意义：

其一，1959年民主改革终结的政教合一体制，终结了深深植根于旧西藏贫穷落后的生产方式和生活方式。一旦西藏人民彻底摆脱贫困，实现和超越小康生活水平，旧西藏那种与贫困愚昧相适应的、曾经延续千年之久的政治、宗教和社会制度将会彻底地一去而不复返，西藏人民对国家的认同乃至我国的国际形象都会得到根本性的改善，西藏的长治久安将获得最坚实的经济和民众基础。

其二，未来10年西藏的经济腾飞和民生改善，将有助于该地区与其相邻国家和地区（印度、缅甸、不丹、尼泊尔）形成较好的贸易环境，共同改善地区的经济和民生状况。

彻底消除旧西藏政治和社会制度之根，彻底改变西藏与相邻国家和地区的战略对比态势，这是未来10年跨越式发展战略的深远意义所在。

二、未来10年也将是西藏自然生态、文化生态遇到巨大威胁挑战的时期

中国内地超过30年的现代化进程，大都因循着欧美发达国家长达

200余年的现代化模式，即所谓"第一次现代化"或曰"传统现代化"模式。它的基本特点是：以大规模资源性开发的工业为基本支柱，以日益加剧的透支性消费为基本引擎，以突显商业和金融职能的CBD型城市为基本网络，推进以国家为基本单位的经济、政治和文化竞争。这种现代化模式所带来的主要后果包括：经济高速发展、城市化率迅速提高、人民生活迅速富裕、生态迅速破坏、传统生活方式和文化迅速解体。上世纪70年代以前的西方是如此；改革开放以来中国东中部大部分地区也是如此。

传统现代化模式有一个明显的发展观念特征，就是"GDP中心论"。"烧掉的是资源，留下的是污染，产生的是GDP"——这是许多地区片面追求GDP的真实写照。由于这种模式，我国整体自然生态迅速面临巨大危机：矿山透支性开发，地表水大面积污染，地下水资源几近枯竭，内蒙古西北地区草场退化，沙漠化程度加剧，农业化学污染严重，垃圾围城现象普遍……等等。不少专家和政府官员焦虑地注意到，未来5—10年之间，北京和华北地区水资源面临崩溃危险。北京每年用水约35亿立方。目前市民已在消费"基岩水"（战略储备用水），此外有十多亿立方的循环水，5亿~6亿立方向河北、山西购买。而河北省面前已经形成近8万平方公里的地下"漏斗"，有些地区机井深度达800米。从目前态势看，水资源已大大限制华北地区的城市化进程。反过来看，如果延续目前的年降水量，如果没有外来水源支持，以每年2%的城市化率计算，华北地区城市将在不远的将来面临不堪设想的后果。为凸显"GDP中心论"的现代化模式带来的高额成本，国际上有学者推出"绿色GDP"观念，将其作为权重指标纳入到所谓"综合GDP指标评估体系"。根据这个指标，许多经济高增长地区的发展，其绿色GDP产值负数，而其综合GDP指标也是负数。这意味着，这些地区已无力承担未来疗治生态环境的巨大成本。

"GDP中心论"所代表的传统现代化模式不仅导致自然生态的恶化，

同时也给文化生态造成快速和不可逆的破坏。中国东部许多号称"世界工厂"或"世界办公室"的城市正迅速沦为"工厂世界"或"办公室世界"。伴随着大量CBD中心的出现，传统城市风貌消失殆尽，地下文物以及地表物质文化遗产遭到大规模破坏，与传统民俗密切相关的非物质遗产也迅速消失。有专家认为，中国内地过去30年文化生态的破坏幅度远大于"文革"时期。许多具有重大考古价值和历史记忆价值的文物遭到了不可逆的破坏。假定我们把与传统和记忆密切相关的文化生态产出界定为"青铜GDP"，并将其作为权重指标带入地区GDP综合指标，那么一些历史文化资源丰厚的地区，其综合GDP发展也将是负数。

前车之鉴，西藏在今天制定自己的跨越式发展战略时必须对传统现代化模式保持充分警惕。我们知道，西藏自然生态是当今世界上少有的一块净土，是中国内地自然资源的最后一块战略储备，山体和地下总蓄水量相当于几百条长江。此外，西藏的传统文化至今依然轮廓清晰、链条完整，西藏的城市和乡村也大都保留着大量传统的风貌。这些存留应当是中国特色西藏特点现代化模式的重要资源，不应成为它的消灭对象。

然而，要避免落入西方和内地传统现代化的模式，在思想上应对那种现代化的实现路径有清醒的认识。其基本的路径特征包括：其一，传统产业集聚；其二，与产业集聚相适应的快速城市化；其三，快速城市化导致能源、建材产业勃兴；由此进一步形成上述负面后果。

所谓"传统产业集聚"是指区域自发形成或规划形成一些具有强大经济功能的中心，如"原材料集散和加工中心""某一门类的产业中心""商贸中心""交通中心"等等。这种产业集聚通常都是"快速城市化"的基本引擎。而这里所说的城市也大都会采取所谓"福特型城市"格局，即按照产业和交通功能来规划城市空间，使城市大都成为"中心化或同心圆"结构。随之而来的是城市人口迅速膨胀，城市传统空间和风貌迅速瓦解。再进一步，为了支持快速城市化，一个区域的能源、建材等对自然环境形成巨大破坏的产业也会高速发展。

从西藏今天情况来看，如果它的铁路、公路和航空条件迅速改善，如果它在规划中依然钟情于打造传统类型的产业中心，如果它在未来10年从目前仅有一个地级市迅速发展到拥有7个地级市，如果它的城市人口从目前的几十万人迅速膨胀到400万人（拉萨达到100万，其他六个地区的中心城市分别达到50万人），如果全区总人口从目前的290万人迅速增长到1000万人以上，可以断言，它将无法避免内地现代化模式带来的负面后果，而且这些后果会更加严重①。

总体看来，人类历史上的"第一次现代化模式"造成的后果远非经典理论家所说的"异化"一词所能涵盖。那种发展模式使现代人成为破坏自然、泯灭历史、透支子孙未来权利的群体。站在"十二五"发展起点上的西藏如果延续这种现代化模式，必将导致使西藏的自然生态和文化生态遭到前所未有的、大规模的、不可逆的破坏。

三、未来10年是西藏发展面临现代化模式抉择的关键期

上世纪70年代以后，步入经济高增长中后期的许多国家几乎无一例外地表现出无法承受现代化发展之"重"。为改善这种局面，一些国家把大规模环境治理和传统文化拯救当做传统的现代化模式的"善后程序"。换句话说，"先破坏后治理"成为那些比较成功的传统现代化模式的一个终端环节。但"先破坏后治理"的发展模式其实是无奈之举。因为自然生态是有机性的，文化生态也有自己独特的生命，它们一旦被

---

① 本课题组的观察并非杞人忧天。据报道，2005年以前拉萨市区人口为27万，城市面积50余平方公里。2010年人口数就猛增到45万，市区面积达到67平方公里。按此速度发展，可以想见2015年市区人口会增加到70~80万，2020年将突破100万！假定除此之外，其他镇域水平的地区中心（如山南地区泽当镇、林芝地区八一镇、那曲地区那曲镇等）也迅速完成规模性城市化，那对于西藏自然生态和文化生态将是巨大挑战。

破坏便无可挽回地消失。对比内地，本课题组认为西藏更不能重复"先破坏后治理"的模式，理由如下：

1. 西藏自然生态具有三大特点：即质优、重要、脆弱。所谓"质优"是指"三大三多：地域大（西藏占全国面积1/8）、山川大（西藏有世界最高峰、最深的大峡谷）、草原大；水多、林多、矿多"。所谓"重要"是说西藏自然生态不仅是西藏的，也是中国的，更对国际区域生态包括大气环境产生着重大影响；所谓"脆弱"是说，西藏的自然生态是一个环环相扣的生命有机体，其生命特点在于"一环断裂，整体瓦解，难以恢复"。这种有机体特征决定，西藏的各种开发模式设计首先必须充分考虑其生态环境的承载力，必须经过严格的生态评估程序。

2. 西藏文化生态也具有三大特点：独特、重要、脆弱。所谓"独特"是指西藏在千年中形成了独特的融宗教信仰、生活方式、民俗技艺、艺术表达等为一体的独特文化形态；所谓"重要"是说，这个文化生态整体不仅属于西藏，也属于中华文化，同时还是一份整体性的、不可再生的、名副其实的"世界历史文化遗产"。这份遗产能否转化成优质的区域文化资源，能够延续为优质的文化创意资源，直接影响到我们的国际形象以及西藏的长治久安；所谓"脆弱"是说，西藏的这份独特文化形态与其自然生态一样，也是环环相扣的生命有机体，也具有"一环破坏，整体瓦解，难以恢复"的特性，它尤其无法承受传统型、粗放型现代化发展之"重"。因此，西藏的各种开发模式也必须充分考虑其文化生态承受力，必须经过严格的文化生态评估程序。

3. 西藏属于中国西部地区。从上世纪90年代末西部大开发战略，到国家发改委近期提出的"主体功能区"概念，可以看到科学发展观在中国的西部区域发展战略中正在生根。从中国总体来看，西藏所在的西部地区是中国现代化进程中较为落后者。但"主体功能区"概念表明，在一个大国中，后发的区域不必因循发达区域的现代化路径。反过来说，它可以借助国家其他发达地区已经蓄积的经济、政治和社会发展实力，获得政策上的某种优先，从而取得"后发优势"。第五次西藏工作会议、全国支援西藏的战略、西藏与周边国家在经济、社会和文化发展方面的竞争态势，这一切都表明：西藏自治区可以探索一条"中国特色西藏特点的现代化模式"。

四、中国特色西藏特点现代化模式的核心内容

2010年9月，不丹首相在一次国际会议上再次推荐"国民幸福指数"，建议其成为第九个联合国千年发展目标。这里所谓"国民幸福指数"，即 Gross National Happiness（GNH）是上世纪70年代初不丹国王汪楚克率先提出的观念，当时正值发达世界开始对传统现代化模式进行普遍的批判反省。2008年国际金融危机后，"国民幸福指数"再次获得国际社会关注，不丹被某些国外媒体炒作为"国民幸福指数"最高的国家。我们注意到，在不丹GNH指数的四个主要指标中，没有传统的GDP概念，只突出了自然环境、文化传统、国民情绪等。

不丹与西藏自治区接壤。不丹推荐的"国民幸福指数"能否成为中国特色西藏特点现代化模式的参照呢？肯定不行。因为不丹所推荐的GNH指数表现出浓重的"反现代化"情结，发达国家对这个人口不足70万、国土面积不足5万平方公里国家的赞美，也具有浓重的"游客心态"和"博物馆情结"。西藏的现代化不是为了"给外人看的"，它需要实实在在地造福于近300万自治区民众，需要真正为世人打造一个团结、富裕、文明、和谐的人间天堂。有趣的是，当发达国家媒体对不丹国民幸福指数大加赞美时，今年不丹政府出台经济振兴计划，力图使GDP每年保持9%的增速，以赶上中国和印度的发展速度。

本课题组认为，探索中国特色西藏特点的现代化模式，必须抓住重点。它包括：制定科学的现代化模式指标体系、强调政策优先的保护性目标、寻找最适合地区特点的产业形态、确定几大指标。

所谓"制定科学的现代化模式指标体系"是说，要反对片面的"GDP中心论"，但也要反对片面谈论"绿色GDP""青铜GDP""国民幸福指数"的反现代化模式。最科学的方式，是要将传统的GDP指标与绿色GDP、青铜GDP和GNH形成科学的权重指标体系。用它来测度一个区域经济、社会、生态、文化以及国民情绪等发展程度和各要素之间的适配程度。西藏到了打造这样一个体系的时刻。

所谓"强调政策优先的保护性目标"是指，要特别强调自然生态与文化生态之于西藏未来发展的重要意义。关于自然生态，就是要坚持把生态保护作为西藏生态文明建设的基础，把建设资源节约型、环境友好型社会放在西藏发展的突出位置。这里我们要特别强调一下"文化生态"的观念。需要说明的是，无论从哪个角度来看，今日所说的"西藏文化"实际上已经在相当程度上实现了与旧西藏农奴制度和政教合一体制的剥离，这可以被视为西藏文化的第一次现代性转型。经过"剥离"的西藏文化能否在新的经济社会条件下得到健康发展和活化，取决于今日西藏在经济、社会、政治、文化和生态等方面的制度设计。

所谓"寻找最适合地区特点的产业形态"是指，西藏应根据自己的情况，建立一个绿色GDP、青铜GDP和GNH权重较高的经济发展模式。而要实现这样的模式，就必须把文化产业和渗透着大量文化元素的文化经济当做地区的引领性、支柱性产业。从这个意义来看，我们可以把文化产业引领，视为西藏文化的第二次伟大的现代性转型。

所谓"确定几大目标"是指，在上述经济模式基础上，中国特色西藏特点的现代化模式应致力于同时达成以下几个基本目标：经济高速增长；民生迅速改善；基础设施优良；自然生态完好；文化生态独特；国际形象提升；实现长治久安。

五、未来十年西藏特色文化产业和文化经济发展要点

本规划纲要对西藏文化产业和文化经济的重点领域、空间布局、重点工程、支撑体系和保障措施进行了大概描述。这里特别要强化几个重要观念：

（一）以旅游业为核心产业的特色文化产业和文化经济

旅游业的目标是将外部人口短期地吸引到目标地，它是一种以消费在地文化资源和在场文化资源为主要内容的产业。随着交通条件改善，西藏旅游业在未来 10 年将会迅速发展。这种旅游既包括以拉萨为中心的旅游，也包括青藏、新藏、滇藏和川藏线路而展开的全藏旅游，还包括以西藏某些特色地域为目的地的专项旅游，以尼泊尔或印度为最终目的地的过境旅游，等等。西藏旅游的一个最重要特点是游客会做一定周期的逗留。由于这样的态势，旅游业将成为西藏未来各项相关服务业的功能性带动项目。为此，应尽快开发围绕旅游业的特色服务业、医疗保健项目，等等。

（二）以动漫影视为引擎的"在线性"文化产业和文化经济

我们通常会把一个区域的文化资源和业态分为三类，即"在地""在场"和"在线"。所谓"在地文化产业"是以不可移动的在地文化资源和生态资源为产业对象；所谓"在场文化产业"是以歌舞演艺或非物质文化遗产展示为消费对象；所谓"在线文化产业"则是借助现代传媒手段，依托强大的在地和在场资源实现在线传播。而动漫和影视则是最重要的选择。

西藏有十分丰富的影视动漫故事资源和自然生态景观资源。要形成具有西藏特点的影视动漫中心，关键在人才和资金。为此，西藏除对外来人才实施政策倾斜外，最重要的是要创新出一种"跨区域共建模式"，甚至是一种借助传媒技术的"异地实现"模式。这种模式可在北京、上海、香港等地建立西藏影视动漫中心，最大限度地吸附发达地区的人才

资源和创作想象。

（三）以口岸经济为依托的文化贸易、中介服务和培训业务

西藏目前重要的开放口岸包括亚东、樟木和吉隆。其他如错那、普兰等也有一些小型口岸。口岸贸易一方面取决于口岸两边国家的经济发展程度，同时也取决于两国的政治关系。中国和尼泊尔是友好邻邦，樟木和吉隆靠近加德满都，并成为取道尼泊尔通往印度的重要通道。在未来10年中，两大口岸会迅速发展。自治区应在口岸建设时，对相关文化产品贸易进行前瞻性的战略研究，设立服务于来往人员的职业或旅游中介机构，甚至提供短期培训业务，争取使这些口岸成为服务于两国边贸、服务于两国劳动人口流动、服务于中国和西藏主流文化输出的桥头堡。

（四）西藏特色文化产业和文化经济要培养核心竞争力品牌

本规划纲要宏观罗列了不少文化产业和文化经济项目。但对西藏来说，最现实有效的办法是迅速培育起一两项或一两组具有强大竞争力的产业品牌。《哈利波特》从小说改编成电影，又衍生出一系列下游产品，能够达到每年2000亿美元的产值。西藏也应当以此为目标选择一些具有巨大运作潜力的品牌。如藏药、西藏特色旅店连锁、请国际团队打造西藏题材的动漫，都可以成为重要的战略选择。

（五）要创造一些具有巨大的、积极的国际影响力的文化事件

西藏有丰富的文化资源、优美的自然环境。本课题组认为，经过充分准备，西藏可以形成诸如"拉萨国际艺术节"一类的文化事件，甚至可以形成"创意拉萨·西藏与非洲艺术节""创意拉萨·西藏与南美洲艺术节"，尽可能贴近民族民间艺术和文化多样性主题，形成一些有影响的文化活动品牌。

总之，打造中国特色西藏特点的现代化模式，需要一个重点突出、实操性强的规划。这个重点就是能带动整个区域的功能性带动项目。这个功能性带动项目将为区域经济的整体发展提供强大的推进力量。

建设西南边境地区文化纽带*

2011年10月，中国社会科学院文化研究中心组成联合调研组，赴云南、广西边境地区调研边境民族地区少数民族文化发展问题。在17天里，调研组驱车3000公里，西起云南沧源佤族自治县，东到广西东兴市，重点考察了佤族、拉祜族、傣族、瑶族、哈尼族、壮族和京族等少数民族地区，总共调研8个州（市）、12个边境县（市）、11个边境村寨、8个边境口岸和边民互市点、11个自然、文化及历史保存地及文化建设示范点，召开大小会17次，直接参会者近200人。

本次调研重点涉及我国西南边境民族地区与相邻国家间的竞争发展态势和跨境文化交流状况，西南边境民族地区公共文化服务体系建设的成就与面临的挑战，还有西南边境民族地区文化体制改革的情况等。调研组认为，我国西南边境民族地区与相邻国家之间进入发展新阶段，文化交流与合作的重要性正在日益增加，跨境民族在这一区域内的文化纽带作用正在日益凸显。在我国西南边境地区，我国与邻国在陆地边界、跨境民族归属与认同等问题上已无明显的利益冲突点，以和平发展为主轴，以深化合作为趋势，加强经济建设与文化交流已成为这一地区的压倒性主题

基于上述判断，我们认为，为了充分发挥跨境民族在我国与中南半岛国家及东盟国家进一步深化合作与交往中的文化纽带作用，我国西南边境民族地区的文化建设应当进行两个方面的战略调整：一是西南边境民族地区的文化建设应当及时从既往"外防为主"的政策思路转向以"充

---

* 本文是2011年云南广西边境地区文化发展调研报告。即将发表于《2012年：中国少数民族文化发展报告》笔者是报告的主要执笔人。

分落实边境地区各族群众的文化权利""提高边境地区对外文化影响力"为主旨的政策思路;二是高度重视这一地区跨境民族的文化建设,建设西南边境地区跨境民族文化纽带,为我国未来数十年与中南半岛国家、东南亚地区的经济政治互动提供重要的文化软支撑。

一、西南边境地区及相邻国家间已经形成和平发展的基本态势

我国云南省和广西壮族自治区边境线共有近5100公里,分别与缅甸、老挝越南接壤,沿边有10个国家级口岸,10个省级口岸,20多条跨境公路,93条边贸通道。从总体上看,云南、广西的经济社会和文化发展状况,普遍好于与之直接接壤的三个国家。国际货币基金组织提供的数据表明,2010年,缅甸人均GDP为702美元,老挝为984美元。与之相邻的我国云南省虽然人均GDP在全国排在后几位,但也达到了人均2327美元。此外,越南2010年人均GDP为1184美元,而与之相邻的广西则达到2987美元。

我们在云南广西边境调研中,亲身体会到边境地区良好的公路设施。在沧源地区一些干部提到,缅甸一侧掸邦、佤邦的基础设施都是我方帮助建设的。在磨憨口岸调研,有人说老挝的口岸设施也由我方援助建设。目前,我国与邻国在该地区的陆地边界、跨境民族归属与认同等问题上无明显的利益冲突点,和平发展是主题。

未来10年间,我国经济发展优势将进一步增强。据推算,到2020年,云南省人均GDP将达到7036美元,广西将达到6785美元,与之相比,缅甸将达到1661美元,老挝将达到2329美元,越南将达到2803美元,与目前相比差距均进一步拉大。经济发展的优势将进一步强化对境外的文化吸引力,我国西南边境总体上越来越趋于稳定和繁荣,局面还会更加有利于我方。

二、在我国与中南半岛国家全面深化合作的背景下，西南边境地区跨境民族的文化纽带作用凸显

在全球经济区域化的背景下，我国与中南半岛国家之间的合作正在不断深化。2010年1月，面积达1400万平方公里土地、世界上人口最多的自由贸易区——中国—东盟自由贸易区正式建成，中国13亿多人口与东盟地区的近6亿人口被紧密联系在同一个市场中。2011年，中国—东盟的双边贸易额达3629亿美元，东盟已成为中国内地对外投资的主要目的地，超过日本成为中国第三大贸易伙伴。据云南省相关学者研究，到2015年，中国与大湄公河次区域国家的贸易总额有望超过1500亿美元，中国有可能上升为东盟第二甚至第一大贸易伙伴。随着人民币国际化的推进，《大湄公河次区域经济合作新十年战略框架（2012—2022年）》等合作机制推动和"泛亚铁路"的最终建成，我国西南边境地区与中南半岛国家之间将形成更加紧密的经济、文化和科技联系。

不可否认，今后若干年内，我国西南边境地区与中南半岛国家之间"和平发展""深化合作"的战略态势还会遇到某些挑战。从区域内因素看，南海争端还会在一定程度上影响到中越和中国—东盟全面合作关系的顺利发展，缅甸边境特区武装力量与其政府军的冲突和摩擦还会对中缅边境的和平发展带来一些影响。从区域外因素看，如美国还会借助"跨太平洋战略经济伙伴协定"（TPP）等途径干扰我国与中南半岛国家之间的经济合作，并通过"前沿部署外交"等方式离间与挑拨中国同周边国家友好关系。但从总体上看，这些因素难以从根本上改变我国与中南半岛国家之间"和平发展""深化合作"的趋势。

我国西南边境地区跨境民族与相邻国家的相同民族，同宗同源，历史上有着紧密的宗教、文化和经济联系，这是我国与中南半岛国家之间进行经济、政治、文化和科技交往的重要纽带。我国与中南半岛国家之间已经形成"深化合作"的大趋势下，西南边境地区跨境民族的战略关

注价值与文化纽带作用将益发凸显。

（一）从发挥对外和平友好影响力的角度看，西南边境地区跨境民族具有重要价值

云南、广西边境地区的跨境民族数量近20个，居全国跨境民族总数的1/2强，包括壮族、苗族、彝族、瑶族、傣族、哈尼族、傈僳族、拉祜族、佤族、景颇族、布朗族、阿昌族、布依族、怒族、京族、德昂族、独龙族和仡佬族等。从人口规模来看，壮族、苗族、彝族、瑶族、傣族、哈尼族、布依族等都是超百万甚至超千万人的大民族（当然，这些人口不一定聚集在云南广西两地），其境外同一民族或同源民族的人口规模也不小。

除了数量较多，西南边境地区跨境民族还两个特别值得关注的特点。其一，一些跨境民族虽然在我国境内是"少数民族"，在境外却拥有众多人口，甚至相关国家的"主体民族"。如景颇族在我国只有13万人，但其从属的克钦族在缅甸多达60万人；傣族在我国境内120万人，但与其同族异名的老挝佬族有300万，缅甸掸族有420万；"京族"在我国仅2万多人，但在越南却是"主体民族"。其二，跨境民族在历史上有着共同源头，通常在语言、习俗和传统记忆方面保持高度接近。如我国傣族、壮族（包括越南的侬族）、布依族、仡佬族等有着共同的语言来源，它们又与老挝的佬族、泰国的佬族以及主体民族泰族、缅甸掸族和印度阿萨姆邦的阿洪傣等有着明显的同源关系，总人口多达6000万。又如，我国的彝族、佤族、景颇族与缅甸主体民族缅族和一些大的少数民族都属于藏缅语系的不同语支。

西南边境地区跨境民族的上述特点，使其具有很高的文化资源价值。首先，从国家层面来看，跨境民族是我国与相邻国家进行交往的重要纽带，我国边境安全、我国与周边国家的关系和谐与否，很大程度上取决于跨境民族的稳定状况。其次，由于我国跨境民族在邻国可能是人口规模较大的"少数民族"，甚至是"主体民族"，因此，跨境民族的安定

与否对我国与邻国的影响就呈现出一种对我相对有利的不对称局面：境外国家对我国的影响通常只局限于我国边境地区；我国对境外的影响则可能超越邻国的边境地区。

（二）当前形势下，西南边境地区跨境民族的"文化纽带"作用日益凸显

国际交往中，不断深化的经济交流必然会伴随着不断深化的文化交流，而文化交流又会促进更加紧密的经济交流。在我国与中南半岛国家不断深化合作与交往中，西南边境地区跨境民族的"文化纽带"作用正在日益凸显。

第一，根据文化产品遵循的"上善若水，下流甚利"的流通规律，我国边境地区与邻国在文化发展方面会呈现这样一个大格局：如果境外文化发展程度高、力度大，则会通过跨境民族（虽然只是影响渠道之一）影响我国，但这影响一般只局限于边境地区相关少数民族人群。反过来看，如果我国跨境民族的文化发展程度高、力度大，则可能对邻国产生超越边境地区的深度影响。

第二，云南广西边境地区欣欣向荣的发展局面，提升了西南边境地区全境的对外经济贸易和文化吸引力。

从云南沧源一路走到广西东兴，我们了解到：我国边境地区在经济、社会和文化方面取得的发展优势，使境外国家对我国边民的影响力减弱，我国边境地区对境外的吸引力大幅度提升。云南景洪、河口与广西的凭祥和东兴等大小口岸，均有大量的境外人员过来做生意，大量的境外民工到境内来挣钱。再有，云南河口地区每年还有免费招收来自越南的中学生或专科学生，境内的中文培训学校大量出现。给我们留下最深印象的是广西东兴的京族。该民族总共不到3万人，与越南主体的越族原为一体。但就是这个民族，参军人口比例在各民族中居首。京族群众对我国的由衷认同溢于言表。

第三，目前，西南边境地区发挥对外文化影响力的关键因素是充分

发挥跨境民族的文化纽带作用，建立我国与区域内相关国家之间的"文化亲近感"。

从总体上看，尽管我国西南边境地区与中南半岛和东盟国家出现了密切的经济合作，并形成了一定程度的对外文化影响优势，但这一区域内，我国与相邻国家文化上交流与合作的深度与广度远不及经济领域。

出现这种状况，既有区域内宗教、文化、政治发展的历史原因，也有我们自身的原因。从历史原因看，中国与东南亚地区是全球传统文明形态最复杂的地区。这里汇聚了大乘/小乘佛教传统、伊斯兰教各派、基督教/天主教传统以及儒家传统等各大文明系统。近代以来，整个东亚和东南亚国家在其现代化转型中，都有意无意地把其民族国家身份塑造当作国家战略，而在身份塑造中，相关民族国家的文化自主性的重塑成为一个重要动态。这种塑造或多或少都把"去中国化"或改写中国传统文化的影响当作一个重要任务。这种情况在韩国如此，在越南如此，在其他国家也如此。从我们自身的原因看，表层现象是中国在加速扩大与东南亚国家的经济联系的同时，尚未同步建构起良好的道德形象和道义形象，深层原因则在于西南边境地区仍然缺乏一种有利于推进区域内更深层次文化交流与合作的战略。

我们认为，破解这一困境，进而全面深化中国与中南半岛国家和东盟全方位交流的关键是充分发挥西南边境地区跨境民族的"文化纽带作用"，建立起我国与相关国家之间的"文化亲近感"。"文化亲近感"可以是基于文化交流的相互熟悉与了解，也可以是基于审美价值的文化分享与互动，还可以是基于历史的文化记忆与认同。它比一般所说的"文化贸易"少些商业气息；比"文化交流"少些官方味道。这种"文化亲近感"是跨境民族文化可以提供的最重要内容，是形成族群、国家相互信任的最重要文化基础。

正因为这一点，能否善用云南、广西较大规模跨境民族的文化资源，使其成为中国与周边国家的"文化纽带"，并使之转化为区域发展的文化软支撑，成为我国西南边境地区文化建设的一项重要的战略任务。

三、西南边境地区少数民族文化面临双重"断裂"，跨境民族"文化纽带"作用难以发挥

西南边境民族地区跨境民族的"文化纽带"作用能否充分发挥，在很大程度上取决于这一地区跨境民族的文化资源的保存状况。

西南边境跨境民族的文化资源还剩下什么？这些资源能否承担起"文化纽带"的作用？针对这些问题，云南、广西一些学者指出，如今西南边境地区的主要矛盾不是来自外部，而是境内少数民族文化特质的迅速消亡。

调研中我们注意到，以广西壮族为代表的一些少数民族"汉化"程度很高，许多地区的民居、服饰、语言与内地无异。这些民族与其境外对应民族在语言、文字、生活方式和文化共同感等方面正在出现"断裂"。我们还注意到，随着推广普通话教育，随着年轻人大量外出务工，边境村寨中留守的少数民族群众与现在主流媒体和各项公共文化服务工程所提供的文化产品之间也存在着"断裂"。

重新评估跨境民族的文化资源价值，认真制定措施保护和恢复跨境民族的基本文化特质，既有利于实现这些少数民族从"文化断裂"到"文化纽带"的转变，也是对那些留守在村上的少数民族民众基本文化民生权利的高度尊重。

（一）跨境民族主要传统文化特质流失造成对外文化联系"断裂"

中华人民共和国成立60多年来，尤其是改革开放30多年来，我国边境跨境民族的重要文化特质在迅速消解流失。这种状况有些是合规律的，但也有政策失误或政策不到位等原因。我国少数民族重要文化特质的消解情况主要包括：

——境内少数民族以传统宗教和信仰、传统经典和传说为骨干的教化系统已经基本解体或极度弱化。

——境内少数民族在 20 世纪 50 年代和 60 年代普遍改用或创制了新文字。这与通用老文字的那些境外相关民族形成了书面语层面的文化断裂。而这种书面语层面的文化断裂与上面提到的传统经典教化系统的解体密切相关。

——在推行国家九年制义务教育背景下，云南广西大部分边境地区已没有实质性的民语教学。此外，随着越来越多青年人到外面务工，许多少数民族村寨 40 岁以下人口已很少使用本民族语言。与此相关的是，少数民族语言的文化消费品远远不敷当地群众的需要。

——在新的生活方式冲击下，传统民居形式、传统服饰、传统工艺以及与传统宗教或传统历法密切相关的节庆仪式活动迅速消解。许多地区如今恢复传统文化活动需要从国外寻找相关传承人。

以上情况表明，我国跨境民族，尤其是其 40 岁以下的中间人口，以宗教或传统经典、书面语言和日常语言以及传统工艺为主要标志的传统文化特质正在迅速流失。譬如，主要信奉佛教的傣族地区普遍推行九年制义务教育，现在流行的新文字也与传统寺庙经典使用的老文字全然不同，再加上近年年轻人大量外出务工，因而佛教发展在地区呈退化局面。很少人能读懂寺庙的经文，一些寺庙不得不到国外请僧人做法事。

造成我国跨境民族文化特质消失的首要原因有两个。其一，我国现代化进程的"不可抗力"。一般来说，少数民族传统生活方式是由四大要素支撑的：即共同的地域、共同的神话或宗教信仰、共同的语言（或文字）以及共同的节日习俗。但如今以市场经济为巨大引擎的现代化进程对这四大要素形成了强大的解构力量。它以前所未有的力度推动着两千多年前秦代的那个天下一统的理想，即"书同文、车同轨、行同伦"——其中最强劲的解构力量是"车同轨"，因为道路的打通意味着市场经济的全面进入，意味着大量年轻人外出务工，意味着"共同的地域"的解体，而这恰恰是少数民族形成与保持的第一重要的条件。"书同文"则以国家九年制义务教育以及少数民族新文字创造为标志，它们使通用语迅速取代了少数民族语言文字的优先地位，使相关少数民族与那些由老文字记载的历史、与那些在境外依然使用老文字的同一或同源民族出现"文化断裂"。而所谓"行同伦"则是指少数民族那些源于特定宗教或传统经典的生活伦理与活动仪式迅速消失。其二，过去的文化政策思路一定程度上导致对民族文化特质的忽视。从发展规律上看，前现代意义的少数民族文化特质的消失确实是现代化统一市场发展的结果。但我们也看到，当今世界上并非所有地区的现代化都直接导致其相关少数群体文化特质的迅速流失。有些地区为应对现代化的"统一化"或"齐一化"力量，还在政策层面凸显了少数群体文化特质保护的优先性。因此，这里显然存在着政策调整的巨大空间。但由于我国历史上饱受外患之苦，由于我国边境地区在很长时间内没有形成对外发展优势，因此我国过去的边境文化政策对于境内外民众的文化纽带（如宗教和文字）态度消极，放任相关民族文化特质和文化联系的流失成为普遍的现象。在这种背景下，人们一般认为，"文化多样性"是个负担，"语言多样性"是个负担。这种看法在我们几年的调研中经常碰到。

应该看到，这种放任少数民族文化特质流失的情况从根本上反映出的是那种习惯于消极应对的"弱国心态"。

（二）西南跨境民族留守人群日常文化生活的"断裂"

传统文化特质的流失，少数民族语言文字产品没有得到国家层面的政策关注，这不仅使跨境民族与境外对应民族出现文化断裂，也使境内跨境民族人群在文化消费需求与国家提供的文化产品之间出现"断裂"。这种断裂导致的直接后果是：国家的公共文化服务在形式上到位了，但跨境民族群众的基本消费权利却在实质上缺失了。

必须说明，这里所说的边境少数民族群众，特指那些留在边境村寨的"留守人群"。我们在云南广西边境看到，少数民族村寨普遍是妇女儿童以及40岁以上的男子。他们的受教育程度不高，许多人使用民族语言阅读的能力就很低，更不用说使用普通话去阅读和欣赏文字作品和视听作品。

这些"留守人群"是近年来国家实施的"广播电视村村通工程""乡镇综合文化站和农村文化活动室"和"农家书屋"等工程关注对象。这些工程把基础设施建到边境行政村一级，将大量视听和文字文化产品送到了边境地区跨境民族行政村一级。从总体上看，国家在边境地区的公共文化服务力度不可谓不大。

但无论在新疆西藏，还是在云南广西，我们都看到这种公共文化服务其实很少缺乏内在的"服务意识"。其"服务"方式大多是统一配送。既不顾及当地群众的"公共文化需求表达"，更不顾及当地群众的真实"文化消费能力"。这就造成了边境地区公共文化服务"形式上到位，实质上缺失"的局面。

我们对景洪、河口和广西等地少数民族人群的调研注意到，有关部门多年来推行的各项文化工程，如乡镇综合文化站和农村文化活动室建设、"农村电影放映工程"、"广播电视村村通工程"、"农家书屋"工程等却往往只强调硬件建设，强调造了多少文化站，送了多少书，放了多少场电影，但却没人真正关注或评估边境少数民族留守人群的年龄结构、性别结构、文化结构，一句话，没有人关心这些留守人群的"文化需求结构"。我们在景洪勐腊县村寨中注意到，当地许多30岁以上的妇女普通话水平几近于零。这些人群更需要的是那些本民族语言的视听娱乐产品，而不是汉字文化产品。

谈到民族语言的视听娱乐产品，我们在调研中看到，"村村通工程"实施后，多数边境少数民族可以接触到电视节目。但这些节目大多是普通话。而这些群众反映，他们没能力像汉族群众一样欣赏相关电视节目，尤其是春节晚会上的语言节目。当然，一些地区也有一些民族语言广播电视，但主要播出的是新闻节目。为改善这种情况，云南、广西有些地州设有少数民族语广播影视译制中心。但这些中心产量很低，目前为人们津津乐道地依然是多年前译制的《西游记》《红楼梦》等作品。而在目前的大背景下，这些数量不多的译制中心面临撤销或合并的危险。

此外，云南广西边境地区少数民族能歌善舞，独具特色的艺术文化资源深厚。但目前该地区文艺演出团体普遍存在经费短缺，人员不足，作品缺乏的问题。目前我国演艺院团事转企改革，更可能造成这种局面的恶化。

总体看来，我们看到，云南广西边境地区确实存在着公共文化服务形式上到位，而地区群众基本文化权利实际上缺失的情况。这种断裂与前面所说的境内外民族的"文化断裂"其实是一个问题，由此导致的直接后果就是跨境民族的文化纽带作用难以实现。

四、调整西南边境地区文化政策的根本思路，建设西南边境文化纽带

当边境民族地区和平发展与经济建设上升为地区的主要矛盾，跨境民族的文化纽带联系就应成为我国鼓励文化交流、文化贸易、传播积极文化影响的重要战略资源，成为构建"（国际）区域和谐"的文化软支撑力量。因此，仅就云南、广西边境地区而言，文化发展面临的主要任务应该是如何提高公共文化服务体系的效率，如何促进少数民族群众文化权利的落实，如何使得文化发展与经济发展更为协调，如何与相邻国家经济文化交流更为顺畅，如何构建一个经济、社会、政治、文化、生态的发展统筹兼顾，更为和谐的区域开放—发展模式的问题。

基于对西南地区边境地区总体发展态势的分析，我们建议该地区文化建设的政策思路应该转型，即应强化以"根本改善边境群众的文化民生权利"、"提高边境地区对外文化影响力"为主旨的文化建设思路。在这个转变中，"发挥西南跨境民族的文化纽带作用"可以成为重要主题。

我们建议：

（一）从边境民族地区实际出发，以建设边境地区"文化纽带"为目标构建公共文化服务体系

我们认为，云南广西边境民族地区文化建设面临的主要任务是要大大加强公共文化服务体系建设。而为了克服跨境民族居住分散，经济发展水平比较低，文化发展需求各有不同等不利因素，真正实现"公益性、基本性、均等性、便利性"等要求，除了大大增加中央财政专项经费支持力度外，更需要突破常规，创新公共文化服务提供模式，大大提高使用的效率。

课题组建议，以建设"文化纽带"为宗旨，围绕跨境民族文化发展需求，将以往通过"条条"（通过各个政府管理部门设立的"工程"）和"块块"（依赖地方政府财政"配套资金"）分散提供的公共文化服务体系建设资源汇集起来，进行"政策整合""渠道整合""资金整合"，全面重构符合边境民族地区文化发展需要的特色公共文化服务体系。要特别注意将一些人口规模较大少数民族作为"文化纽带"建设的基本主体

（二）适应建设"文化纽带"的需要，加强少数民族语言文字与汉语言文字互译机制建设，将少数民族文化内容建设放到首位

我们认为，边境民族地区少数民族语言文化产品缺乏已经成为阻碍文化发展的主要问题，必须尽快加以解决。调研中滇、桂两省（区）的官员都在谈论少数民族语言频道频率的开通、少数民族语言节目的创作和译制问题，以及民族语言节目在哪一个范围里播出、有关译制中心设在哪一级等问题。在我们看来，这些问题需要从建设"文化纽带"的高度加以强调。

我国普通话影视作品十分丰富，精品众多，国家应加大对这些电视精品民族语言译制工作的投入。同时，也要对民族语言节目资源进行整

合，建立共享机制，只有这样才能使各个少数民族地区都有更多选择，也使有限的民族文化资源的使用效果最大化。应该看到，加大对跨境民族语言的影视出品译制工作的扶持力度，丰富跨境民族语言优秀影视译制作品的供给，必将扩大我国在相邻国家的文化魅力。

特别需要指出的是，要鼓励边境民族地区与相邻国家之间开展全方位的文化交流和培训，主动创造边境民族地区对外文化传播的开放优势，让中华民族的优秀作品通过电视和互联网更多地流通到相邻国家和地区。

（三）适应建设"文化纽带"的需要，在西南边境民族地区文化体制改革中采取特殊政策

我们认为，以跨境民族为对象构建公共文化服务体系需要体制机制上的特殊安排，要加强边境地区的国有文艺院团建设，培养这些院团的原创能力，使它们承担起对外扩大我国文化软实力的重大责任。

在跨境民族聚居地区实施文化体制改革要慎重，需要设计适应特殊发展需要的目标模式。在没有完全弄清情况的时候，切忌照搬内地模式，对文化体制改革实行"一刀切"。特别是院团改革需要慎重，不能照搬内地改革的模式和时间表，盲目加以推进。建议按照"总体保留、慎重转化、鼓励转制、推动整合"的原则，仅下达指导性意见，给予少数民族地方院团以改革方案的设计权，改革模式的选择权，以及改革时间的确定权。

边境民族地区文化制度建设要特别关注人才建设。在这一点上我们需要学习越南的做法，进行全方位的制度性和政策性安排，既要大幅提高边境地区国家公务人员、教师、以及文化工作者工资收入，实质性地提高其生活水平外，也要大幅提高长期居住在边境地区的少数民族群众的政策补贴，令其安居乐业，守土安边。

（四）根据"文化纽带"建设要求，沿边境构筑高位势文化特区

我们认为，"文化纽带"建设还需要有重大项目作为切入点，为此我们提出了"沿边文化特区"设想，希望能够再增加一些投入，使我国边境地区在新一轮全球化国家间综合实力竞争的大形势下，为提升文化发展实力做出更大贡献。

目前，滇桂两省区都增加了许多新的边贸口岸。我们看到，这些新增口岸已经在规划不同于传统的边境口岸的新型边贸口岸，往往是一个享有各类特殊政策的园区，远景发展往往就是新的居民点，甚至是一个不断提升级别的行政区域。未来的边境线就是由这样一串串的口岸城市带连接而成的。我们建议，以"沿边文化特区"为名，对滇桂边境沿线口岸做一个整体规划，将经济、社会、政治、文化建设做统筹考虑，特别是将文化建设作为口岸城镇化的重中之重，加强政策倾斜，加大文化、教育设施建设的投入，甚至建立一些特殊的"国际化社区"，一开始就吸引边境两边的人民共同生活、工作，成为文化多样化和多元化融合发展的典范，长期保持在沿边地区的竞争优势。

关于敦煌发展规划的若干意见*

一、对"敦煌国际文化旅游名城规划"所设目标的测算分析

2010年以来，河南、山东等地的城市（如洛阳、开封、登封、郑州、济宁等）均在研拟"国际文化旅游名城规划"。这些规划的共同点在于，强调以项目带动的方式，改善城市旅游景观和设施，迅速提升旅游人数，提高旅游收入及其在GDP中的占比。但它们均未回答：什么是"国际文化旅游名城"？

"国际文化旅游名城规划"，顾名思义，应是以文化旅游促进计划为核心的区域发展规划。但一个区域的文化旅游是否得到促进，不单要看其规划里的定性描述（如"实现文化引领、经济转型、生态改善、人民富裕、体制创新五位一体的发展格局"等），还要看那些量化指标，而后者是许多国际文化旅游名城规划所缺乏的。

敦煌制定《国际文化旅游名城建设发展规划纲》，先要回答"促进什么"的问题：是促进"游客增长速度"？好像不是。因为几年来敦煌国内外游客数量呈井喷态势，从2010年的151万猛增到2011年的209万（增长38%），再到2012年的312万（增长49%）。这个增速远高于2012年《福布斯》中国最佳旅游城市排行榜前两位的北京和上海。北京2007年到2012年的境内外游客增速为年均8%到15%，2008年奥运期间为40%；上海为5%到15%。

---

* 2013年，张晓明研究员应甘肃省宣传部和敦煌市邀请，多次对该市委托国内某著名大学团队所作的地方发展规划草案提出意见。当年6月，张晓明与笔者到敦煌考察，形成正式建议文本，得到敦煌市和甘肃省的确认和采纳。本文是笔者起草的建议文本初稿。

是促进"中外游客比"里的入境游客比重？这里似有一定的努力空间。虽然1978年开放之初，敦煌入境游客曾占游客总量2000人的近1/4，但在国内外游客剧增的背景下，2011年和2012年敦煌中外游客比分别为35∶1和41∶1。这个比值虽与2012年北京的45∶1和上海的31∶1在伯仲之间，但却低于云南省的23∶1和21∶1，与我国2011年的中外游客比19.5∶1更有一定的距离。

是促进"游客人均消费"？在这方面，游客人均消费861元的敦煌处于国内中游水平。2012年北京国内游客人均消费为1579元，上海为1284元，三亚为1745元。但同期的云南省为766元，全国平均人均消费为730元。

以上的数据选择并不全面。要回答"促进什么"的问题，必须进行全面的数据分析和比较。现在我们看到的《敦煌国际文化旅游名城规划纲要》只有一个与"文化旅游促进"直接相关的数据，这就是它为敦煌设定的目标：到2015年，旅游总收入达到50亿元；2020年达到80亿元；2030年达到100亿元。我们不知道该测算依据什么？但可对之分析如下：

2012年敦煌中外游客312万，旅游总收入26.8亿元。如果人均消费水准841元不变，2015年旅游总收入50亿元就意味着，当年游客总数将达到580万，2020年的80亿就意味着930万！考虑到自2009年起，敦煌游客人均消费分别为580元（2009）、930元（2010）、846元（2011）和841元（2012），因此，如果近两年在拉动人均消费方面没有突破，即使2015年人均消费上升到1000元，游客总数也将为500万。

将《敦煌国际文化旅游名城规划纲要》的近期目标设定为三年内让游客数量跃升为500万到600万，这对敦煌发展究竟意味着什么呢？

二、敦煌旅游正处于一个外延性的高增长期

从30余年的游客增长数据来看，可以断言：敦煌旅游正处于一个

外延性的高增长期。所谓"外延性高增长"是指，这个时期旅游发展的基本目标是提高游客数量规模、扩大和提升旅游设施规模、提高地区旅游总收入为主要指标的旅游增长模式。

从游客数量和旅游总收入增长来看，2005年以来敦煌旅游进入一个高增长期，这显然与敦煌机场的几次扩建、敦煌铁路支线的开通（2006年）以及近年来兴起的自驾游有关。可以预料，随着敦煌—格尔木铁路的修建，随着内地旅游高潮向边地的波及效应，敦煌未来几年会迎来新一波游客数量剧增的时期。我们注意到，敦煌市为因应这个变化，2011年出台了61项大型招商项目，其中24个属于"旅游文化类"。这些项目覆盖了敦煌目前的历史文化和自然景观。

如何评价旅游的外延性高增长？一般而言，它是一个地区旅游发展的某个必经阶段。从单纯追求游客数量的"外延性高增长模式"来看，敦煌目前旅游发展的潜力和增长空间似乎还相当巨大。如近几年北京上海年游客量都在两亿以上，河南的洛阳开封等城市在2012年游客量也分别达到7700万和4400万。但从另一个相对比值——即地区常住人口与游客比值——来看，敦煌今天的游客量其实已经不少。2012年，北京常住人口与旅游人数比为1∶11.1，人口基数较少的三亚为1∶15，而敦煌按常住人口近18.5万人（2010年）计算，与游客人数比已接近1∶16。如果其游客量到2015年达到500万，其比值将高达1∶25！

显然，地区常住人口与旅游人口比值是一个超越外延性增长模式的计算数据。它提示着一个需要高度关注的现实，即每个地区都有自己的承载极限，这一点在西部地区尤为重要。

三、敦煌目前亟须旅游承载力极限的计算

以增加游客数量为重要甚至是优先指标的外延性增长模式在任何地方都会遇到"增长的极限"，这个极限在敦煌这样的纯西部地区会到达

的更早。与这个增长极限有关的因素除了上面谈到的"地区常住人口与游客数量之比"外，还有以下两个重要方面：

（一）核心文化吸引物景观的承载力

敦煌的首要文化吸引物是敦煌石窟。据敦煌研究院统计，2012年石窟参观人数接近60万人。一些假期的日游客量甚至达到过万。但美国盖蒂保护研究所与敦煌研究院在2012年完成的合作研究表明，敦煌石窟最高日承载量为5600人。按此计算，石窟参观旺季（每年6月到9月，加上五一假期、四月初八佛诞日和十一假期）的最高承载量为70余万。假定全年其他时间能保持日游客量3000人，那么石窟的年游客规模最高将为130到140万。——显然，目前敦煌的312万游客数量已远远超出这个界限。

除了敦煌石窟，敦煌还有诸如玉门关、阳关、悬泉置、寿昌古城等文化吸引物，它们就目前的状态而言，吸引力远远不及敦煌石窟。因此，一旦敦煌石窟真的实行严格的游客数量控制，如何保持敦煌的对外旅游吸引力，就是一个迫在眉睫的问题。

（二）自然地域条件的承载力

除文化景观外，敦煌的边塞气象、大漠风情也吸引不少国内年轻游客。该市目前陆续上马一批旅游娱乐项目，以吸引更多游客。现在应该考虑的是，敦煌游客人数的极限承载力究竟是多少？这个承载力不仅抽象地体现为上述"常住人口与游客数量之比"，更体现在水资源的承载力。世界上确实存在着沙漠中打造旅游大都市的范例，如美国拉斯维加斯，目前市区面积340平方公里，总人口接近190万。这一切是在兴建了胡佛水库后才成为可能。

至少到目前为止，敦煌地区水资源状况是堪忧的。2011年国务院批准的《敦煌水资源合理利用和生态保护规划（2011—2020）》披露，敦煌自解放初至今，人口增长4.5倍，从4万人增长到18.2万人；灌溉面积增长3.34倍，从13.35万亩增加到44.72万亩；湖泊沼泽总面积从

1973年的695平方公里减少到2007年的231平方公里，其中湖泊河流面积消失了一半以上，沼泽湿地面积消失了2/3；与此同时，隔壁、盐碱地和沙地面积则从1973年的4399平方公里增加到5074平方公里，增加15.3%。此外，几十年来地下水位已下降10.77米，目前仍以每年24厘米的速度下降。著名景观月牙泉的水域面积由上个世纪中期的22亩萎缩到8亩，最大水深由8米降到0.5米到1米。沙漠化危险日益严峻。

为拯救自然生态，2000年以来敦煌市严格执行"禁开荒、禁打井、禁移民"的"三禁"政策，目前初见成效。而上述生态保护规划则明确提出敦煌市应"按照以水定结构、以水定布局、以水定发展的要求，严格控制人口增长、耕地增长、用水量增长，着力从体制机制上解决过度用水和超采地下水问题，不以牺牲生态环境为代价求发展，坚持走可持续发展的道路"。循着这个思路，该生态保护规划分别确定了敦煌市在2015年和2020年的水资源合理利用和保护指标：降低农业用水比重、城市人口控制性增长、适度增加城市生活和生态用水、大力发展城市节水和循环水利用技术等。但遗憾的是，该保护规划没有为敦煌市做出一个"以水定布局、以水定发展"的旅游承载力评估。它应包含两个方面：第一，敦煌水资源对旅游业的总体承载力；第二，敦煌不同地区水资源对当地旅游业的承载力。

根据海南省一份旅游业发展报告，旅游业是用水大户。高尔夫球场、游泳池、（温泉）洗浴业以及宾馆洗浴用水通常要超出常规用水量10倍以上！连海南省都在为超过本地人口2.6倍的游客用水问题而担忧，敦煌对这个问题更不能回避。因此，在敦煌确定和实施旅游促进计划，必须要有文化保护、生态保护方面的专家参与，必须要有一个旅游承载力极限的研究方案。

四、敦煌未来旅游发展基调：从外延增长模式转向内涵增长模式

从目前情况来看，敦煌文化旅游还有一定的外延性增长空间。但也正是在这个阶段，敦煌市应未雨绸缪，认真考虑在未来 5 到 10 年内，让自己的旅游业同其他产业一样，实现从外延增长模式转向内涵增长模式。这个转向是创造中国特色、西部特点的敦煌旅游发展模式的关键，是让"文化引领、经济转型、生态改善、人民富裕、体制创新五位一体发展目标"真正落地的保障。那么，"内涵增长模式"对敦煌来说意味着什么呢？

首先，"内涵增长模式"对敦煌首先意味着，它固然应把敦煌石窟当做核心文化吸引物，但却不能将其当做唯一的文化吸引物。目前，大多数人来敦煌只是为了看石窟。但敦煌其实还有一些分量极重的文化吸引物，如玉门关、阳关、悬泉置、三危山等。目前这些文化吸引物远未发挥其应有的功能。要改变这种局面，就必须让敦煌旅游目标物实现两大转变：（1）实体性的文化旅游景观实现"从点到线、从线到面、从单面到多面"的体系建构；（2）依托实体性文化旅游景观体系，实现在线的、虚拟的、不断产生新的文化衍生物的虚拟文化旅游的体系建构。

其次，"内涵增长模式"还意味着，在未来 5 到 10 年，敦煌应大力促进游客结构的转变。这个转变也包含两个重要方面。（1）从快速提升游客的绝对数量，转向大力促进游客中境外游客比例的转变。"境外旅游人数占比"是谈论所谓"国际文化旅游名城"的首要条件。2007 年，伦敦的境外游客为 1530 万，境内游客 1010 万；巴黎境外游客为 880 万，境内游客为 660 万。而从敦煌来看，其国内游客自 2003 年到 2012 年增加了 6 倍，从 50 万增加 312 万，但其境外游客早在 2000 年和 2005 年就曾分别达到 75000 人和 78000 人，而到了 2012 年还徘徊在 73000 人。这说明虽然敦煌的国内认知度在迅速增加，但国际认知度没有变化。（2）

大力提升在线游客的数量和消费水平。

"内涵增长模式"对敦煌来说，说到底意味着敦煌不能照搬中国经济发达的东部、水资源丰富的南部所形成的旅游发展模式。要下大气力探索符合敦煌自然和文化承载力、传承敦煌自然历史文化特征、符合当代文化产业发展趋势的旅游模式。

当然，"内涵增长模式"最重要的实现条件是人才。敦煌要真正实现其"国际文化旅游名城"的定位，必须快速形成将国际化和国内高端的文化产业尽快聚集起来的制度环境，在短期内形成高水平的"敦煌创意阶层"。

为实现向"内涵增长模式"的转变，需要在未来5—10年内形成一个或一批具有区域性功能性带动作用的文化旅游产业项目项目。但这些项目的设想和论证，离不开对敦煌历史文化资源和自然资源的重新梳理，离不开对敦煌市在甘肃省、中国西部乃至中国中亚地区中的文化区位的深刻认识。

五、实现向内涵增长模式转变，必须重新思考"什么是敦煌"的问题

为什么重新思考"什么是敦煌"？首先为改变一个印象，即敦煌旅游的命运系于敦煌石窟旅游。这个印象是近年石窟保护派与旅游产业发展派冲突的根源——要促进敦煌市旅游，就希望最大限度开放石窟旅游；但要保护石窟，就要限制石窟旅游，因而最终限制敦煌市旅游。敦煌研究院与敦煌市政府多年来一直为这个矛盾所困扰。

那么究竟什么是敦煌呢？

敦煌首先就是它自身的名称品牌——"敦煌"。这个名称最早出现于公元前111年汉武帝在敦煌立郡设关的时代，比敦煌石窟开凿时期早577年。如今虽然敦煌城址多有改变，但"敦煌"名称犹在，西汉时期

的两关、汉长城、烽燧等遗址犹在。2007年，敦煌所属的玉门关遗址、悬泉置遗址和（作为敦煌石窟的扩展项的）榆林窟作为备选项目纳入"中国—中亚丝绸之路联合申报世界文化遗产"活动。一旦申报成功，敦煌将成为中国拥有世遗单位最多的县级市！如何进一步加强对这些备选世遗项目的保护？让它们在未来的大敦煌文化旅游中发挥更重要的作用？这是今天研拟敦煌国际文化旅游名城规划时应充分关注的。

敦煌不仅拥有大量比石窟早得多的高品位历史文化遗存，还拥有一个响亮的名号：它是一座因交通而产生的城市！从地理上看，敦煌东行可抵达酒泉、张掖、武威，西向可进入新疆诸路，向南可翻越当金山口入青海，向北可进入额济纳居延海，北出蒙古。正是这种四通八达、"咽喉之地"的特征，才使汉武帝决定在这里设郡置关。2001年，联合国教科文组织将中亚乌兹别克所属撒马尔罕市纳入"世界遗产名录"，称它为"多种文化的交叉路口"（crossroads of cultures）。其实，这个评价更适合于敦煌。

随着"中国—中亚丝绸之路联合申遗"研究考察活动的深入，人们对这条人类历史上路线最长、文化影响最持久（从公元前2世纪到公元16世纪）的文化交融之路有了更为清晰的认识。大体说来，在总长1万多公里（中国境内4000公里）丝绸之路上，历史上曾分布着上千个市镇、上百个城市。但真正重要的名城只有两类：

第一类是丝绸之路起点或终点城市，包括东部的洛阳和西安，西部濒临地中海的大马士革或作为欧亚大陆交接点的君士坦丁堡。

第二类是丝绸之路上的枢纽型城市，包括敦煌、喀什、撒马尔罕（乌兹别克）、白沙瓦（巴基斯坦）、马什哈德（伊朗）、伊斯法罕（伊朗）、布哈拉城（乌兹别克）等。它们各自是三条以上道路的交汇点。需要指出，丝绸之路最发达的路段是东起敦煌、西起马什哈德的路段。该区间形成了巨大的"丝绸之路网络"。而敦煌、马什哈德无疑在网络中扮演着"总枢纽"的地位，堪称"丝路第一枢纽城市"。

重新思考"什么是敦煌"的问题，为什么要翻出这些历史旧事？重提"丝路第一枢纽城市"在今天究竟有什么意义呢？

（一）它们是确定今日敦煌的文化区位和文化功能的重要依据

今年初国务院办公厅批复的"甘肃省建设华夏文明传承创新区"方案，明确要求敦煌在整个传承创新区中发挥龙头带动和核心示范作用。这个"龙头"的着力点在哪儿？要回答这个问题，必须回到历史。历史上的"丝路第一枢纽城市"这个资源，可以让我们用"三层文化圈"来界定今日敦煌的文化区位：

第一层，敦煌处于"中国西部丝路文化圈"的中心位置。今日敦煌东距甘肃省会兰州1100余公里，西去新疆维吾尔自治区首府乌鲁木齐又1100余公里；再东去西安1800余公里，西去伊犁、阿克苏、喀什等新疆通往中亚口岸凡2000多公里。如何抓住"中国西部丝路文化圈"题材，实现跨省域文化合作？是个可以提到国家西部发展战略层面来考虑的新课题。实际上，2007年以来的"丝绸之路联合申遗"工作已开启了这项合作。近年来，敦煌研究院也已为新疆克孜尔千佛洞和其他地区洞窟修复、数字化保存提供技术援助。

第二层，敦煌处于"中国—中亚丝路文化圈"的枢纽地位。近年来，中亚地区日益成为俄罗斯、西方世界、南亚新兴国家的关注焦点。为因应这个态势，中国1996年中国倡议成立"上海合作组织"，加强与俄罗斯、中亚诸国的联系。近20年来，中国与中亚各国在经济、军事上的合作发展迅速，但在文化领域始终未找到最佳的突破口，原因在于中亚国家近代以来与中国在文化上鲜有共同点。今日的"丝绸之路联合申遗"无疑成为寻找和重塑中国与中亚诸国文化联系的重要尝试。敦煌在这样的"文化外交战略"当中可以扮演何种角色，这是值得期待的。我们在与敦煌研究院的交流中特别了解到，该研究院与中亚五国在研究领域中有大量交集，但至今未开展过一项合作。

第三层，敦煌是以"国际敦煌学""国际敦煌简牍学"为代表的"国际丝路文化圈"的关注核心。20世纪初，自西方人斯坦因、伯希和盗掘敦煌石窟经卷壁画不久，敦煌学陆续在英国、法国、德国、日本和美国成为显学。但世人很少知道，也正是在斯坦因之后，中国考古学家发掘了汉代驿站遗址悬泉置，其中储有内容丰富的汉代简牍，由此也产生了"敦煌简牍学"。当然，这两门国际"学"目前过于学术化、小众化，然而，只要把更多国际水准的博物馆家、作家、艺术家群体引入这个"国际丝路文化圈"，敦煌石窟所包含的大量绘画艺术资源、佛经故事资源，悬泉置简牍中包含的大量历史事件线索和民间故事资源，便都可以转化为能够带来极高附加值的文化创意素材。

（二）它们有助于促进敦煌的历史遗存保护

重新思考敦煌的历史，还是为了应对一个颇为严峻的现实：敦煌虽然在1986年入选第二批国家历史文化名城，但相当遗憾的是，目前的敦煌市区本身不再是历史遗存。改革开放前夕的一场洪水冲毁了老城区，如今的敦煌只是个刚过而立之年的新城。

过于年轻的新城与它周边富集的古老遗存形成了强烈反差。但更值得注意的是，2012年，敦煌月牙泉景区的游客数量首次超过敦煌石窟的游客数量；敦煌自驾游人数在总游客量中的占比也飞速上升。这两个数据表明，敦煌市正从"文化偏重型旅游"转向"休闲偏重型旅游"的转变。

为应对这种变化，敦煌市大力推进各类旅游基础设施的研拟和建设。但如何使这些设施在主题和外观形态上与敦煌城市形态应有的文化基调和自然风貌相统一，成了一个突出问题。目前许多旅游设施项目的论证普遍存在两个问题：第一，照搬中国东部或南部地区的休闲设施模式，不考虑敦煌本地的水资源承载力问题；第二，有些设施的主题与敦煌市历史文化脉络完全不搭，建筑形态与敦煌城市应有的文化基调和自然风貌严重不协调。一旦这些设施建设完全铺开，可以想见在5到10年内，敦煌城市形态的文化基调将发生喧宾夺主式的改变，它将完全沦为一个

"东部化的、休闲偏重型旅游城市"。

所谓"城市的文化基调"是当代城市学的一个重要概念，它又被称为一个城市的历史文化"表现性价值"（expressive value）。城市的文化基调或表现性价值体现在其建筑形态、基本色调、主要象征物或命名系统中。此外，它还体现在外人对一个城市文化基调的记忆联想：如提到苏州人们自然会想到江南园林，提到上海会想到十里洋场，提到杭州会想到西子风光。

我们注意到，敦煌新城建设已在一定程度上注意到"城市形态的文化基调"问题。新城有能够反映敦煌本地历史的、比较完善的城市路名系统，以"飞天""敦煌八景"为代表的城市标志物建设也随处可见。但总的看来，这个新城依然缺乏能应有的历史厚重感。进而言之，我们在逐一考察丝绸之路上的"枢纽型城市"时发现一个现象：以中国西部边境为界限，边境东部的丝绸之路城市如喀什、酒泉、张掖等地，普遍变成"新城+孤岛化遗迹型城市"。而一旦进入中亚的撒马尔罕、布哈拉、马什哈德等，就会发现那里的整个城市仍保留着文化遗产的整体面貌。

敦煌目前新城尚小，整个市域范围内"历史遗存孤岛化"的现象尚不严重。但目前大量休闲旅游设施项目的上马可能在未来带来风险。这些项目的论证普遍存在两个问题：第一，照搬中国东部或南部地区的休闲设施模式，不考虑敦煌本地的水资源承载力问题；第二，有些设施的主题与敦煌市历史文化脉络完全不搭，建筑形态与敦煌城市应有的文化基调和自然风貌严重不协调。因此，今天重新思考"敦煌是什么"，就是要为敦煌新城确定应有的文化基调。依据这个文化基调，才能对敦煌目前在研和在实施的旅游项目提出"准入"或"筛选"标准。

总之，今日敦煌处于发展的十字路口：沿着外延增长模式继续行走，它会很快成为一个失去其历史文化品格、破坏其自然风貌的休闲旅游城市。如果它要转向内涵增长模式，就要深入开掘敦煌的历史文化资源和自然资源的内涵，在此基础上发现其项目转化和开发线索。

六、敦煌历史文化资源的梳理及转化建议

多年来,敦煌市被固化为千佛洞、鸣沙山和月牙泉以及飞天形象等几个简单符号,这与敦煌享有的极为深厚的历史文化资源不太相称。不无讽刺的是,在新近出现的民间博物馆项目中,居然出现了诸如"根雕博物馆"一类的选题方案。给人的印象是该地区文化资源似已不敷使用。但事实上,敦煌目前大量的历史文化资源仍处于未加梳理、分类和转化的状态。认真梳理这些文化资源,一方面可为敦煌城市的建筑形态提供参考依据;另一方面可为敦煌未来文化项目开发提供资源转化线索。

(一)敦煌文化资源的基本类型

第一,以天下第一石窟"敦煌石窟"以及榆林窟为代表的佛教石窟造像文化类型。

第二,以"两关一驿"(即玉门关、阳关和悬泉置)为代表的汉代边塞文化类型。这一类型还包括汉长城遗址、几十处烽燧遗址和多处古城遗址(如寿昌古城、大方盘城遗址等)。

第三,以鸣沙山为代表的大漠风情文化类型。这种资源包括沙山驼队长烟落日的独特景致,沙滩排球或沙疗等特色体育养生项目,其扩展版还包含西出罗布泊的旅游探险,以及在号称"欧亚第一文化走廊"的河西走廊举行的"敦煌—河西走廊沙漠汽车拉力赛"等活动。

第四,以阳关镇为代表的绿洲观光农业文化类型。

从上述三大类型还可以引申出以下文化资源亚类型:

其一,敦煌石窟的壁画、佛教经变故事或佛本生故事、民间传说等,是个巨大的图像库和故事库,可由敦煌博物院之外的、国际或国内享有盛誉的文化创意团队进行系统开发整理。

其二,上世纪40年代起,敦煌壁画临摹以及在此基础上形成的敦煌绘画自成一系。其卓越代表包括张大千、常书鸿、关山月、平山郁夫(日本)、段文杰、常莎娜等,此外还有著名敦煌摄影家罗继梅。更值

得一提的是，敦煌研究院中几代临摹者保留下来大量的临摹作品，值得珍惜。

其三，敦煌壁画中保留着多种充满古意的色彩和天然颜料，通过论证，可以为敦煌市建筑的外立面确定一种能够表达其城市气质的基本色。

其四，悬泉置是中国"邮政之祖"，是中国最早的对外宾馆。由此可开发的故事线索、图像元素和博物馆话题极为丰富，需要专业考古团队以外的、国际或国内享有盛誉的文化创意团队进行系统开发整理。

（二）敦煌建筑形态的基本类型

敦煌目前处于快速城市发展期，大量城市建筑拔地而起。为延续和重塑敦煌城市形态的文化基调，有必要依据敦煌历史上出现过的或敦煌壁画中表现过的典型建筑形态，对敦煌市域范围内的城市建筑形态进行评估和控制性管理。这些典型的建筑形态包括：关隘、方盘城、驿站、烽燧、石窟、坛或坛城、寺院精舍、泉池、走廊等。

更为重要的是，汉代的长城与烽燧是用红柳、芦苇与砾石砂壤垒砌而成的，两千年不坏。受此启发，可以鼓励在沙漠上建设一些以砂石草木为建筑原料的生态型旅游设施，甚至像澳大利亚乌鲁鲁—卡塔丘国家公园那样，建设一批高档的沙漠帐篷旅馆。这种独具特色的旅游设施可以生动体现出西部文化旅游的生态特色。

（三）与敦煌有关的"十大佛教翻译家"

作为汉代的大西关，丝绸之路的咽喉，敦煌在历史上曾留下了不少英雄豪杰的足迹，如东汉投笔从戎的班超，唐代边塞诗人岑参等。但最值得记忆的是经过敦煌东来西往的历代佛教高僧。我们知道，自公元67年东汉初期直到唐宋，佛教从西域诸国传入中国。800年的佛经翻译史在世界文明史中堪称空前绝后的文化传播运动。佛教东传的主力是来自西域的高僧，魏晋以后也有不少中土僧人克服艰难险阻到西方取经。这些僧人无论东来还是西往，其共同点是一定会经过敦煌。今天敦煌城西的白马塔就记录着公元4世纪末龟兹高僧鸠摩罗什东来的故事。实际上，经过梳理，可以确定曾经到过敦煌的十大佛教翻译家：

竺法兰，天竺僧人，汉明帝67年来华，相传为《四十二章经》译者，首开佛经汉译的伟业；

安世高，安息国（今伊朗北）王子，约在公元147年来华，费时20年翻译《四谛》《八正道》；

支娄迦谶，大月氏贵霜王朝（阿富汗北部），约在公元178年开始了十余年的大乘佛经翻译；

支谦，大月氏人，其先祖来华，支谦生于汉地，三国时期为吴主孙亮的师傅，从公元223到253年从事30余年译经。

康僧会，康居国（今锡尔河下游和吉尔吉斯平原）宰相之子，于公元247年到280年在孙权吴国，是名刹龙华寺的创建者。

竺法护，其祖先是月氏人。公元231年生于敦煌。他是鸠摩罗什以前中国最伟大的佛经翻译家，翻译《法华经》。

佛图澄，龟兹国高僧，公元3世纪到4世纪为北赵国师，常驻邺城。

法显，历史记载中最早的西域取经者。公元399年以64岁高龄与11人前往西域取经。公元400年经过敦煌。直到413年，从海路回国。著有《佛国记》，对敦煌、沙河、葱岭的绝域风光和严酷经历有详细记述。

鸠摩罗什，龟兹国王子，中国四大佛经翻译家之一，《金刚经》译者，于公元397年被虏来华。

唐玄奘，唐代伟大的取经者和翻译家，贞观时期前往西域19年。

上述佛教高僧曾经过敦煌，这是敦煌除洞窟之外的另外一笔巨大的佛教文化空间。有了这样的背景，敦煌可以当之无愧地成为一些重大的国际性佛教文化会议的会址。此外，还可考虑在敦煌为这些高僧兴建纪念别院，如"法显别院""鸠摩罗什别院""玄奘别院"等，增加敦煌地区消失已久的佛教文化氛围。

七、敦煌内涵增长模式的产业契机：实现从"在地敦煌"向"在线敦煌"的战略性转变

《敦煌国际文化旅游名城规划纲要》在"发展路径"中分别描述了"敦煌文化国际化路径""创建敦煌文化发展的智慧平台""建立多元复合的文化产业体系"等八大选项。整个描述覆盖面广，但中间缺乏简洁明了的叙述逻辑。

我们认为，敦煌文化旅游要实现从外延增长模式向内涵增长模式的转变，一个关键契机是要实现从在地文化产业向在场、在线文化产业的转移。只有实现了这个转变，千百年来被一方土地束缚的"在地敦煌"资源才能脱域而出，成为"在线敦煌"的最佳产业资源，从而使从本土敦煌转变为"国际敦煌""世界的敦煌"或"人类的敦煌"。

（一）概念解释：在地文化产业、在场文化产业和在线文化产业

这三个概念描述的是文化产业的三个基本业态：

在地文化产业消费的是那些流传下来的、物态的、不可移易的文化资源，如敦煌石窟、玉门关遗址等，都属此类。与在地文化产业对应的是那种以吸引游客数量为指标、为游客提供良好的"吃住行游购娱"服务的传统旅游模式。

在场文化产业通常是基于一个地区的在地文化资源进行的展示性创造，它的实现方式包括大型民族舞剧《丝路花雨》、印象系列的大型实景演出、大型博物会展等。在场文化产业初步脱离了文化产业的地域依附，一个上乘的文化展示活动既可以在敦煌本地，也可以跨省或跨国巡演（展）。

在线文化产业是指消费者通过广播影视、数字化传媒等手段消费在地文化产品或在场文化产品。这种消费包括：通过数字技术全息复制在地文化资源（如敦煌石窟壁画复制），供人们网上消费；通过数字技术

模拟在地文化资源环境，强化人们文化消费的虚拟体验；发掘在地资源的故事素材，以动漫、纪录片或故事片等方式实现对在地文化资源的高端创造。

在地产业、在场产业和在线产业之间的基本关系是：任何在地产业资源丰富的地区，如果没有强大的在线产业支持，都很难迅速实现从"文化资源大户"向"文化产业大户"的转变；反过来，如果一个地区在线文化产业发达（如美国洛杉矶和中国香港），那么即使它的在地文化资源极为贫乏，也依然可以成为文化产业的巨无霸。

（二）敦煌需要打造以"在线敦煌"带动"在地敦煌"的产业战略

我们已经提到，地处西部的敦煌不能追求旅游人数的快速膨胀。为此，它需要一个能够将丰富的在地产业资源迅速转变为丰富的在线产品的战略。换句话说，发展"在线敦煌"应成为敦煌市优先战略选择。围绕这个选择，才能真正形成一个对敦煌市乃至河西走廊整个地区真正产生功能性带动作用的"龙头项目"。

"在线敦煌"同时也是一个"大敦煌"概念。这个"大敦煌"不是指在地理意义上扩大敦煌的行政管理范围，而是指人们可以"跳出敦煌发展敦煌"，可以在北京、上海、广州，甚至在洛杉矶、纽约发展敦煌。

显然，"在线敦煌"是实现敦煌国际化的最佳路径。只有在这个路径支持下，拟议中的各种"敦煌文化博览会"等"在场敦煌"项目才能得到强大的产业支持。

（三）"在线敦煌"需要培育高端的、聚合文化创意人才的"文化创意阶层"

敦煌有品位极高的文化产业资源，但坦率地说，敦煌在文化产业经营方面一直没有实现人才的升级。该市现有文化旅游普遍存在着方式表浅化、设施山寨化的倾向。如敦煌石窟、玉门关和阳关旅游基本停留在"到此一游"的境地。所谓"敦煌古城"或"阳关古城"则显示出明显"村办旅游"的特征。敦煌石窟的大量故事资源、绘画素材等尚未得到有效的发掘、转化和运用。一些发掘转化方案完全不具有国际化传播价值。

因此,敦煌要真正成为"世界的敦煌",就应当尽量向世界开放,给出优惠政策,最大限度地吸引国际化的高端艺术人才、影视创作人才、文化产品创意和营销人才等,打造当代文化敦煌。这是实现"在线敦煌"的最重要保障。

文化的逻辑与当代城市发展*

什么样的城市适宜居住？这个问题对当代中国的发展具有重要意义。目前，中国广大地区进入工业化中期或中后期，城市发展走上快车道，研究城市发展规律和更新城市发展理念成为许多地区不可回避的问题。此外，面对国内经济面临转型的压力以及国际经济的剧烈震荡，人们普遍意识到科学发展是保障经济社会可持续发展的不二选择，而树立正确的城市发展观念恰恰是践行科学发展观的最佳切入点——因为城市是个经济、社会、政治和文化的综合体，它的发展尤其需要统筹兼顾，需要贯彻以人为本的指导思想。

本文选择地处长三角地区几何中心的无锡作为研究样本，理由有三：其一，经过30年的发展，无锡在全国城市方阵中名列前茅；其二，以往的以GDP增长为中心的发展模式既给无锡带来了"世界工厂"的响亮称号，也使这座城市日益接近"增长的极限"；其三，对无锡今后发展来说，更新产业理念与提升城市发展理念是一而二、二而一的任务。

在无锡提出的新的城市发展思路中，始终存在着一种兼顾现实主义与理想主义的张力空间。它既要强调产业升级，使城市在"适者生存"的激烈市场竞争中立于不败之地；又要强调"宜居城市"建设，使城市发展逐渐走向"美者优存"的理念。产业升级与宜居城市、适者生存与美者优存，这些矛盾归根结底触及到了一个绝大的哲学话题，即如何使"市场的逻辑"与"文化的逻辑"相得益彰？这是马克思当初严肃面对的主题，是西方几十年来现代性批判的核心主题。正是在这个意义上我

---

* 本文是无锡调研报告，刊载于潘家华、牛凤瑞、魏后凯主编：《中国城市发展报告No.2》，社科文献出版社，2009，发表时题为《无锡：建设"美者优存"的城市探索与实践》。

们高度评价科学发展观，因为它主张的既不是单向度的市场逻辑，也不是与市场逻辑绝缘的文化逻辑——科学发展的逻辑是市场逻辑与文化逻辑的合题。也正是在同样的意义上我们积极评价无锡的城市发展思路，探讨这个思路对我国其他地区具有积极的借鉴意义。

一、无锡在三十年中实现巨变

改革开放造成中国经济社会巨变，地处长三角地区中心的无锡无疑是很好的例证。30年前靠发展乡镇企业起家，随后在上世纪80年代参与创造了辉煌一时的"苏南模式"，进入新世纪以来又开始了"新苏南模式"的探索——这个令人耳熟能详的历史叙述向世人展示了无锡特色的工业化、现代化发展之路。

如同多数江南的行政实体一样，无锡地区逼仄狭小，全境面积（含近1/3的水域面积）仅为我国领土的万分之五。此外，它的人口密度虽大，但人口数量（指常住人口）仅为全国的千分之四。这样的面积和人口规模在全国两百多个地级市中低于平均水平——它们提示着这个地区的"小"。但就是这个"小"反衬出当代无锡的"大"，即释放能量之"大"。2007年，无锡GDP总量占全国总量的1.56%！这个数字在中国大陆660多个城市的GDP总量排行榜上高居第9位，仅落后于四大直辖市与广州、深圳、苏州、杭州等城市。它不属于国务院正式批准的15个副省级城市，但其GDP总量超过了其中的12个城市。它的地方财政收入、规模以上工业总产值、出口总额、城市人均可支配收入等多项指标，均处于全国的前十位上下。由于这个"大"，无锡自上世纪80年代起就被列为中国屈指可数的"经济中心城市"或"较大城市"的行列。

以上数据有助于我们直观地了解无锡在改革开放30年中的变化之巨。翻开无锡的历史，我们感受到的对比最强烈的一组数据是"30年

/3000年"。无锡的地区文明史至少可上溯到公元前11世纪太伯开吴时期，时间跨度逾3000年；其城市政制史也可以上溯到汉初正式建县，时间长达2200多年。当然，悠久漫长的不仅是其文明史或政制史，还有其工商史。自古以来，背靠长江、南濒太湖、大运河穿城而过的无锡一直是江南漕运和赋税重镇。明清期间，"米市场、布码头"成为这个地区的真实写照。这个传统到20世纪初催生出强大的现代民族工商业，造就了以杨宗濂兄弟、荣宗敬兄弟等为代表的中国民族工商巨头。30年代的无锡以"小上海"著称于世，甚至跻身于全国三鼎甲城市之列。

不过今日看来，历史的"漫长"往往意味着发展的"缓慢"。无锡数千年的城市史，包括其数百年的早期工商史，总体上是以缓慢的有时甚至是倒退的方式在延续着。只是到了1978年的改革开放，无锡才仿佛一下子触动了历史的"快进键"。1978年，无锡GDP总量24.93亿元，其绝对值是1949年的10倍。此后，这个数值在1987年达到100亿，1998年达到1000亿，到2007年达到3858亿。2008年达到4419.50亿元，按常住人口计算人均生产总值73053元，按现行汇率折算达10689美元。也就是说，在改革开放30年中，无锡的GDP总量绝对值竟增加了176倍！如果说单纯的GDP总量指标还不够全面，我们还可以援引一组中国特色的四阶段现代化的综合性指标——即温饱、小康、初步现代化和完全现代化。在过去数千年中，无锡像中国大多数地区一样始终徘徊于温饱界限边缘。但到了上世纪90年代初，改革开放仅15年，无锡已率先进入小康社会；新世纪初没有几年，无锡又基本实现现代化——人类自然进化史上需要百年才实现的进程，在无锡几十年就完成了。

30年只是3000年的1/100。在这短促的时光中，无锡实现了从古典城市向现代城市的巨变。1978年时，无锡还是个沿大运河延伸的、形似龟壳的面积约5平方公里的中国传统小城市。但如今无锡新城的规划面积（包括老城区、新城区、开发区）已达1700平方公里（已建成面积100多平方公里）。30年前无锡还是个农业经济色彩强烈、鲜有外来人口的传统城市，如今一变而成为人均（按常住人口计算）GDP超过10000美元、城市化率接近70%、外来常住人口占人口总数近1/4的现代工商城市。无论今天人们对这个城市膨胀扩张史如何评价，它都印证了现代化的一个定律：工业化推动城市化。

除了无锡的能量之"大"与发展之"快"，我们还可以通过"中心—边缘之辨"的模式观察一下无锡在区域乃至全球经济地理格局中的位势变化。

我们知道，自然地理没有所谓"中心—边缘"之分，"中心—边缘"是人类分工塑造出来的经济和政治地理面貌。近几十年来，国外学者相继推出了对"现代世界体系"或"全球社会学"的研究，"中心—边缘"或"中心—依附"构成了这些研究中的框架性概念。法国当代城市政治经济学家列斐伏尔指出："市场经济的'三位一体'（即土地/劳动力/资本）在空间中得以确立。这个三位一体不是抽象的，三者只有在同样是'三位一体'的空间中才能结合起来：首先，这个空间是全球性的……；其次，这个空间是割裂的、分离的、不连续的，包容了特定性、局部性和区域性，以便能够驾驭它们，使它们成为讨价还价的对象；最后，这个空间还是等级化的，从最卑贱者到最高贵者，从从属者到统治者。[1]"

从中国来看，无锡与其所在的长三角一向是这个国家经济发展的中心区域。"中心"在这里不仅是个地理概念，还意味着一种有利于经济发展的工商传统和人文生态，这正是无锡近代形成其独特工商文化的基本背景。但从全球近代史来看，由于中国自1840年起在世界经济政治体系中长期处于"边缘地位"，无锡与其所在的长三角便在很长时间内扮演着"边缘的中心"的角色。但改革开放给中国灌注了强烈的"不断

---

[1] Lefebvre, H., The Production of Space（《空间生产》），Translated by D. Nicholson-Smith: Oxford (UK), Cambridge, 1991, p189.

升级、走向中心"的动力,在这个背景下,无锡与其所在的长三角地区表现出两个明显的特点:首先,它在中国的"中心"地位决定着它在"走向中心"的进程中必须承担起提振国力的领头羊责任;此外,它在世界经济链条中的中下游位势,又决定着它不得不经历漫长的"不断升级"的道路。这样,"责任感""不断升级的欲望"以及"走向中心的意识"成为无锡这类既扮演着"中心"角色,又担忧"被边缘化"的地区的共同心结。

有意思的是,即使在当今占全国经济规模总量22%的长三角区域内部,无锡也一直怀有强烈的"走向中心的意识"。改革开放之初,行政上隶属于江苏的无锡把竞争目光主要投注于一省之境,改变"南京—苏州—无锡"这样的排序成了它的竞争目标。1992年,创造了苏南模式奇迹的无锡便在GDP总量上超过了南京,也正是在这之后,无锡把目光瞄向初现轮廓的以上海为龙头的长三角城市群。如今,"上海—苏州—无锡"形成了这个世界性城市群的最强有力的一翼。然而,也正是在这个过程中,与苏州经济规模差距的拉大、同质化竞争白热化的局面使怀有强烈"走向中心意识"的无锡相应产生了强烈的担忧边缘化的苦恼。如何在初现轮廓的世界第六大城市群中继续保持自己的核心成员地位?如何在与其他核心成员的既合作又竞争的关系中塑造自己独特的优势和城市形象?如何在成为长三角一员的同时谋求成为全球经济网络中的一个区域性扭结?所有这些都是无锡未来思考的重中之重的问题。

二、发展反省:别让城市变成一个"巨工厂"

无锡的城市巨变来自现代市场经济的活力。市场经济让无锡良好的自然地理条件转化为优越的经济地理位势,让无锡人优良的文化心理转化为发展经济的计算理性。市场经济体制的确立意味着引入资本逻辑,这是一种按照合理性计算、最优化标准和物化还原原则来进行资源配置的逻辑。这个逻辑在全球范围内塑造了"现代"这个标志性概念，这个逻辑让古老的中国在30年内实现了物质与精神的巨大改观，也正是这个逻辑造就了现代无锡。

前面提到，如何看待市场经济的逻辑？这是西方二百多年来主流政治经济学家和文化批判理论家们不断争论的问题。如果说绵密抽象的理论论证有时会让人无所适从，那么无锡近30年来从贫困到初步繁荣的历史给我们提供了一条非常具有历史感和现实感的结论：即使是在社会主义社会，没有市场经济也是万万不行的。在当初计划经济造成的普遍贫困的背景下，在长期的农本经济形成的经济短缺的背景下，市场经济的发展显示出一种前所未有的"道义力量"，它比无数文化蓝图或乌托邦梦想都更加符合人类"大义"。

但同时应该看到，市场经济的逻辑在极端形态上是彻底的物欲逻辑，是以GDP增长为唯一目标的发展逻辑。加拿大学者保罗·谢弗在《经济革命还是文化复兴》中把这个唯GDP增长观念概括为"整个社会以经济增长为中心"；[1] 上世纪80年代联合国教科文组织的执行官M.A.西纳索在为《新发展观》一书做的前言中指出，旧发展观的核心问题是："我们怎样才能改变我们面前的社会和文化，使之符合我们的工业化？"显然，将"发展"等同于"增长"，将"增长"等同于"GDP总量"的提升，这就是旧发展观的要义。这个发展观是由极端的物欲逻辑来支撑的。凡是这个逻辑的应验之处都会带来一大问题，即它把这个世界变成了所谓"福特主义的世界"，把城市变成所谓"福特主义的城市"。

"福特主义"是20世纪上半叶美国资本主义创造的生产和生活效率模式。它以耐用品生产为其中心经济部门，依据"人是机器"的理念设计了"流水线"生产程序，以将一切变成工厂的眼光来看待人类的全

---

[1] 保罗·谢弗著：《经济革命还是文化复兴》，高广卿等译，社会科学文献出版社，2006年，第170页。

部栖息地。这样，它就把整个世界、所有城市都变成"巨机器"。这里没有起伏的大地和旖旎的风光，只有有待变成各种商品的原料地；没有古迹遗存或历史记忆，只有一个个有待推平以供建设工厂区、仓储区、CBD和商品楼小区的库存土地；没有人的独特品位或具有独特品位的人，只有与某类商品相关的某类需求者、购买者和消费者；这里的政府也缺少"公共性意识"，它们只能以投资商、金融商或开发商的眼光来看待自己的责任。为准确刻画这个巨机器，法国学者德勒兹使用了"生产一切生产的生产""制造一切机器的机器"这样的说法——这就是"工厂的世界"。

我们都还记得，包括无锡在内的中国长三角和珠三角地区曾一度以"世界工厂"这个名称而著称于世。而所谓"世界工厂"当然就是福特主义意义的"工厂的世界"，依照这样的格局形成的城市也就是所谓"福特主义的城市"。这样的地区和城市虽可能获得短暂的经济腾飞，但却必然会带来环境乃至可持续生产的其他条件的巨大破坏。发达国家数百年的现代化进程表明，"竭泽而渔"是"工厂的世界"或"世界工厂"的基本生存特征，上世纪70年代罗马俱乐部的《增长的极限》对此给出了未尽准确但却足以警醒世人的报告，单向度的市场经济逻辑最终会破坏可持续发展的条件。而走上"世界工厂"之路的无锡在仅仅一代人的时间中就尝到了类似的苦果。

近年来，无锡地方政府在反省过去发展方式时多次指出：无锡"面临着从工业化中后期向工业化后期乃至后工业化时期的历史性跨越，面临着从投资驱动向创新驱动、资源依赖向科技依托、生产制造向设计创造的跨越，面临着从工业经济为主、劳动和资本密集型产业为主向知识密集型产业为主、工业文明向生态文明的历史性跨越"。如果对上述估计进行分解，我们不难发现这些判断语句的前一部分其实包含着无锡对以往发展方式的"自我诊断"。过去30年，无锡与苏南许多地区一样，在全球性经济产业转移过程中选取了一条相对便捷的增长之路，形成了其外向型投资驱动型经济，资源依赖和低技术型经济，劳动和资本密集型经济，总之，形成了一种以牺牲自然环境和文化生态为代价的工业文明，等等。这种经济或工业文明一方面造成了无锡城市的高速发展，同时也给这个城市带来了许多负面的、有些是难以补救的后果：

其一，土地资源几近枯竭。目前无锡人均耕地仅为0.56亩，为全国平均水平的1/3，即使在土地资源稀缺的江苏省也是最低。在过去数年中，无锡平均每年以8万亩的土地换取15%的GDP增长和20%的工业增长。而如今的无锡每年的土地供给量以不足1万亩，显然，"以土地换发展"的增长模式会对无锡未来区域生活空间、生态环境的协调发展带来无穷后患。

其二，自然环境容量接近饱和。片面追求GDP增长的人们往往是个迟钝的群体，他们只有在环境承载力接近饱和时才注意"环境容量"问题。无锡的生态环境原本脆弱，只相当于江苏省的65%，而生态需求却高出40%。截至2007年，无锡单位面积污染负荷超过承载力50%以上，其主要水系的水环境达标率不高，局部水域甚至为劣5类水质。几年前"太湖蓝藻"的爆发成为生态恶化的标志性事件。

其三，文化生态遭到严重破坏。无锡原本是江南水乡的典范。石子路、烟雨巷、运河桥、梅花村镇构成了它的整体轮廓。直到1978年，无锡城还是个沿运河伸展的、面积仅有十几平方公里的传统型江南城市。但如今无锡新城的规划面积（包括老城区、新城区、开发区）已达1700平方公里（已建成面积100多平方公里）。我们在赞叹无锡城市发展之"快"的同时也痛心地看到，在这块诞生着吴文化的古老土地上，所有传统小镇统统灰飞烟灭。工业化以铲车一样的巨掌把这个盲人阿炳、钱穆、钱钟书的故园，把故园中一切的记忆载体迅速抹平。如今的无锡市在总体上"进化成"或者说"退化成"一个工业化都市的复制品。

其四，整体人口素质呈退化趋势。中国改革开放之初正值西方发达国家从工业化后期走向后工业化时期、从资源依赖型的传统物态经济转向注重创新研发的知识经济转化的时期，其传统制造部门开始向全球体系中的下线转移。在这个背景下，成为"世界工厂"的无锡在产业结构上形成了"两高两低"的特点，即传统产业尤其是低技术的传统工业比重偏高，而服务业尤其是技术含量较高的现代服务业比重偏低。这样的产业结构使这个城市人口出现变化。无锡地灵人杰，近10年向全国输送12万大学生，而同期回归和引入的大学生不足6万人。这个城市现有户籍人口460万，常住人口600万。而在两三年前，这多出的140万外来人口的主体是受教育程度相对较低的民工群体。这个状况导致无锡市民教育文化素质平均水平的下降。等等。

毫无疑问，所有上述负面后果都表现着单向度的市场经济逻辑向人们显露出狰狞丑陋的一面。

应当说明的是，市场经济虽然一向关注GDP增长，但并不是所有类型的市场经济都必然地以"唯GDP增长"为其唯一的诉求。上世纪下半叶，发达国家普遍开始对GDP崇拜观念进行反省和批判。尊重自然、保持文化传统、用知识经济替代传统产业、经济文化化、"一切为了人和为一切人"等观念逐渐成为所谓"第二次现代化"的主流。1983年，法国社会学家弗朗索瓦·佩鲁应联合国教科文组织要求撰写《新发展观》，系统阐述了"整体的""内生的""综合的""以人为中心的"和"关注文化价值的"的新发展理念。1996年，当时包含24个发达国家的OECD组织在年度报告《以知识为基础的经济》中宣称，其全部成员国高技术产业的产值已经超过总产值的50%。这标志着这些国家整体跨入知识经济时代。如今，绿色的和人文的指数已成为国际社会普遍接受的衡量经济社会发展的基本尺度。此外，从城市发展来看，也是从上世纪70年代起，以"灵活生产""社会多元文化空间生产"为主旨的所谓"后福特主义"城市理念开始兴盛起来。

遗憾的是，发达国家"第二次现代化"的一个主要特征就是将其传统产业对下线转移，而这个转移适逢中国致力于确立市场经济体制的时期。在此背景下，处于世界经济下游链条的中国顺理成章地充当了发达国家传统产业的转移目标地。换句话说，把中国变成"福特主义的世界"成为发达国家走向"后福特主义"的一大助力！这是中国成为"世界工厂"的背景条件。在这个背景下，科学发展观显示出真正重要和紧迫的现实意义。

无锡地方政府充分认识到，突破"增长极限"的方式就是用科学发展的方式来替代GDP就是一切的传统增长方式。在经济的意义上，就是要尽快实现产业升级——以现代的、内涵性的、绿色环保的高新技术产业逐渐成为经济的主干，迅速改变传统的、粗放的、以牺牲环境为代价的、低技术的产业结构，而这一切从根本上意味着，要使这座城市实现从工业化后期向后工业化时期的转变。这个转变意味着要终结无锡作为"世界工厂"的命运。然而，在甩掉"世界工厂"的帽子之后，无锡应当成为什么？这是许多人都在考虑的问题。我们注意到，近来一些关注印度软件服务业的学者提出要使中国实现从"世界工厂"向"世界办公室"的转变，"世界办公室"因而被许多城市确定为基本的转型目标。但"世界办公室"似乎也意味着"办公室的世界"，或者说"写字楼的世界"，它比起"世界工厂"固然是个进步，但毕竟还缺少些什么。全部问题在于，城市应该是什么？按照科学发展的逻辑，城市应该是什么？

三、美者优存：让文化逻辑引导"城市的空间生产"

城市应当是什么？2008年3月，一位学者在《上海证券报》发表的文章《无锡：除了少锡还少什么》，该文引发了"无锡还少什么"的讨论。显然，追问一个城市还少什么，首先要弄清什么是"城市的理想"或"理想的城市"。这些话题对无锡来说来得正是时候，因为新农村建设、城乡一体化和城市化已形成一个中国特色的城市化升级链条，无锡目前正处于这个链条的前端。此外，这些话题对无锡未来发展也具有全局性的意义——因为建设一个理想的城市可以成为推动产业结构升级、促进和谐社会建设、加强政府职能转变、改善自然环境和人文生态环境的总引擎。

城市研究是当今世界的一个热门学问,其中最有影响力的是所谓"中心城市"的研究。这个研究依托的是"中心—边缘"的世界体系模型。它认为在全球化网络中一定会出现一些在政治、金融、商业、交通、人口、人才、资本和娱乐等方面均处于高端支配地位的核心城市。在这个意义上,上世纪60到80年代,英国城市学家彼得·霍尔和美国经济学家弗里德曼分别提出和论证了所谓"全球性城市"(global city)假设。他们心目中的全球性城市以纽约、伦敦、东京等为代表,这些城市是全球化经济系统中的中枢或扭结。值得一提的是,除了这些全球性中心城市外,一些学者认为全球化体系中还存在着一些次级的、在国际经济体系中具有金融或交通等独特服务功能的区域中心城市,如巴黎、法兰克福、芝加哥、香港、新加坡、鹿特丹、日内瓦等。

今日无锡正处于营造现代性大都市的起点上。改革开放30年,这个城市在工业基础、商业环境、金融设施以及人才条件上已具备了较好的进一步提升的基础。雄厚的财政收入让它的未来城市建设底气十足。正是在这个基础下,无锡市政府把目光从江苏省、长三角地区投向国际"一流城市",确定了在未来几十年依托长三角、接轨上海市、放眼全世界,将自己打造为区域中心性国际性城市的发展目标。

值得一提的是,城市依其经济政治地理和历史传统,可以有不同类型。英国著名城市学家彼得·霍尔在其《文明中的城市》中区分了历史上的四类城市:即艺术型城市,如佛罗伦萨;科技型城市,如福特主义的发源地底特律;文化科技型的城市,如拥有好莱坞的洛杉矶以及解决问题型的城市,如19世纪解决污水处理问题的老伦敦,等等[1]。从自

---

[1] Peter Hall, Cities in Civilization, New York: Pantheon Books, 1998.

己的实际出发，无锡在《关于学习追赶世界先进城市的意见》中自觉不自觉地把两类国际性城市当作学习和赶超对象：第一是那些成功实现从传统产业顺利转型为高新技术产业的城市，其代表有里昂、鲁尔、芝加哥等；第二是那些因为"致力于实现高位超越"而一跃而成为具有强大后发优势的城市，其代表有中国台北、新加坡等。这两个选择体现了无锡的梦想，即通过尽快实现城市产业升级，使无锡成为在长三角地区具有独特服务或贸易优势的后发优势城市。依照这个目标，使无锡在产业发展、科技创新、人才集聚、城市管理、社会建设和人文素质等方面有全面的提升。

应当看到，产业结构升级有助于塑造一个全新城市，但还需要关注的是如何真正把"文化逻辑"纳入城市研究和城市发展战略。上世纪80年代起联合国开始在发展指数中引入并逐渐加大人文指标的权重，文化日益成为"最宜居城市"的重要判准。2002年起，美国有些大学开始发布"全美最有文化的城市排行榜"。该榜引入的六个基本指标包括报纸发行量、杂志发行量、书店总数、图书馆馆藏、市民受教育年限和互联网资源量，这六大指标下面又有不同数量的子指标。不过，除了这些可分解的硬指标外，对一个城市来说，引入"文化的逻辑"就意味着，应当把城市当作一个"生产多元文化空间的产业"来经营。

"空间生产"是法国后现代思想家列斐伏尔的核心概念。他认为，人类生活表现出了用社会空间取代物质自然空间的取向。这并不是说自然空间不重要，而恰恰反证了自然空间的稀缺性。从社会空间来看，资本主义的空间概念是单向度的、绝对的和非人的，即我们上节提到的福特主义空间。而今天需要创造或生成的应当是"多元文化空间"，包括所谓差别空间、戏剧化空间、家族空间、休闲空间、男性空间、女性空间、创意空间、中性空间、物质空间、自然空间、反自然空间，等等。

总之,"空间从来不是空洞的"①。在这个语境中,一座城市就不应当仅仅是个工厂型、车间型、办公室型、CBD型空间居于支配地位的场所,而应当成为"多元文化表达空间"的集聚。为此,我们课题组格外关注无锡未来城市发展规划中那些涉及"多元文化空间"的浓墨重彩,而所谓"五个名城"的建设思路应当是这个多元文化空间的具体展示。除了"工商名城"和"设计名城"之外,其他三个名城构想都与作为一种生活方式的"文化"密切相关,即"最适宜生活居住的山水名城""最适宜旅游度假的休闲名城"和"最富有人文特制的文化名城"。透过这后几个名城建设方略,我们看到无锡自觉地把"文化逻辑"引入城市未来发展思路,设想让文化逻辑与现代市场经济的逻辑协调匹配。而这正是所谓"科学发展的逻辑"的题中应有之意。

以"五个名城"为标志的多元文化空间在无锡不仅停留在纸面上。在对今日无锡的考察中,我们不仅见识了无锡老城中心拔地而起的金融和商业中心,无锡高新技术园区中那些未来高科技和软件服务业的骨干性企业,还看到了经过整治重新显示出水波潋滟、湖光山色的无锡蠡湖。而古老的崇安寺复建、运河传统工厂遗址保护、刚刚启动的惠山百余家宋明以来的祠堂修复工作,还有何振梁与奥运博物馆、宏伟的无锡大佛三期工程以及重新焕发生命力的宜兴紫砂生产,等等,所有这一切都表明,一个具有多元文化色彩的无锡新城正在形成。目前,为提振国内经济、加快经济结构转型,国家和地方正以前所未有的力度加大基本建设投入,这对于正处于腾飞阶段的无锡城市发展是一个空前的"利好"消息。

除了"多元文化空间"的硬件建设,让无锡变成一个和谐宜居的城市还包含着软件环境的建设,而这个建设有两大着力点:第一是完善服务型政府建设;第二是加大公共服务体系尤其是公共文化服务体系的建

---

① Lefebvre, H., The Production of Space, Translated by D. Nicholson-Smith: Oxford (UK), Cambridge, 1991, p154。

设。在这方面,无锡创造了大量经验。值得指出的是,从城市发展史来看,一个国际性城市的形成在人口构成上一定会经历从本土人口为主的城市向移民人口比例加大的城市的转变,而这种人口构成比例的变化一定会带来城市公共服务政策上的重要变化。今天的无锡城市化率接近70%,外来常住人口比例接近总人口1/4。这意味着它的城市公共政策也开始进入快速调整期。这方面的经验将成为我们今后调研的持续关注对象。

总的说来,如何让"文化逻辑"协调、节制和引导"市场逻辑",这是关系到能否让科学发展观在城市建设中真正落地的大问题。它不仅要求一个当代城市服从"适者生存"的竞争法则,还要求具有"美者优存"的理想。所谓"美者优存"不是一个玄乎其玄的乌托邦想像。它无非是说,在经济发展状况相似的城市中,如何让城市更便利人们的生活、更有益于涵养人们的文化素质,更合乎人们的想象和口味。那样的城市总应当保持着与特定历史记忆和心理认同相关的建筑空间,总应当荡漾或弥漫着一种独特的乡音、色彩和味道,总应当保持一种虽然土气但并非不健康的特定生活方式,总应当具有一种独特的草根文化与高雅文化交织的趣味。毋庸置疑,目前国内有太多的城市规划都是围绕着单一的经济功能(包括金融、贸易或交通)来打造其面貌的,这种打造带来的是城市空间的均质化与标准化,多数城市空间毫无特色、千篇一律、更缺乏对人性尺度、历史文脉及自然生态的思考,许多城市充斥着宽广气派的景观大道、以"大"为美的城市广场和笔直僵硬、水泥固化的河床堤岸等等,由于场地特质与人群真实需求得不到充分的尊重与满足,致使空间品质下降,活力丧失。即使是一些"文化设施",也完全是按照一种过度包装的旅游业方式来打造的。如何在当今文化空间生产中灌注返朴归真、直指人心的微妙文化意识,这是一个具有普遍性的课题。

令人欣慰的是,就"美者优存"的理想来说,无锡具有得天独厚的资源。这个城市自古以来就是江南的文脉所在,如今正在整理的惠山脚下自南宋以来形成的数百个望族祠堂就是见证。不过,这个城市最大的文化品牌资源是"太湖水"。浩淼千里的太湖与海相若，其"鼋头渚"不仅标志着它是太湖景观的"龙头"，更在谐音上寓意"源头"的意思。这里是"水乡中国"的陈列馆。水乡、水趣、水墨色彩和水的灵性，这一切应当是"文化无锡"最重要的文化资源和想象财富。水是生命之源。"得水者生，失水者亡"，无锡30年的城市发展史印证了这一点。几年前，太湖蓝藻的爆发给人们敲响了过度工业化的警钟。2005年以后，无锡市相关部门拿出数十亿资金整治太湖，尤其是其内湖——蠡湖，取得了明显的成效。如今，无锡市又与国际最先进的机构一道，酝酿推出"太湖生态博览园"。从"水"与无锡城市文化的历史渊源来看，治理太湖不仅是一个"生态工程"，更是一个续接千年文脉、造福后代子孙的巨大"文化工程"。进而言之，"水"应当是无锡"多元文化空间生产"的基调。能否打造出一个"现代水乡无锡"，是这个城市是否能把科学发展观落在实处的一个重要标志。

远古与未来在这里相遇*

一、闹市中的史前人类遗址

我一向钦佩考古学家，他们把挖坟掘墓变成了一门学问。这门学问不仅囊括了与史学有关的各种小学功夫，还需旁涉地质学、生物学和文化人类学等各种理论。除此之外，当考古学家手持考古铲和细毛刷、冒着严寒酷暑在田野作业时，那整个是一个体力劳动者的形象。不过，最让我钦佩的还是他们在寻找古迹遗存时表现出的那份耐心，那种在等待的煎熬中对发现的渴望。

的确，对一个考古学家来说，能够在一生中亲自发现一处尘封已久的古代遗址简直是一种幸运，北京大学城市与环境学系历史地理研究中心的岳生阳先生就是这样一个幸运儿。自1996年春天以来，这位研究北京地区的人地关系演变系统的博士生凭着一种专业直觉，十几次到地处京城闹市的王府井东方广场工地考察。功夫不负有心人，去年12月14日，他在距离地面十余米深的地基挖掘现场一侧的黄砂层中发现了一层发黑的物质。在用考古铲刮去表层扰土后，他惊喜地看到一些很像是火烧形成的黑色炭粒。沿着该地层进一步搜寻，他又发现了两处包含着一些碎骨的炭层，其中一些骨头显然带着被火烧过的痕迹。此外，黑炭层中还有数片经过人工打制的燧石片。岳生阳当即断定，这些炭层是全新世初期古人类遗址。为保护现场，他没有作更多发掘。

此后，经城环系教授崔海亭先生鉴定，这些碎石片属人工打击燧石。

---

* 1996年王府井东方广场工地发现古人类遗址。1997年笔者应《三联生活周刊》之邀撰写此文。笔名何西风。

徐海鹏教授在勘察现场后认定，该地层早于全新世。岳生阳的导师于希贤教授在看过遗骨和燧石后推定，这是介于旧石器时代和新石器时代之间的中石器时代的古人类遗物。更重要的是，于教授断定这些遗存物并非因流水等原因从其他地区搬运而来，这表明该遗址是原生的地理环境，它在我国是极为少见的，具有重要的研究价值。

12月27日和28日，岳生阳分别将这一发现通报给北京文物研究所的郁金成先生和中国科学院古脊椎所的李超荣先生。他们在初步研究后断定，这是一处2万年前的人类遗址。由此，这一文化遗址的系统发掘工作开始启动。王府井东方广场古人类遗址终于向世人撩起了它那神秘的面纱。

这一遗址的发现对于史前考古具有重大的理论意义。传统考古学理论认为，古人类在旧石器时代一直生活在山区或与平原交接的丘陵地带，直到新石器时代才下山生活在平原的边缘地区。而这次在王府井发现的人类遗址表明，人类在从旧石器向新石器的过渡时期，已经突然生活在平原深处的河湖相地理环境中。这一发现或许会改写人类进化的历史。

此外，本世纪上半叶考古学家在北京房山发现了65万至20万年前的周口店猿人和1.8万年前的山顶洞人，后来又在平谷发现了距今8000至6000年间的上宅新石器时代人类遗址。这次发现的处于旧石器和新石器过渡期的王府井东方广场遗址，使北京史前人类活动遗址形成了比以前更加完整的人类演化系统。在当今世界上，还不曾有一个地区具有如此系统和丰富的史前人类文化遗存。

二、未来与远古的冲突

东方广场遗址无疑具有重要的学术价值，但它能否得到顺利发掘和积极保护却仍然是一个悬而未决的问题。因为在如今这个商品社会中，文化遗址的生存权利不单单取决于它的学术价值，还要看它是否具备一定的商业价值和市场潜力。王府井东方广场遗址尤其是这样。

众所周知，王府井一带向来是北京最繁华的传统商业区，而东方广场则是该地区一项投资巨大、跨世纪的商业中心改造工程。用广告术语来说，东方广场代表着王府井的明天。有趣的是，"东方广场"尚未诞生，这一名称已被用来为一项久远的古人类遗址命名了。未来和远古在这块寸金之地上不期而遇！

虽然从商业的角度看，这个遗址的发现等于为在建中的东方广场做了一次绝妙的广告，然而，对于那些投资商和开发商来说，该遗址无疑像一个突如其来的"入侵者"，它必定会给该广场的原设计和施工方案带来麻烦。怎样对待这一闹市中的古人类遗址？这对于规划部门、房地产商和考古学家来说都是一个敏感问题。正因为这样，这一遗址的发现带来的不仅仅是喜悦，还有一份深深的不安和忧虑。

北京大学考古系教授晁华山日前撰文呼吁："王府井古遗址应当保留。"他指出："两万年前旧石器时代人类活动遗址在我国十分罕见，而闹市区中发现这类遗址在我国更属绝无仅有。所以这类遗址应当尽可能保留下来。"晁先生为此提供了德国科隆市在闹市区中发掘和保留几处古罗马时代遗址的成功经验。根据他的介绍我们得出一个印象：要妥善解决东方广场遗址的发掘和保存问题，一方面需要政府的有力支持，另一方面也需要开发商具有一种较高的文化和商业眼光。

一般来说，在当今经济开发重于一切的年代，房地产开发商和考古学家正像一对冤家对头。开发商一向奉行"不破不立"的宗旨，他们用大把钞票把当今的中国变成了一个大工地。在推土机的轰鸣中，不仅大片传统民居和街道连同那些古老的地名和久远的故事一道被夷为平地，而且许多埋藏在地表之下的墓葬、遗址也难逃厄运。一位在国家文物局负责录像工作的刘先生告诉我，他们的任务与消防队一般无二，每天扛着摄像机到全国各地去抢拍那些在施工中遭到破坏的古迹和遗址，将它们分类造册。这种抢救似的工作很有些为古迹遗存办理后事、进行凭吊的味道。在这里，未来与远古的相遇常常演变成开发者与考古学家的冲突。

应当看到的是，在相当一段时期中，我国在人文历史资源的积极保护乃至合理利用方面基本上乏善可陈，往往是遗憾多于庆幸。单以北京市为例，20世纪50年代初，许多古代寺庙迭遭毁弃。而在60年代末和70年代修建地铁和二环路过程中，世界上保留最完整、规模最宏大壮观的旧城墙陷入灭顶之灾，至今人们提到此事仍不免扼腕叹息不止。这不只是文物史上的浩劫，也是一笔潜在经济资源的巨大浪费。前不久，北京市文物部门发出搜集旧城砖的动议，试图复原东便门一带的旧城墙，这无疑是一桩善举，但听来总有一种说不出的味道。

如今，王府井东方广场遗址的命运又面临抉择。是保护还是制造一个新的遗憾，这已经成为有关方面关心的话题。

三、历史并不遥远

中国素称"史国"，如今却面临着一种具有讽刺意味的尴尬局面：一方面，文物部门为许多珍贵文化遗址和遗存在野蛮开发中所遭遇的厄运忧心如焚，另一方面，各地旅游部门却在为招揽游客而制造许多低劣粗俗的假古迹、假人文风景。造成这种状况的一个重要原因在于，学者们和商人们对于文化遗存有两种截然不同的价值观。

我们常听说一处文化遗址和一件文物是"无价之宝"。所谓"无价"实在是一个绝妙的歧义词：在一些专家看来，"无价"代表着一种无可估量的学术价值，因此如果把文物当做有价商品显然是对它的亵渎。但对学术圈外的人来说，"无价"可能意味着一钱不值。

前不久，一些学者在《读书》杂志上讨论我国考古学现状时表达了一个共同的看法：我国考古研究的圈子过于封闭，许多学者只满足于发掘遗址、对文物分类造册，最后提交一份充满专门科学术语的报告，将文物送到博物馆中便完事大吉。他们有意无意地回避对考古资料的历史解释。更有一些部门出于各种考虑把考古资料封闭起来，正所谓家有奇珍，秘不示人。笔者在泰安博物馆曾了解到，我国许多博物馆由于怕承担安全责任，竟然将一些一级文物隐匿不报。这种状况与考古学的基本精神是完全相悖的。

我们知道，考古学从一开始就是历史学的补充。19世纪中叶英国考古学会成立伊始就宣布，考古学的目的是"使消逝的历史资料重见天日"。套用一句大白话，考古学家的工作是让历史"死去活来"，即让那些死去的、埋藏在地下的文物和证据在当今人们的发掘、追问、研究和欣赏中重新"活"起来。

显然，如果人们仅仅满足于把文物送进博物馆，甚至把它们隐匿起来，那无异于以另一种方式将它们重新埋葬。这种消极保护意识必然使文化遗存和遗址成为少数人视为至宝、许多人不以为宝的东西。去年湖南某地发生了一起因施工破坏古墓的事件，当地一位领导对采访记者说：你们说这些东西重要，是的，我们也承认它们重要，可我们搞不清，这些东西对我们到底有什么用呢？显然，当遗存和古迹只被视为"重要但却无用"的东西时，对它们的保护就只能是消极的，更不要说对它们的合理开发利用了。

著名学者陈平原从学术立场上提出，应当对考古学材料进行"二级开发"，使它们在思想领域中"活"起来。同理，我们也可以在市场化的今天提出对各种遗存和古迹进行"三级开发"，即把它们当做一种可以纳入经济运作活动的有价历史文化资源。只有这样，这些死去的东西才可以真正在普通人的生活中"活"起来，成为人们现代生活的一部分。

文化遗存确实是一种可以产生持久经济效益的有价经济资源。作为前人留下的现成遗产，文化遗存一般不需要再创造就可以重复加以利用；作为一次性的和不可再生的资源，文化遗存是一种"稀缺商品"，它是任何模仿性产品都不能替代的；最后，文化遗存只要存在，就可以重复消费，并在消费过程中不断增殖。

由此可见，东方广场史前人类遗址的发现不仅是考古学家的福音，而且对商家也不是一个坏消息。考古学家和开发商完全可以并且应该在保护和开发这笔文化资源方面找到共同语言。

1888年，荷兰天才画家凡·高为他去世的表兄创作了一幅画《盛开的桃花》，并在作品上题写了这样的诗句："不要以为死去的人死了；只要活人还活着，死去的人就总是活着。"文化遗存也是这样：如果它们能够进入人们的现实生活，那就不会死去。当明天的人们在东方广场流连于现代化商场和毗邻的史前遗址的时候，他们会切实感受到，历史并不遥远。

错误的区域史观造成地区间历史资源之争与文化景观重复建设

一、问题的缘起

几十年来，伴随旅游业和文创产业的快速发展，我国许多行政区域对域内的历史文化资源日渐关注，因为历史资源（历史记载、考古遗存、命名系统和远古传说）可以转化为文创设计题材，文创则可以开发出作为区域旅游核心吸引物的文化景观，在这条"资源—题材—景观"的操作流水线中，历史文化资源的归属无疑具有首要意义。正因为此，近年来在我国一些行政区划变动幅度较大、区域经济或政治地位变迁较大的地区，历史文化资源的归属之争日趋增多。人们常会碰到这样一个区域文化地理学中的基本问题：某个地理空间内存在的历史文化资源H，历史上曾先后被至今依然存在的行政区域A、B或C拥有过，今天究竟谁才拥有这笔资源的归属权、叙事权和开发利用权？不久前，我们中国社会科学院文化调研组前往河南省会郑州进行历史文化调研时便遇到了这样的问题。

我们知道，过去一个世纪，尤其是过去几十年，郑州在中原地区乃至我国中部六省区中的经济政治影响力快速提升，为此党和国家对该市的文化发展提出了更高要求。2012年国务院批复《中原经济区规划（2012—2020）》，将"建设华夏历史文明创新区"确定为中原经济区（涉及5省30余地级市）的五大定位之一，郑州作为中原地区的"中心城市"，被赋予传承、创新和传播华夏文明的重任。在此背景下，有学者提出应把郑州确定为"华夏历史文明传承创新核心区"，而这在区域历史叙事的意义上就意味着，应确认郑州在中原华夏文明形成和发展过程中的中心地位，确认郑州在区域历史叙事的首要叙事主体资格。出于这样的信念，近20年来以郑州为首要历史叙事主体的中原华夏文明史著作和论文时有所见，由此产生了一个不容回避的问题：如果将郑州当作中原华夏文明区域的中心，当作区域历史的首要叙事主体，将如何评价洛阳、开封和安阳等市在区域历史叙事中的地位呢？这不仅关涉如何实事求是地叙述中原的区域史，还涉及前面提到的那个区域文化地理学的重要问题：即一笔历史资源 H，究竟应归属于行政单位 A，还是归属于 B？应该看到，由于这种历史资源归属争议的动机往往与旅游开发密切相关，因此相关争议必然引发争议双方在历史文化景观方面的重复建设和攀比。就此而言，本文探讨郑州在华夏或中原文明中的历史叙事主体资格问题便具有普遍的示范意义。

二、如何看待中原华夏文明"郑州中心说"？

前几年，有学者在《试论郑州中心文化与中原文化圈的结构层次》一文问道："作为华夏文明腹地的中原地域文化中心在哪里？"作者指出，中国八大古都河南有其四，即郑州、洛阳、开封和安阳，那么这四个古都里"谁才是中原文化的中心呢"？为此该作者梳理出"郑州单中心说""郑州洛阳双中心说""郑州—开封—洛阳三点一线中心说"以及"郑州开封一体中心说"四种观点，并得出结论说，上述四种中心说中，只有第一种是正确的，即郑州是"中原文化的中心区域"，洛阳、开封和安阳，乃至南阳、商丘、焦作和许昌等，都是"中原文化的次区域"。应该看到，这种"郑州中心说"观点在近20年来的多种文史著作或文章中日渐明显。

将郑州视为中原华夏文明中心区域在史学上似乎并非于理无据：上世纪50年代起，郑州管城区出土早期商代都城遗址；80年代初，伴随登封等县被划归郑州市，阳城夏都遗址、"天地之中"历史建筑群、少林寺等自然也成为郑州的历史遗产，由此，郑州被认定是个在夏商周时期多次充当王朝或诸侯国都城的城市。正是根据这个理由，1994年郑州被列入第三批国家历史文化名城名录；2004年郑州被中国古都学会这一民间学术机构确认为中国"第八大古都"。

然而，暂不论将郑州视为中原华夏文明的中心是否合适，单是将它视为古都城市就与人们对古都的日常印象相去甚远。直到百年以前，郑州还只是个面积2.23平方公里、居民三两万人、被称作郑县的小县镇，只是由于20世纪头十年京汉和陇海两大铁路干线的先后问世，才给处于枢纽位置的郑州提供了前所未有的城市发展机遇，使它在不到100年的时间里完成了城市发展的"多级跳"：1928年郑州正式立市，1954年成为河南省省会，1992年成为国家内陆开放城市，2012年成为中原经济区中心城市，2016年与武汉一道成为我国中部6省的两个"国家中心城市"之一……今日郑州成为城区面积近千平方公里、人口近千万的大都市，媒体称其为"火车拉来的城市"是极为准确的。正是由于这个原因，这个享有古都称号的城市是个严重缺乏古都风貌的城市，它在空间形态、建筑遗存或生活习俗等方面，与人们熟悉的西安、洛阳或北京等古都城市大相径庭。

一方面是辉煌的上古都城记忆，另一方面是毫无古都风貌的现代大都市，二者之间的巨大反差提示着一个事实：在郑州的古都史与现代都市史之间存在着长达二千多年的断裂。这个断裂期始于公元前249年秦国军队攻占作为韩国都城的郑州，在此后的近2200年即直到清末，郑州不仅无缘充当王朝或邦国的都城，甚至在很长时间里不再是中原地区的"中心区域"，多数时间只是个依附于洛阳或开封的区域非中心行政单位。用区域文化解释学的术语来说，这种区域非中心的地位意味着郑州已失去它在秦汉以前享有的中原华夏文明中心的地位，因而不具备作为中原区域历史叙事主体的资格。据此我们认为，虽然现代考古发掘的成就确认了郑州的古都身份，但据此断言郑州在中原华夏文明发展中具有超越洛阳、开封的中心地位，自然是一种厚今薄古、以偏概全的地方史学中心主义偏见。

三、正确区分"郑州的历史遗产"与"在郑州的历史遗产"

"郑州中心说"背后有个未经反省的预设，即郑州在近现代跃升为中原地区乃至中国中部的经济政治中心，一个区域的经济政治中心，当然应该成为该区域的文化中心，而一个区域文化中心同时意味着它可以自动成为该区域历史的叙事主体。这样的预设透露着强烈的经济中心论或政治本位观的意味。

除了上述预设，我们还观察到，由于现代社会的行政区划往往与区域文化地理学所说的历史文化区域出现错位，因此许多地区出现了现代行政单位对古史文化资源归属的争议，当今河南南阳与湖北襄阳对诸葛亮躬耕之地的争议就是个著名案例。类似的历史资源归属之争也存在于郑州与周边城市，并且由于郑州是个在近现代以来快速膨胀的城市，相关争议更是俯拾皆是。

前文提到，郑州市的城市面积在过去一个多世纪不断扩展。19世纪末，它的城区面积2.23平方公里。1928年正式立市时，它的城区面积为35平方公里。1954年，郑州升格为省会，城区和市域面积进一步扩大。1983年为河南省实施市管县体制，将当时属于开封地区的巩县、新郑、密县、登封和中牟五县划归郑州，使该市市域管辖面积飞跃式提升。到了2017年，郑州成为辖6区、5个县级市和1个县的大都市，中心城区面积500平方公里，市域内全部城区面积近850平方公里，总面积近7450平方公里。

城市辖域面积扩大增强了郑州的经济实力和政治影响力，同时也把以往不属于郑州的历史资源划归郑州管辖。然而，这种对历史资源的行政管辖权往往会对区域历史资源的梳理和叙事产生强烈的扰动效应，人们不加反思地认为,"在郑州的历史遗产"就是"郑州的历史遗产",这是值得质疑的。

我们在郑州的历史文化考察观察到,今日郑州主城区除了上世纪50年代发掘出土的商城遗址外,几乎没什么内容与"古都"形象高度相关。不过,在其市域管辖范围内的其他县级市或县域,确实分布着不少知名度颇高的历史文化遗迹,最著名的要数2010年成功申报世界文化遗产的"天地之中"建筑群,该建筑群包括太室阙和中岳庙、少室阙、启母阙、嵩岳寺塔、观星台、会善寺、嵩阳书院、少林寺常住院、初祖庵、塔林等8处11项历史建筑,包括全国重点文物保护单位16处,河南省重点文物保护单位22处,各类文物珍品6700多件。此外,郑州市域内还分布着巩义市河洛镇北魏石窟寺,巩义市北宋皇陵前神道石像,新密市的在考古学、壁画艺术和社会史学等方面具有极高价值的打虎亭汉墓等等。

然而,或许因为这些地区在近几十年才划归郑州市,或许因为郑州市长期缺乏相关的宣传策划,人们在习惯上很难将这些"在郑州的历史文化遗产资源"与"郑州"这个名称联系起来。最明显的例子当属少林寺。1982年,电影《少林寺》将少林寺的名称传遍中国和世界,但当时少林寺所在的登封县尚属于河南省开封专区,而《少林寺》讲述的又是嵩山少林寺和尚与隋末割据洛阳的军阀王世充的旧事。这样,尽管1983年登封县划归郑州市,但人们提起少林寺,大多会说"嵩山少林寺""登封少林寺"或"中国少林寺",却很少会说"郑州少林寺"。同样的例子还有巩义市的北宋皇陵,人们都知道北宋王朝都城是开封,其皇陵所在地巩义市从文化脉络上与开封不可分割。但1949年以后,经过多次调整,巩义市最终于1983年划归郑州市,但这依然难以改变人们提到北宋皇陵就联想到开封的积习。

总体来说,由于郑州是个百年来迅速崛起、后来居上的区域中心城市,其行政区划的制定和改变对洛阳、开封这一中原核心地区的历史文化脉络产生了强烈的扰动性影响，它同时也造成人们只知"嵩山少林寺"而不知"郑州少林寺"、只知"河南巩义北宋皇陵"不知"郑州巩义皇陵"的尴尬。实际上，至今"郑州少林寺"或"郑州北宋皇陵"的说法听起来更像是一种教科书水平的错误。

除了少林寺和巩义宋陵，另一个著名案例是地处登封的"天地之中建筑群"。上世纪80年代登封县被划归郑州市，由此"天地之中建筑群"便顺理成章地成为"在郑州的历史遗产"。随着2010年申遗成功，它成为郑州的世界历史文化遗产，郑州由此还将"中"当作自己城市的独特身份符号。然而在历史上，"天地之中"观念本是西周初年周公营建洛邑（即洛阳）的首要理论根据，因而这个今天"在郑州的历史遗产"，从文脉归属来说，无疑属于"洛阳历史遗产"。不过，为了证明"在郑州的历史遗产"就是"郑州历史遗产"，一些文史学家不惜重新改写"天地之中"观念史，消解它与洛阳的历史联系，这是很不恰当的。"天地之中"连同"中"的观念的郑州叙事，是现代行政区划对古史资源归属和叙事产生扰动的典型证据。类似的实例还包括巩义宋陵（对于开封）的文化归属，"河图洛书"乃至"河洛学"的文化归属，等等。

应该看到，"在郑州的历史遗产"只是个行政归属和管辖概念，而"郑州历史遗产"则是个历史文脉归属概念。如果以行政归属来支配历史文脉归属的叙事，就会在现代区域史学叙事中造成大量张冠李戴、关公战秦琼式的案例。尤其值得一提的是，今天郑州的都市化进程还在加快，可以预料，随着郑汴一体化的实现，郑州大都市的辖域范围会进一步扩大，届时"在郑州的历史遗产"会进一步增加，如果不加反思地将它们全部纳入郑州本位的历史叙事，将是区域史学的灾难。

还有一个现实问题，由于历史文化遗产可以构成现代旅游的核心吸引物，因此历史资源的归属之争往往会导致区域内相关文化景观的重复建设。你说诸葛亮躬耕之所在你的地盘，就造一处卧龙岗景观，我说孔明茅庐在我的城市，于是也搞一个三顾茅庐纪念地。同样，你说河图洛书是你的遗产,由此造出河洛广场,我说我是洛汭故地,于是也造出我的八卦坛;你建一个伏羲庙,我建一个始祖山……类似的重复建设比比皆是。历史资源归属之争导致相关文化景观重复建设,这近几十年来我国许多地区的通病。

总之,将"在郑州的历史遗产"与"郑州的历史遗产"区分开来,体现了一种实事求是的区域史观,它对于正确地重建区域历史叙事,厘清区域历史文化资源归属,具有重要的示范意义。

四、正确认识历史遗存、文化传说与当代历史景观建设的关系

河南是历史资源大省,到河南旅游首先应是历史文化旅游,这是旅游消费者的共识。历史文化空间通常包含几大元素:其一是考古学遗址和博物馆;其二是与历史记载相对应的不可移动性文物,如历史事件发生地、历史人物生卒纪念建筑和历史街区的格局和肌理等;其三是标志这些历史空间的命名系统;其四是附着于这些历史遗存、历史空间的历史故事和传说。上四种要素中,前三者应是主要的,故事传说应是附随性的。

然而,如果某地区缺乏考古遗址,或因保护不善,造成其历史建筑、历史空间和命名符号系统毁弃灭失,那么它们在为应对旅游大潮而"打造"新的历史文化景观时,大抵会遵循"历史不够,故事来凑"的建设思路。这里的故事无非三种:一种是长期流传于民间的古老传说,它们虽不属于物质文化遗存,至少可归入非物质文化遗存的"口头传说"事项;第二种故事是原本有历史记载依据,也曾有传统建筑或铭文碑刻的支撑,后来由于各种原因,这些历史实物证据灭失,真实的历史逐渐变成了故事传说;第三种故事就是现代人捕风捉影、张冠李戴、异想天开的胡编。在任何地区,如果看到其文化景观大多是依据胡编故事的,就

知道这个地区缺少真实的历史资源，或者说曾经有的历史灭失殆尽了。

由此来看郑州，其市区内的商城遗址，以及随登封而来的阳城夏朝都城遗址和"天地之中"建筑群等，显然属于前面提到的名副其实的历史景观，那里历史遗存、建筑形态、命名系统是原汁原味的。但毋庸讳言，就文化遗存景观的数量、规模和密度来说，它们与中原腹地历史资源的"应然状态"十分不匹配。郑州虽然在上世纪90年代初被列入第三批国家文化名城名录，但其名下只拥有三四条省级历史文化保护街区，一个国家历史文化名镇和四个省级名镇，一个省级名村，就此而言，它更像是个空壳化的国家历史文化名城。作为补救，近年郑州各区县大力兴建新的历史文化景观设施，这些设施兴建多以"故事"为基础，这些故事直踪三皇五帝神话，如伏羲女娲传说，黄帝传说，大禹传说等等。

历史传说不是信史，它是否可以作为历史文化景观的依据呢？这是个比较复杂的解释学问题。

首先人们一贯相信，历史应以确凿事实为依据，而传说是"或许有"的故事，二者判然有别。但随着19世纪末科学主义的广泛渗透，无论西方还是中国都出现了"疑古派"或"疑史派"。意大利学者克罗齐认为，历史记载的客观性常常是个幻象，比如古希腊的城邦斯巴达没有自己的文字，因此它的历史主要是由其敌国雅典人来记述的，这样的记述怎么能保证客观性呢。事实上，西方历史学最初的意思就是"故事讲述"，历史记载传说存在千丝万缕的联系。有趣的是，英文"历史"一词写作history，其根词正是story，即"故事"。有词典解释说，"history"的语词本义就是"his-story"（"他的故事"）。

历史记述与传说的不仅在客观性或真实性上难以二分，更为复杂的是，民间传说如果足够古老，本身也是历史的一部分，正因为这个缘故，2003年联合国教科文组织通过的《保护世界非物质文化遗产公约》便将"口头传说"纳入保护范围。

再进一步看，依据历史传说构造景观不是现在才有的事，中国从两汉到明清，都曾有过大规模将传说变为景观的运动。陕西黄帝陵在西汉即已存在，该景观虽依据传说而建，但因其历史悠久，景观建筑自身已经成为弥足珍贵的历史遗存；甘肃天水市伏羲庙在明代成化年间兴建，虽然伏羲一事虚玄难信，但该建筑也理所当然地成为全国重点文物保护单位。这些历史文化景观变成了物质化的、立体的传说，在区域内民众的生活世界中流传。

正是这种历史传说与景观的复杂关系，我们看到中华大地自古以来就遍布依据传说而兴建的景观，它们成为民间精神信仰的寄居载体。甘肃天水市城区、河南淮阳市均自称是中华初祖伏羲的诞生地，兴建了大型羲皇纪念设施和纪念广场；甘肃天水市秦安县相传为女娲故里和炼石补天之地，河北邯郸涉县自南北朝便建有娲皇宫，相传也是女娲炼石之地，河南焦作市沁阳市也有女娲山女娲祠，河南周口西华县更是发掘出年代久远的女娲城遗址。除伏羲女娲外，上古三皇五帝传说的所有神话人物在国内都有不少故里或陵墓。

郑州市域内也存在着不少基于历史传说而形成的历史景观。《古今图书集成·职方典》称："上古伏羲时，龙马负图出于河。"今河南省郑州市巩义市河洛镇洛口村东黄河南岸即建有伏羲台，台东有一个15平方米的洼地称"羲皇池"，相传为伏羲画八卦之处；《山海经·中山经》载："又东三十里，曰浮戏之山。"相传这座浮戏山即位于今河南省登封、新密、荥阳、巩义一带，正是在这一带分布着河洛地带的伏羲—女娲文化圈：新密市尖山天皇顶即建有供奉着伏羲女娲的"始祖庙"。而登封市的三皇庙内，也供奉伏羲、女娲与神农，少室山侧的中坡上建有伏羲女娲庙。新密与新郑交界处风后岭的得名，据说与伏羲、女娲姓风有关。

除伏羲女娲传说，郑州一带还广泛存在着黄帝传说景观和大禹传说景观。先来看大禹传说，郑州登封市便有大禹故里的传说，相传大禹出生于该地的祖家庄。当然，郑州地区流传最广的要数黄帝故里传说。相传汉代在该地始建轩辕庙，历史屡毁屡修。2000年9月，轩辕庙（含轩辕故里）被公布为第三批河南省级重点文物保护单位，随后2002年和2007年该地实施两次大规模扩建，形成现在的黄帝故里景区。2008年6月7日，"黄帝故里拜祖大典"被列入第一批国家级非物质文化遗产扩展项目名录。

黄帝故里景区和黄帝故里拜祖大典的形成，是历史传说转化为文创设计、文创设计打造出现代历史景观的生动案例。这个当代历史景观承担起了现实的政治神学和族群文化认同功能。与之配合，原本由河南禹州、郑州新郑和新密、许昌长葛共同拥有的具茨山也被纳入黄帝故里文化圈的建设。盖因先秦文献《庄子》曾有"黄帝将见大隗于具茨之山"的说法，具茨山自古便陆续创设黄帝神话景观，明清以后山上建起轩辕庙、南崖宫等。到上世纪末，历史神话演变为文化景观形成新一轮高潮，1995年，郑州将具茨山在新郑的部分更名为"始祖山"，并重修复建黄帝避暑宫、黄帝御花园、大鸿屯兵处以及少典祠、黄帝自然山饮马泉、嫘祖庙、黄帝三女冢等景观。再加上黄河风景名胜区的炎黄二帝巨型雕塑，黄帝故里旅游成为郑州乃至河南省旅游业的龙头。

郑州黄帝故里建设，是该地区将神话传说转变为历史文化景观，转变为区域内核心旅游吸引物的文化产业案例，它因应和促进了海外寻根拜祖文化，增进了中华民族的向心情感，具有强烈的文化政治意义。但黄帝故里文化打造也面临几个问题：

第一，黄帝故里建设，让郑州地面依据神话而兴建的景观在规模和影响力超过了依据信史而存在的历史文化遗存景观，从而使历史遗迹和传说出现主宾关系颠倒；

第二，基于信史的历史遗迹与历史传说的最大区别在于，信史历史遗迹是高度唯一性的、排他性的。譬如郑州商城遗址、少林寺或嵩阳书院等，它们只此一处，别无其他。而历史传说以及依据传说而兴建的景观则往往不具有唯一性、排他性，由此造成他全国许多地区出现类似景观的重复建设，致使各种"伪历史""伪民俗"或"伪礼仪"以讹传讹，谬种流传。更不可取的是，为证明自己本地的传说是正统的，不少地区在基于传说的历史景观修复、复建和兴建方面大肆攀比，大建筑、大广场、大雕塑、大祭祀之风蔓延，"假大空景观空间"层出不穷。

五、结语

郑州跃升为我国中原地区乃至中部地区的经济政治中心，这是我国百年来现代化进程，尤其是40年来改革开放进程的奇迹。这个区域中心在今后无疑应承担重大的文化发展使命，但这种地位提升不应对区域历史文脉叙述产生不良扰动。据此笔者认为，郑州市应慎用"华夏历史文明传承创新核心区"的提法，它会扭曲郑州在两千多年中隶属于洛阳、开封两座区域文化中心的史实，造成中原区域历史叙事的错乱。考虑到历史与现代的统一，建议河南省将郑州、洛阳和开封三市共同列为"中原文化或华夏历史文明传承创新核心区"，这将有利于衔接该区域的历史叙事，改变以经济或行政地位来干预历史文化叙事的情况。笔者认为，唯有恢复实事求是的区域历史叙事观念，才可能最大限度地避免行政区域之间关于历史资源归属之争，避免历史文化景观的重复建设和攀比。